危机时代

CRISIS ERA

Jim Rogers

[美]吉姆·罗杰斯 / 著　南勇 / 译

湖南文艺出版社
HUNAN LITERATURE AND ART PUBLISHING HOUSE

博集天卷
CS-BOOKY

KIKI NO JIDAI DENSETSU NO TOSHIKA GA KATARU KEIZAI TO MONEY NO
MIRAI written by Jim Rogers
Copyright © 2020 by Jim Rogers. All rights reserved.
Originally published in Japan by Nikkei Business Publications, Inc.
Simplified Chinese translation rights arranged with Nikkei Business Publications, Inc. through
Japan Creative Agency.

Interviews by Ayako Hirono, Hakuei Kosato, Ryohei Yamazaki
Photographs by Hiromichi Matono

著作权合同登记号：图字18-2020-164

图书在版编目（CIP）数据

　危机时代 /（美）吉姆·罗杰斯（Jim Rogers）著；
南勇译 . -- 长沙：湖南文艺出版社，2021.7
　ISBN 978-7-5404-7982-4

　Ⅰ . ①危… Ⅱ . ①吉… ②南… Ⅲ . ①经济危机–研
究–世界 Ⅳ . ① F113.7

　中国版本图书馆 CIP 数据核字（2020）第 232115 号

上架建议：经济·管理

WEIJI SHIDAI
危机时代

作　　　者：［美］古姆·罗杰斯
译　　　者：南　勇
出 版 人：曾赛丰
责任编辑：刘雪琳
监　　制：于向勇
策划编辑：布　狄
文案编辑：王成成　李　睿
版权支持：辛　艳　金　哲
营销编辑：刘　迪
版式设计：李　洁
内文排版：麦莫瑞
装帧设计：蒋宏工作室
出　　版：湖南文艺出版社
　　　　　（长沙市雨花区东二环一段 508 号　邮编：410014）
网　　址：www.hnwy.net
印　　刷：天津丰富彩艺印刷有限公司
经　　销：新华书店
开　　本：680mm×955mm　1/16
字　　数：271 千字
印　　张：19
版　　次：2021 年 7 月第 1 版
印　　次：2021 年 7 月第 1 次印刷
书　　号：ISBN 978-7-5404-7982-4
定　　价：58.00 元

若有质量问题，请致电质量监督电话：010-59096394
团购电话：010-59320018

CONTENTS
目 录

第四章　| **如果想做个有钱人，**
记住这几件事

第五章 | **我的活法**

第六章 ｜ 世界将往何处去？

第七章 ## 洞察未来的正确方式——越是 "社会常识"，越要持怀疑的态度

CRISIS

ERA

前　言

>世界经济拿到了最糟糕的剧本>

　　席卷全球的新型冠状病毒感染的肺炎疫情（以下简称"新冠病毒疫情"）重创了世界经济。所有主要市场的股价均呈暴跌之势，无一幸免。企业大范围倒闭和失业者人数暴增的情况愈演愈烈，剧烈的不安感充斥着我们这个星球的每一个角落。

　　"一个远超2008年'雷曼时刻'的巨大危机即将到来"——从2019年开始，我便一再发出这样的警告。而这场"超级危机"，现在已然近在眼前。

　　不过，必须强调的一点是，新冠病毒疫情并不是这场危机的原因，而只是一个契机、一根导火索罢了。说到底，经济危机到来这件事本身，很久之前便已经显露出许多苗头——没错，它的发生并不突然。只要你有看电视新闻或报纸的习惯，特别是喜欢新闻报道中的经济类板块，并且每一天都能事无巨细地浏览、咀嚼那上面的每一个信息，相信你一定早就有了强烈的预感。

　　看一看世界各国的财政状况吧！

　　印度、土耳其、印度尼西亚等国家在政府财政方面的困境，已经被国际主要媒体广泛报道，人尽皆知。即便是美国和欧洲，受各类结构性经济顽疾的困扰也不是一天两天了。

特别是美国，史上罕见的经济繁荣期已经持续了十余年。我们可以很容易地想象，被乐观冲昏了头，认为这种繁荣可以永远持续下去的人一定少不了。

但是很遗憾。只要有繁荣的开始，就必然会有繁荣的结束——这是客观规律，不以人的意志为转移。

就好像日本。曾经如日中天的日本经济，其迅猛的上升势头在某个瞬间停滞不前，然后经历了几十年漫长的"失落期"，至今也没有恢复元气。可这并不意味着国家的存在本身也会"消失"。国家还会存在，生活还要持续，历史还要继续。只不过，经济繁荣终结前后的一切，都会变得极为不同。

2008年雷曼危机爆发时，中国拥有极为丰沛的资金。外汇储备也没的说。所以中国用这些早已备好的钱，在一定程度上拯救了世界经济。可是，这一次中国人却未必有能力扮演"救世主"，因为中国自己也有债务问题。

所以此时此刻，在我看来正是"终结开始的时刻"。近期，尽管没有被广泛报道，许多大型金融机构的经营也濒临崩溃。

无论是发达国家还是新兴国家，世界各国的经济政策已经走进死胡同，没有多少发挥的余地了——无论从哪个角度来看，这样的迹象都已愈发明显。

重点是，这种发展趋势不会就此止步，在可以预见的未来，只会愈演愈烈。就拿日本来说，与2008年相比，现如今的负债总额急剧膨胀，所以即便日元依然是"避风港"，日本经济却很难置身事外。

我们已经可以想象，在未来的一段日子里，全世界会有多少企业不得不眼睁睁地见证自身崩溃而无计可施。

>人生最险恶的危机不可避免>

这次的危机，与过往的危机在本质上并无任何不同。历史的轮回而已。

雷曼危机之后的十二年间，全世界主要经济体的资本市场，均经历了股价长期大幅上涨的好景气。

从历史上看，连续十到十二年股价上涨，是极为罕见的现象。事出反常必有妖。股价已经上涨了这么长时间，是时候掉头向下了。这才是真正的"必然"。

也许是这次超长股市景气所带来的乐观情绪使然，在同一段时期内，世界各国的债务水平也大幅飙升。

还是那句话，事出反常必有妖。当一个社会拼命借钱的时候，意味着这个社会存在着极为深刻（且不易解决）的（结构性）问题。

正因如此，心虚的市场在危机爆发时往往会显得底气不足，极为脆弱。这是一种正常的表现。这一回也不例外。

放眼当今世界，因为沉重的债务压力而面临深刻财政危机的国家格外地引人注目。

那么，这样的国家都有哪些呢？

黎巴嫩已经发生了史上首例债务违约事件；其他许多国家也自顾不暇：巴西、土耳其和南非的经济也同样濒临崩溃的边缘。

所有这一切都预示着，这次的危机是要"动真格"了。尽管无法准确预知下一个是谁，但如果事态发展的趋势不变，债务违约现象会在越来越多的国家出现。这就是所谓"因果报应"——全世界有太多的企业、太多的国家、太多的自治体，在太长的时间里积累了太多的债务。所有这一切都不可能是毫无代价的。而现在，正是付出代价的时候。

迄今为止，每一次危机的发生都会有同样的剧本，从无例外。所以，如果有人心存侥幸，一厢情愿地认为"这次恐怕有所不同"，那只能证明这个人完全搞不清状况。

2020年秋季的美国总统大选，现任总统特朗普应该胜券在握——直到新冠病毒疫情爆发前，我一直是这样认为的。之所以这样想，是因为在他任职期内，美国的经济表现确实不错，而这绝对是一张选举的王牌。但是现在，对于这一点我不再那么有信心了，因为原本的一副好牌，被特朗普总统越打越烂。

对世界上的任何国家来说，执政党在生死攸关的选举中败北，经济政策的失败都是最大原因，且没有之一。而特朗普现在正在这么做。如果这位现任总统的作为真的让美国经济恶化了，那么他在选举中的前景也便可想而知了。

尽管如此，我对特朗普的再次胜选依然持保留意见——如果他能改弦更张，在一定程度上重振美国经济的话。但甭管怎么说，经济决定一切。如果这位总统先生在恶化美国经济的路上越走越远，那么这次选举的结果也便不会再有任何悬念。

常言道："以史为镜，可以知兴替。"当回望历史的时候，我们会赫然发现，经济景气的恶化经常会引发战争。不只是贸易战、冷战，甚至是军事战、热战。

作为职业投资家，每一天，我都在密切关注着世界局势的发展。

尽管令人遗憾，可我还是要说：战争乃至热战，对我们这个世界而言，既不是过去时，也不是未来时，而是现在进行时。特别是美国，除了长年深陷阿富汗战争的泥淖之外，与伊朗事实上也进入了战时状态。

只有上帝才会知道，特朗普是否会发动一场新的战争。但历史一再告诉我们，当经济急速恶化时，某些政客最重要的甩锅（转移国内对其执政不力的注意力）手段之一，就是"战争"。

有些人指出，现在的世界局势与1939年第二次世界大战爆发前的情况有几分类似。我本人也颇有同感。20世纪30年代，也就是那个"大萧条"的年代，世界各国拼命借钱，贸易战频繁发生，可经济却一路恶化，没有丝毫改善的迹象。各种因素盘根错节，相互影响，终于引发了不可调和的军事冲突。

这次的危机，到底会把世界引向哪里，我不得而知；不过有一点却可以明言，那就是不能心存侥幸，完全否认发生战争的可能。正因为我们热爱和平，所以才要未雨绸缪，防患未然。

毕竟，现在的世界与20世纪30年代末的世界，在经济环境方面有不少类似点，不容我们对其视而不见。

当然，无论这场危机最终走向何处，我们都没有必要悲观绝望。在中文里，"危机"这个词单从字面上看有"危险"与"机会"两方面的意思。这就意味着，任何危险的背后都隐藏着巨大的机会。这一次也不会例外。所以我们现在应该做的，就是睁大眼睛好好看一看那个（些）抓住机会的幸运儿到底会是谁。

就拿这次的新冠病毒疫情来说，已经有不少行业成为"胜组"的成员。显然，我们应该更多地关注医疗、计算机和健康护理等行业的发展。这些行业正在发生快速而深刻的整合，且已经在疫情中初显身手，在"后疫情时代"也必然会展现出强大的生命力与竞争力。比如说，越来越多的患者，将会足不出户地利用自家电脑与远方的医生取得联系，享受高水平的远程医疗在线服务。这是大势所趋，不可阻挡。

除此之外，越来越多的人将会宅在家里不断地敲击手机屏幕，通过无所不能的外卖应用软件来满足口腹之欲。这也是时代潮流，是历史的必然。

总之，在经济领域里迄今为止已经发生的一些变化，将以本次疫情为契机一举加速，势不可当。除了前面提到的部分行业之外，在线教育、远程居家办公等行业也会愈发普及，快速发展，迅猛成长。这些就是千载难逢的机会。万万不可错失。

花开两朵，各表一枝。疫情既然会造就胜者，也必然会量产败者。

没错，严峻的疫情必然会令大量企业破产。只不过，对它们的竞争对手来说，这未尝不是好事一桩。换言之，优胜劣汰乃人间常态，本无可厚非。

而在这一点上，疫情不是肇事者，只是加速器。对投资者来说，关键在于好好想一想在这样的局面下到底谁会胜出，谁又会被淘汰。然后你需要做的事，就是在"胜组"当中，选一个自己最熟悉、最有把握的投资对象。

至于我自己，危机时最青睐的投资对象是金、银和美金。另外，与农业有关的投资标的领域我也颇有兴趣。然后，视情况而定，我还会把资金投向中国和俄罗斯的股票。当然，说不定也会买一点日本的股票。

毋庸讳言，在世界经济极其混乱的危机时刻，到底应该何时出手，这一点需要慎之又慎，万万不可轻举妄动。可即便如此，只要看准了一个机会，我绝对不会踌躇，更不会手软。必然会出手。

总而言之，应该如何看待本次危机以及危机发生前的种种预兆；回望历史，在历次经济危机中到底发生了什么，以及人们的生活遭受了什么样的影响；在危机发生后，个人和企业应该如何行动，如何应对；这场危机将把世界带向何处……

在本书中，我将针对以上各项事宜，详细阐述自己的看法。

敬请期待。

2020年4月

吉姆·罗杰斯

第一章

ONE

为什么说比"雷曼时刻"更大的危机必然会到来?

TIPS

危 机 时 代

在金融领域已经发生了从未发生的事情：世界经济的历史教科书上，从未记载过"负利率"的内容。无论是美国还是其他国家，如此低的利率水平也从未出现过。

>充斥"乐观论"的世界>

"远超2008年'雷曼时刻'的金融危机已迫在眉睫"。——2019年，我一再地就此发出警告，但显然没有多少人相信我说的话。

可以理解。毕竟那个时候美国纽交所和纳斯达克的股价指数正不断刷新历史新高，金融市场和普通民众中弥漫着一片乐观的情绪。

2018年至2019年持续了一年多的中美贸易战，以及以伊朗局势为代表的中东危机，通过外交对话的一再斡旋并没有演变成过于严重的问题，也许用不了多长时间就可以尘埃落定——有这种想法的人想必不在少数。

不过，性急地下结论为时过早。不妨让我们回头看一看历史。

2008年雷曼危机发生之前，乐观情绪也曾充满世界的每个角落。那时，主要市场的平均股价也曾长期超越各国的实际经济增长率并且一路攀升，牛市的感觉似乎势不可当，没有尽头。

问题是，当时世界经济的一个最大隐患在于各国已经并依然在积累过多的债务。上至政府和金融机构，下至一般企业和普通市民，"欠债成瘾"的症状已然渗透到经济社会的每一个部门，每一个角落。

最具象征意义的，是席卷美国房贷市场的次贷问题：以"房价万年看涨"为前提，被称为"次贷阶层"，亦即极度缺乏信用能力的穷人，被大肆鼓励从金融机构贷款买房。而"房利美"（联邦国民抵押贷款协会）与"房地美"（联邦住宅贷款抵押公司）这两家老牌金融巨头则冲在了最前面。这些业内大鳄不断地爆买次贷债权，并通过证券化手段将其打包成各种金融产品，然后大肆贩卖给各类金融机构，牟取的利益如天文数字。

在与美国政府有关人士会面的时候，我曾不止一次地警告"现在的这种状况是不正常的，不可能长久"，可惜，他们中的每一个人都把我的话当成了耳旁风。

>只要是泡沫，必然会破裂>

泡沫这个东西，是不可能永远持续的。必然会破裂。这是客观规律，不以人的意志为转移。

2005年至2006年，美国的地产泡沫破裂，房价急剧下跌。房子的担保价值缩水，还不起贷款的人越来越多。受此打击，房利美与房地美的境况非常不妙。

我们知道，金融的世界是彼此相连的，没有人可以独善其身。带头大哥倒了霉，其他人的日子也好不到哪里去。果不其然，从房利美和房地美这两家金融巨头那里购买了大量次贷债券的其他金融机构也没能幸免，巨额损失如雪崩般大量涌现，其势头不可遏制。

雪上加霜的是，这些金融机构购买次贷债券的钱，是借来的。而这根借款的链条还异常之长，异常之复杂，牵扯的机构、企业和个人也异常之多。所以当多米诺骨牌的第一张牌倒下的时候，后续会发生什么也便可想而知了。

这就是雷曼危机爆发的背景。这个背景不应该被遗忘。

必须强调一点，当年引发雷曼危机的一系列结构性金融问题，并不仅仅存在于美国。欧洲和拉美等地同样发生了泡沫现象，不少企业和金融机构都是重度"欠债成瘾"症患者。

总而言之一句话,所谓"雷曼时刻"并非"突然"爆发的危机,有太多的迹象曾经鲜明地预示了它的发生。

让我们历数一下这些迹象都是什么:

比如说冰岛。恐怕相当多的人都不知道这个国家在地图上的位置。可就是这样一个小国,曾为席卷世界的金融危机埋下了重要的伏笔:2007到2008年,冰岛陷入巨大的经济危机。彼时,占GDP四分之一的金融和房产泡沫已然破裂,经济蒙受了巨大打击。从2007年秋季开始,该国的股市也坠入暴跌的深渊。股指一路下探,看不见尽头。汇率市场也没能幸免。2008年1月至8月,区区半年多的时间,冰岛克朗兑欧元的汇率就下跌了35%之多!

几乎在同一时期,爱尔兰也陷入严重的金融危机。从1990年代中期开始经济高速成长,曾被誉为"欧洲的凯尔特之虎"的爱尔兰,也被地产泡沫的破裂所累,经济急剧下跌。在2007年4月到达顶点之后,该国的证券交易所(现泛欧交易所都柏林分部)的平均股价指数掉头向下,一路下探。受此拖累,该国的许多金融机构也濒临危机。

不过,在这些对欧洲人来说都属于偏远地区的小国发生的事情,从美国或日本的角度看显然都太过遥远,似乎"与己无关"。

可以理解。一个自己都不知道的地方发生的事情会对本国经济产生什么影响,这种事对大多数人来说都极难想象。

那就不妨把视线转移到欧洲大国——英国去看一看。

2007年,英国大型金融机构北石银行(也译"诺森罗克银行")陷入经营困境。这家银行的主力业务就是房贷,且在2006年与美国大名鼎鼎的雷曼兄弟公司携手,刚刚跨进彼时如日中天的次贷业务不久。可不走运的是,随着次贷问题的恶化,该行的资金调拨能力严重滑坡,不得不向英国的中央银行——英格兰银行求救。这个消息被新闻媒体广泛报道,引发英国社会的普遍恐慌。大量储户直奔北石银行的柜台试图取出自己的存款,酿成轰动一时的挤兑风波。迫不得已,2008年2月,英国政府只能把北石银行暂时收归国有,以助其渡过难关。

>危机的预言者们>

同一时期，美国也陷入危机，金融危机已然愈发表面化。

美国金融巨头贝尔斯登公司，这是一家创设于1923年，华尔街排名第五位的投资银行。在雷曼危机爆发前，该行也遭到次贷业务巨亏的重击。

2007年6月，贝尔斯登旗下两家专注次贷业务的对冲基金公司由于发生大规模亏损，实施了总计47亿美金的资本注入操作。

当时，这样的新闻报道可谓数不胜数、俯拾皆是。由此可见，尽管许多人都认为雷曼危机是一场"突如其来"的灾难，可就是那些绝大多数人完全不以为意的小征兆、小迹象，通过不断地积累、发酵，最终酿成了那场严重的金融灾难。

所以，我们可以认为，那些没人在意的小征兆、小迹象，才是危机最初的预言者。

与雷曼危机爆发前的经济金融环境相比，现在的世界经济到底是一种什么样的状况？可以肯定地说，同样的征兆与迹象已然充斥眼帘、比比皆是。

在拉脱维亚，银行破产频发的情况，银行破产早已不是什么新闻。比如说，该国排名第三位，也是波罗的海国家中最大的私人银行之一的ABLV银行已于2018年实行破产清算；而另一家主要金融企业PNV银行也紧随其后，于2019年8月宣布破产。

欧洲经济大国德国的情况也好不到哪里去。该国最大的民间银行德意志银行也面临着严重的经营危机。这家德国金融巨头任性的扩张战略失败后，赤字急剧扩大，于2017年接受了中国海航集团的资金援助。而后者也因为接下这烫手的山芋影响了经营业绩，导致德意志银行的重组前景愈发不明朗。这家德国银行最大的问题在于积累了过多的高风险金融衍生品资产，到2018年年底其总额竟然高达50万亿美元，相当于当年美国GDP的2.5倍。

显然，如此体量的金融机构一旦破产，给全球经济带来的冲击将不亚于

"雷曼时刻"。

接下来，让我们把目光转向南美洲，看一看阿根廷的情况。

一如既往，阿根廷经济又一次处于风雨飘摇之中。

2019年8月，阿根廷再一次走到债务违约的悬崖边，面临着国家信用的巨大危机。受此影响，该国的货币比索和国债价格一路暴跌，震动了全球金融市场。

阿根廷的问题，依然是过度膨胀的负债规模。不只是国家层面，该国最大的行政区——与首都接壤的布宜诺斯艾利斯省也发生了严重的债务违约危机。

由于经济混乱，美国体育用品巨头耐克公司据说已经开始考虑撤出阿根廷市场。而该国居高不下的通货膨胀率，也让留下来的跨国公司伤透了脑筋，苦不堪言。

>面临巨大经济危机的印度>

至于亚洲大国印度，情况还要更为糟糕。

2019年11月，印度央行对发生严重违约危机的地产金融机构进行了破产处理。这一举动非同小可。由于不良债权比率长期居高不下，印度央行对于民间金融机构资产健全度的监察非常严格，一直对准备金（备付款）的充足程度有着非常具体、非常严苛的要求。可就在这种情况下，依然发生了债务违约导致的银行破产清算事件，可见印度金融机构的不良资产问题已经严重到什么程度。

印度的金融乱象，主要是由二十余家国有银行在基础设施建设等领域过度放贷所引发的。所以兹事体大，需要央行出面紧急灭火。但问题在于，央行出手整顿金融秩序、健全金融体制固然是一件好事，可是另一方面，这些举动也极大地限制了商业银行发放贷款的动机与行为，给宏观经济的增长泼了一盆冷水。而经济增速下降，又会制造更多问题，引发一系列负面的连锁反应，最终还是会伤到金融业，伤到企业，伤到经济。

汽车行业就是一个最好的例子。

迄今为止高速成长的印度汽车销售业，已经逐渐熄火。印度全境相当多的汽车销售店关门歇业，反映了个人消费的严重低迷。

与此同时，曾长期为普通消费者提供小额贷款的非银行金融公司（NBFCs）也开始大量破产。这个仅次于中国和日本的亚洲第三大经济体发生的这些所有征兆和迹象，恐怕都会成为未来某个巨大危机的导火索。

让我们再把视线转向美国。

表面上看来，美国经济增长似乎颇为强劲。自从2008年秋雷曼危机爆发以来，到2020年2月，美国的经济增长已经持续了十年以上，这样长的景气周期在美国历史上是空前的——没错，如此长、如此好的市场荣景过去从未发生过。

但是，多美的荣景也会有终结的一天。在我们这个星球上，任何曾经长期高度成长的国家都会迎来景气的终焉。历史无数次地证明了这一点。

这一次也不会例外。

问题还是出在"负债"这两个字上。美国境内"欠债上瘾"的幽灵再次出现，各种警报声可谓不绝于耳。

最大的问题是利率太低。在特朗普总统的一再催促和强大压力下，美联储[1]不得不将基础利率维持在一个极低的水平。受此影响，大量资金一窝蜂地涌向利率相对较高的债券市场，从而催生了明显的债券泡沫。

把钱放到银行也挣不到多少利息，投资家们只能在债券和股票中寻找

---

[1]　美国联邦储备委员会。——编者注

机会；再加上超低利率极大地降低了借贷成本，使投资家们的手头有了更为丰沛的资金——这就是美国证券市场一派荣景的成因。问题是，资本市场脱离经济基本面的异常繁荣从来不是什么好事情。鉴于华尔街对全球经济的超强影响力，一旦美国金融业发生危机，剧烈的冲击波必会在短期内传遍全世界，把所有国家都拖下水。

>中国也有债务问题>

说到亚洲，显然最引人注目的是中国。

2008年雷曼危机爆发的时候，中国的债务水平非常之低，几乎可以忽略不计。向来喜欢未雨绸缪的中国人，在那之前已经为应对未来的金融风暴储备好了大量资金。事实上，当危机真正到来时，中国正是用这笔钱拯救了自己，也拯救了世界。

但是，今非昔比。今天的中国经济也有债务问题。与当年的"雷曼时刻"相比，如果再次发生席卷世界的大规模金融危机，中国经济恐怕很难毫发无伤、全身而退。

如果中国经济也出现问题，会有太多的国家，太多的人受其波及。至少，一旦哪家中国的大型企业破产，无疑会立刻成为全球媒体争相报道的头条新闻，在一瞬间震撼全世界。

遗憾的是，生活在欧美、日本的人，绝大多数都对中国和印度的企业所知甚少。这不是什么好兆头。比方说，恐怕很少有人知道印度的地产金融公司为什么会破产，甚或是否已经破产。可问题在于，正是这些"冰山一角"提供了"一窥全豹"的机会。如果你想知道危机是怎么发生的，抑或大概在什么时候发生，必须具备观察这些边边角角信息的能力，否则你将一筹莫展、不知所以。

就拿印度来说，尽管该国的金融系统问题无数、漏洞百出，我们这个世界上却鲜少有人真正予以关注。即便印度金融体系的困境在其国内几乎人尽皆知，可生活在伦敦、纽约和东京的大多数人却对此毫无概念。

这种现象本身就预示着危机。印度经济的泡沫已经如此明显，却没有人意识到这一点，或者哪怕表现出起码的兴趣。这就意味着，一旦泡沫破裂，危机爆发，毫无准备的人们必将惊慌失措，昏招迭出，从而使他们自身在无意中成为危机的一部分，甚至是帮凶，而不仅仅是受害者。

在印度，明明债台高筑、赤字缠身，理应破产却仍勉强生存的所谓"僵尸企业"有很多。据认为，在印度所有企业中，这种"僵尸企业"的占比竟然高达三成之多。尽管印度政府在处理银行不良资产这件事上不遗余力，可出于种种原因（比如就业方面的考虑），对于那些"僵尸企业"，印度政府却和当年的日本一样，基本上采取了一种姑息与保护的态度。这样暧昧的姿态难免令人担忧。

日本就是前车之鉴。当年，正是因为迟迟无法下手处理"僵尸企业"的问题，日本的金融系统乃至整个日本经济才会长期一蹶不振。

所谓"长痛不如短痛"。对经济来说，本应破产的企业就好似人体身上的烂疮，如果不忍痛割除腐肉，而是放任伤口继续溃烂、蔓延下去，其后果将不堪设想。

中国也有同样的问题。

对那些不该拯救的企业，一定会执行破产清算——中国政府一再表明了这样的态度。

中国是社会主义国家，同时也是存在着大量优秀企业家与治理者的国家。即便如此，由于接触市场经济的资历尚浅，在处理大规模不良债权方面，这个国家尚谈不上经验丰富。

"政府不可能不救我们。因为如果不救我们，也就救不了我们的经济。"——许多"僵尸企业"的经营者恐怕会这样考虑问题。没错，"僵尸企业"的处理确实不容易，确实会对经济社会的各个方面产生广泛的波及效应。可即便如此，该出手时也必须要出手。因为真正的改革从来不是容易的事，必须拿出"壮士断腕"的气魄。

"对'僵尸企业'绝不姑息，坚决实行破产清算"，这句话不应仅仅停留在口头上，也必须体现在行动上。

日本的经验殷鉴不远，美国也有同样的问题，在处理"僵尸企业"的问题方面，有着长期"刮骨疗毒"的经验。

下一个，就看中国的了。

>美国背负的巨额债务>

再一次把视线转向美国。

现如今，这个国家里已然财政破产或濒临财政破产的地方自治体显得格外扎眼。

美国两大汽车巨头通用和福特的大本营底特律市早在2013年就已经破产。被称为"美国的委内瑞拉"，经济状况一直欠佳的伊利诺伊州最近也濒临财政破产的边缘。拥有国际大都市芝加哥，总人口近1300万人的伊利诺伊州，在美国是首屈一指的大州。可就是这样一个地方，却长期被地方债余额暴增的顽疾所困。不只如此，与美国许多其他的州一样，居民年金储备不足的"老大难"问题也深深地困扰着该州。

为解决财政问题，伊利诺伊州政府可谓伤透脑筋，想尽办法——他们让大麻和体彩赌博合法化，他们大肆拍卖珍藏许久的名家画作……总之，为改善州政府的财政状况，他们可谓使出了浑身解数。

遗憾的是，迄今为止所有这些作为都是杯水车薪，基本上于事无补——这便是明显的征兆。如果像伊利诺伊州这样的大州发生财政破产这种事，其波及效应将不可小觑。起码州内的各自治体会处境不妙。如果它们也相继破产，那么在美国全境上演"多米诺骨牌"的戏码，将不会是一个令人意外的结果。

尽管美国是世界第一经济大国，但同时美国也是世界史上最大的债务国，且没有之一。这个国家在"负债"这件事情上，从未停止过狂奔的脚步。从前如此，现在如此，未来恐怕亦会如此。

公平地说，这一点在某种意义上构成了美元霸权甚至美元存在的基础，从而有力地支撑了美国自身乃至全球经济的长期繁荣；可与此同时，这一点也是美国乃至世界经济潜在风险和危机的永恒爆点，永远让人不得心安。

对于美国的债务问题，特朗普总统虽然明言有意解决，实际上却鲜有作为，甚至让这个问题愈发恶化。

在我看来，特朗普比美国历史上任何一位总统欠的债都多。讽刺的是，恰恰是这样一位总统，却整日宣称自己是美国历史上最聪明，最善于解决问题的总统。全然不顾正是拜这位"最聪明"总统之赐，美利坚合众国正陷入债务飙升、经济混乱的泥淖中无法自拔，这一事实无可辩驳。

总之，一旦进入危机状态，一路飙升的债务将压垮所有人的肩膀。在风雨飘摇中能够顺利偿债的国家、州（省）、城市抑或企业几乎不存在。

理由很简单：尽管在危机中每个人都会将"财政重组"或"财政自律"等口号挂在嘴边，可一到动真格的时候，真正愿意实行财政紧缩政策的案例却极为罕见。恰恰相反，越是身处危机，便越是要借更多的钱，花更多的钱——也许这才是一种真正的常态。不过也恰恰因为如此，财政金融状况便愈发难以改善，只能更加恶化。这就是一种典型的恶性循环。问题是，这一循环似乎永远看不到尽头。没有最糟，只有更糟。想必我们每一个人在有生之年都会见证这一点。

>近在眼前的危机征兆>

在危机爆发前，我们的身边将会发生什么样的变化？

举个例子，迄今为止一直人满为患的，很难预订到座位的某家高级餐厅，忽然变得很容易预订。比如你给城里最著名、最具人气的某家法国餐厅打电话，询问有没有位子的时候，对方会立马应承，并以极其谦卑乃至急切的语气对你说"请务必光临鄙店，您大概什么时间方便呢？"的时候，你要留一个心眼。

理由很简单。这要搁以前，你这通电话打过去，对方一定会对你说："不好意思，已经满了。我们的预约订单已经排到了两个月之后，请您那个时候再打电话试吧！"可是现在，对方的回答却是"随时欢迎您的光临，您随时来都会有座位"。还是那句话：事出反常必有妖。对这种情况心生疑窦才是自然正常的反应。反之亦然。

宾馆也一样。如果平日里极难预订到房间的某家星级宾馆，忽然告诉你"随时可以入住"，那一定预示着哪些地方出了问题。再比如，当你打车的时候，司机师傅跟你聊着聊着忽然开始抱怨最近挣不到什么钱了，也是一个典型的危机征兆。

如果你是一位女性，在你常去的美容院里听到一位头牌理发师慨叹近些日子生意难做，人气不足，你也不应忽略这一信息背后隐藏的玄机。

总之，我们虽然身处烟火人间，却未必能深刻洞察经济社会中的所有蛛丝马迹。所以，与不同行业的人交谈时，我们要倍加留意。因为这些人对自己行业的氛围最有感触，最能给你提供真正有用的信息。尽管是碎片化的信息，但把所有碎片一点点地拼接起来的时候，这个世界到底发生了什么以及即将发生什么便会一目了然。

遗憾的是，拥有这种意识的人实在是太少了。对大多数人来说，别说是有人在耳边"吹哨"，即便有人在他们面前敲锣打鼓、大声吆喝，也极难唤醒那些已然麻木的神经。

雷曼危机发生之前的社会光景，就是一个典型的例子。

"次贷问题将在短期内引发重大危机"——2006年至2007年，一年多的时间里这样的警告不绝于耳，可没有多少人真正在意，把这些警告真当回事。可事实又如何呢？警告声余音未落，危机便在2008年正式爆发，并迅速席卷了全世界。

想起了一个古希腊的神话。

想必许多人都听过"特洛伊木马"的故事，知道"木马屠城"的典故。被称为"悲剧预言者"的特洛伊城公主卡桑德拉，据说能够准确洞察已然迫近这座城市的悲惨命运。

遗憾的是，即便她一再宣称"我的预言必然灵验，请务必相信我"，一再主张"木马是敌人的诡计，无论如何不能把它们放进城"，却没有一个人能够理解她的良苦用心，或者哪怕愿意理会她的苦口婆心。

恰恰相反，每一个人都在嘲笑她，全然不知自己已经大祸临头……

可见，某一件事遭到的嘲笑越多，也许反而证明那件事越正确。当所有人都用不屑的语气说"那家伙整个一奇葩！"的时候，也许真理恰恰掌握在那个人的手里。

不夸张地说，历史书就是这样写就的。

经济问题也一样。这个星球上的每一个国家，都会一而再再而三地面对大量相同的经济问题，一而再再而三地被同一块石头绊倒。

历来如此。

所以真正的胜者，往往是那些被相同石头绊倒次数相对少一些的国家。但无论怎么说，经济问题的存在本身是常态，没人可以避免。从未发生过任何经济问题的都市、国家或社会，在人类历史上还从来没有出现过。

>"无限制金融宽松政策"的暴冲>

"不必担心，我们正在解决问题"——作为美国中央银行的美联储一再表明了这样的态度。

美联储前主席珍妮特·耶伦甚至说得更直接——"问题已经得到解决""不必担心再次发生雷曼时刻那样的危机"。

顺便说一句，耶伦女士本人就是一位资深经济学家，拥有耶鲁大学经济学科的博士学位。

问题在于，即便我们真正相信了这位毕业于常春藤名校的女博士的话，经济危机就真的不会发生了吗？

不妨联想一下耶伦女士的前任，美联储前主席本·伯南克的经历。

伯南克先生毕业于同属常春藤名校的哈佛大学。可是，雷曼危机正是在其担任美联储主席期间爆发的。

在美国经济界，有不少声音认为，雷曼危机爆发，伯南克先生对不动产行业的泡沫长期搁置不理这一点难辞其咎。

为了度过危机，这位美联储主席不得不将利率降到零，后来，眼见起效不大，便干脆祭出"无限制量化宽松"的大招，彻底启动了美国的印钞机。

现在，让我们回首往事，看看美联储十余年前开启的"印钞模式"到底给美国以及这个世界带来了什么。

首先，除了印钞之外，对当时的美联储来说，确实已经无计可施。至少没人知道还有什么更好的办法。

就连他们自己也毫不讳言这一点，能够堂堂正正地说出"这是一场实验，结果到底是好是坏没人知道"这句话。

不过，明眼人都知道，越是能毫无顾忌地说出"我不知道结果会怎样"的人，心里越是明白"不可能会有什么好结果"。

　　结论就是，无限制的量化宽松政策在短期内也许有些作用，可从中长期来看，这种做法有百害而无一利。如果长期为之抑或放任不管，迟早有一天所有人都会受其所累。

　　放眼当今世界，利率水平无限接近零的国家不在少数，日本甚至开始实行负利率政策。美国的利率也非常之低，这就意味着，一旦美联储升息，政策转向"利率正常化"的轨道，将有许多人陷入困境。而美联储却一再主张"不要紧，没关系。低利率不是问题，只是一种新常态。无须过分担忧"。

　　但是，历史不会说谎。它会诚实地告诉我们现在的这种状况绝非什么"常态"，更谈不上"正常"。因为事实上，在金融领域已经发生了从未发生的事情：世界经济的历史教科书上，从未记载过"负利率"的内容。无论是美国还是其他国家，如此低的利率水平也从未出现过。

　　所以，如果数千年后这个世界真的发生异变，进而证明我是错的，美联储是对的，那本历史书也只能在几千年后才能看到。

　　但是，正如"万有引力定律"所证明的那样，任何偏离正常水平的利率，始终都会回归正常水平。对这一点我坚信不疑。

　　迄今为止的债务已然堆积如山，在这个基础上再不断地加码，不断地增加负债，迟早会对利率水平产生巨大的压力，从而逐渐扭转利率的发展轨迹，最终刺破那个巨大的泡沫。

　　现在，许多国家的中央银行依然在夜以继日地印刷着钞票。远处的警笛声已从依稀模糊，渐渐变得清晰可闻……

>爆买债券和ETF[1]的中央银行>

再把视线转向日本。

日本央行（日银）正在从资本市场上爆买各种债券和ETF。这种情况对那些证券公司或者专业的股票和债券投资家来说，绝对是求之不得的好事，可对日本这个国家而言，真的是美事一桩吗？

答案是否定的。毫无疑问，央行出手进行这类罕见操作，对国民经济的影响将是灾难性的。

央行大量购买债券和ETF，显然会让证券公司爱死了前首相安倍晋三和日本银行。但是，不要高兴得太早，让我们冷静地想一想。如果央行运用手中的特权，通过印刷钞票的方式大肆购买公开市场中流通的债券和ETF产品，会发生什么？

一般来说，债券市场如果供大于求，利率通常会上升，价格通常会下降（债券的价格与利率成反比）。反之亦然。这才是正常的供需关系，是一个市场应该有的健康反应。而央行利用手中的特权公开爆买债券和ETF这种异常举动，将打破这一平衡，引发市场的畸变，令市场功能失调。换言之，无论企业、机构或国家发行多少债券，试图从市场中圈多少钱，他们都能如愿，都能找到一位终极买家，不愁债券卖不出去。这样一来，无论市场中的债券泛滥到什么程度，利率也升不上去。而极低的利率意味着极少的借款成本，这又会刺激更多的人发债，更多的人欠钱——又是一个恶性循环。

更糟的是，这种异常情况不仅发生在日本，也发生在美国、欧盟和世界上的许多国家与地区。无限制、无节操的量化宽松政策正在全世界悄然蔓延乃至蔚然成风，以致某位英国专家发出了这样的感叹："放眼全世界，现如

---

[1] 即交易型开放式指数基金。以某一选定的指数所包含的成分证券为投资对象，依据构成指数的证券种类和比例，采用完全复制或抽样复制的方法进行消极的指数化投资。——编者注

今不这么做的中央银行反而是一个异数。”

2008年，美联储资产负债表的规模是9000亿美元。时至今日，区区十余年，这个数字已膨胀到5万亿美元之巨。这可是5倍以上的差距。

显然，这场"加速跑竞赛"必须在某个地方、某个时间点停下来，否则后果不堪设想。

退一万步讲，用来造纸的木材资源也不是无限的。如果各国央行继续以今天这样的速度和规模印刷钞票的话，迟早有一天用来印钞的纸张也会枯竭，因为已经无树可砍。

>越滚越大的"债务雪球">

一个硕大的"债务雪球"，依然在不停地滚动，越滚越大。

可以想象，按这样的情况发展，下一场危机的规模和破坏力将远远超过当年的雷曼危机。

重点是，当地球的每一个角落都在滚雪球的时候，这种破坏传播的速度、深度、烈度和广度也将是指数级的，在历史上难觅先例。

尤其让我担忧的是，世界所公认的经济"优等生"，欧洲大国德国也显露出不祥的征兆。这一点非同小可。在我小的时候，世界上不存在比德国经济更健全的经济体，这件事是一个常识。那时，德国和日本的货币异常坚挺，财政状况也极其健康，让全世界艳羡不已。可今天，就是这个经济优等生德国也出现了问题。

至于印度，其金融体系已然重疾缠身，我在前面已经提到了这一点。即便考虑到这个国家相对庞大的GDP规模，它的负债水平也实在是太高了。

其他国家的状况也难说乐观。中国的债务水平与当年已经不可同日而语；韩国的经济规模太小，不足以拯救世界；越南经济尽管表现不错，可却不具备驰援世界的能力。所有这些都是不争的事实。

非洲的表现又如何呢？

已然深陷经济危机的津巴布韦，现在的状况可谓"火情四起""一筹莫展"。特别是粮食问题。据联合国世界粮食计划署统计，该国三分之一的国民正面临着不同程度的饥饿风险，一日三餐都成了问题。说起来，津巴布韦本是非洲有名的农业富国，可由于持续干旱的影响，现在正处于最恶劣的状况。

南美的委内瑞拉也深陷危机。这个国家的经济也已进入真正的危机状态：天文数字般的通货膨胀率，连续五年的经济负增长，近10%的人口逃往境外……当然，始作俑者是美国的制裁。制裁切断了该国经济的生命线——输往美国的石油，进而导致经济的全面瘫痪。

不幸的是，这种经济崩溃状态并非该国所独有。在世界的其他角落，也存在着几个相同或近似的案例。

总之，纵观全球，现在的情势不容乐观，危机的脚步已然渐行渐近。我们必须提高警惕、绷紧神经，万万大意不得。

但是，也不应忘记投资界的一个永恒哲理，即越是危殆之时，越是行动之机。如果你想成为一个合格的投资人，务必把这句话视为自身的座右铭。

>贸易战没有赢家>

现在，让我们来谈谈中美贸易战。

正如我在前面所言，即便没有这场贸易战，世界经济的问题也已经足够多、足够大，经不起任何折腾了。何况世界最大的两个经济体之间发生如此严重、如此大规模的贸易冲突。

尽管中美已于2019年1月签署了第一阶段贸易协议，局势有所缓和，可我认为贸易战的火种并没有完全熄灭，随时有可能复燃。

回首历史，贸易战的胜者从未出现过。从来都是两败俱伤，一片狼藉，连累无数无辜的人。

但是，貌似特朗普总统十分喜欢贸易战。他曾一再声称"贸易战是好事，很容易赢"，蛊惑了不少美国国民。

这位总统先生或许真的认为凭借自身的绝顶聪明，能够在贸易战中轻易取胜。也许他不懂历史，抑或即便懂，也觉得自己可以超越历史，创造新的历史。所以特朗普总统及其身边那些惯于阿谀奉承的幕僚才会如此轻易地发动这场愚蠢的贸易战。

对于欧日及其他一些国家，特朗普经常把"贸易战"的话题挂在嘴边，看似漫不经心，实则意有所指地施加着压力。至于中国，这位善变的总统尽管会时不常地发出一些缓和关系的信息，并给市场人士带来某种期望，可我却对此一向持怀疑态度。

之所以这么说，是因为即便2020年美国爆发经济危机，特朗普总统也绝不可能将其与自身的决策失误联系起来。相反，他的第一个念头一定是向中国、日本、韩国、墨西哥、德国等国家和地区"甩锅"。

特朗普总统最大的执政特点或者说人格特征之一，就是对责任的推卸——坏的永远是别人，好的永远是自己。

正因如此，越是危机时刻，他越会对其他国家发起凶狠的贸易战争，以此转移国内民众的注意力，为自己谋取政治利益，全然不顾这样做会对本国的经济和民众带来什么后果。

这就是我会认为，这一次的危机将是我人生中所能见到的最极致事态的理由之一。

就拿我现在的居住地新加坡来说，2019年时经济增速开始减缓，韩国也一样，当时的韩国已经经历了一段时间的经济低迷。这两个亚洲"小龙"（"亚洲四小龙"指中国香港、中国台湾、韩国、新加坡）的经济严重依赖贸易，而中美分别是它们排名前三的贸易对象国。两个大象打架，草地上的蚂蚁不可能毫发无伤。

对韩国来说，不只是中美贸易战，韩日之间的严重对立（特别是由历史旧怨引发的半导体材料贸易战）也是一个心头之痛，让本就问题丛生、旧患缠身的韩国经济更加雪上加霜。偏偏在东亚国家被此起彼伏的贸易战所困的时候，南亚大国印度也来凑热闹，不断向外界释放本国金融系统方面的坏消息，使得亚洲乃至整个世界的前景愈发不容乐观。

>经济冲突引发战争的可能性>

经济冲突时常会引发真枪实弹的热战。特朗普总统似乎尤其喜欢战争。这位总统把世界卷入战火的可能性不能被完全否定。

别忘了，特朗普是纽约军事学院出身，军校毕业的背景让他认为自己比军队的将军更为优秀，更擅长指挥战争。

所以，这位总统是一个危险人物。作为一个政客，通过发动战争来转移国民的注意力，显然不失为一个选项。

但只要战火燃起，指责外国人之非就会变得格外容易。不同的肤色，不同的语言，不同的宗教，不同的社会制度和生活方式，甚至不同的饮食习惯，所有这一切的不同，都会令外国人更容易成为被攻击的目标。

历史一再地证明了这一点。通过严厉谴责外国人的言行煽动战争的政客绝不鲜见。尽管每当战火熄灭，回望历史的时候，每一个政客都会这么想："如此愚蠢的战争为什么会发生呢？"可一到真出现问题的时候，战争就是会发生。

从来不存在完全理性的战争，因为战争本身就是非理性的。但人类的愚蠢与短视，就是会让这种非理性的事情发生。这是人性，没有办法。

1941年12月"珍珠港事件"爆发的时候，日本政府对国民到底说了什么？

"因为美国政府禁止对日本出口石油和废铁（作为资源缺乏的国家，这些物资对当时的日本军国主义政府至关重要）"。这就是日本国民听到的解释。

没错。彼时，为了惩罚日本的侵略暴行，遏制日本的军事野心，美国确实禁止了航空燃油、炼铁原料等重要战略物资的对日出口，并冻结了日本的在美资产。这些措施在日本政客看来显然是一种严重的挑衅行为，于是便对国民说："发动战争是万不得已，这全是美国人的错，是被美国人逼的。"

在那个年代，无论是对外发动战争，还是维系国内的经济社会发展，来自美国的各种资源和原材料对日本来说，都可谓是一条生命线。所以，当时日本的军国主义政客也许认为只要能在战争中击败美国，就能成功地令后者改换立场，重新同意向日本出口这些重要物资。换言之，发动战争可以被视为获取他国资源的一种"合理"手段——这就是那些好战者的逻辑。

对政客来说，撒谎从来不是一件羞耻的事，也从来不是一件困难的事。他们的话绝不能轻易相信。

当年，被军国主义政客的谎言所蛊惑，无数普通的日本国民走上战场，成为战争的牺牲品，也戕害了无数无辜的他国国民。今天，但愿这一幕不会再次上演。

>任何战争最初的牺牲者只有一个——真相>

由此，我们得出一个教训，那就是绝不可过于听信，过分依赖同一个信息源，无论这个信息源看似多么"权威"，多么"专业"。

常言道："兼听者明"，就是这个道理。

我在前面已经提到，某些政客会利用"都是外国人不好"这一最容易想到的借口，轻易地发动愚蠢的战争。而伊拉克战争便是这个愚蠢战争逻辑的最明显例证。

让我们看看，2003年，美国政府发动伊拉克战争时到底找了什么样的借口。当时，美国政府官员言之凿凿地向全世界宣称，他们找到了萨达姆·侯赛因（时任伊拉克总统）私藏"大规模杀伤性武器"的证据。可之后的事实证明，这一严厉指控是弥天大谎。伊拉克根本就没有什么"大规模杀伤性武器"。

讽刺的是，一向标榜言论自由、新闻报道自由的美国，却鲜有这方面的消息，以致相当多的美国人竟然对此一无所知。据说，在这件事上新闻媒体受到严格审查，以便确保它们能够守口如瓶。

这绝不是什么好事。无论什么地方，无论发生了什么，保持信息的可见度与透明度都异常重要。但是，正如一句象征战争时代的名言所说的那样，"任何战争，最初的牺牲者只有一个，那就是'真相'"。

据说，这句话出自古希腊三大悲剧诗人之一，曾参加过希波战争的埃斯库罗斯之口。

当年，美国决定加入第一次世界大战的时候，参议员海拉姆·约翰逊也说了这句话。不过，约翰逊似乎主张他本人才是史上第一个说这句话的人，但也许这一主张本身，也是一个谎言。

>世界上的每一个人都应造访一次广岛>

随着经济低迷，人们陷入恐慌状态，社会愈发不安定，战争的阴魂便会开始在人间飘荡。

这是历史带给我们的教训。

极具讽刺意味的是，一旦真的爆发了战争，至少在初期阶段，人们对战争的感觉往往不是厌恶，而是喜爱。每一个人都会表现得异常兴奋，充满自豪，全力应援本国的军队。也许是个奇怪的比喻：这就好像疯狂的粉丝与人气偶像之间的关系。军人是偶像，战争是舞台，厮杀是表演。而台下狂热的观众，会为这一切鼓掌喝彩。

所以我们就会看到，那些奔赴战场的年轻人会得到广泛的赞美与支持，而政客们也会及时送上"这场战争必将精彩绝伦，完美无缺"的"祝福"。

一旦挑起战争，人们便会热血上头，失去理性，更容易被那些意识形态说辞或简单粗暴的口号所蛊惑。

"某某国的人是邪恶的，他们和我们不一样。他们会伤害我们，威胁我们的社会制度、生活方式甚至是生命安全。"——有太多人会轻易听信政客的宣传，并把这些宣传说给更多的人听。于是，更多的人都会对某某国是一个恐怖威胁这一点深信不疑。

然后，下一波意识形态宣传会接踵而至，即"敌人虽然可恶，却并不可怕。因为我们比他们更优秀，更厉害。所以我们将轻易地粉碎他们，并会在很短的时间内凯旋"。这一次，每个人都会带着骄傲，满怀信心地彼此传递这些"乐观""积极"的信息，就好像"偶像"们的荣归已然近在眼前。

在战争的初期，这种微醺的陶醉感仿佛是一种烈性传染病，会在瞬间传遍社会的每个角落。

但是，任何战争的本质都是血腥与恐怖。我深深地期望人们能够发自内心地理解这一点，发自内心地明白战争并不是一件令人兴奋的事，而是可怖的杀戮场。

重点是，这是人类自相残杀的杀戮场。

令我忧心如焚的一个事实是，那些亲身经历过战争的人大多已老去甚或撒手人寰。这就意味着，这个世界上绝大多数人都没有亲身体会过战争的残酷。

所以，我们有必要向历史学习，真正做到"前事不忘，后事之师"。

鉴于此，我认为这个世界上的所有政治家乃至政客们都应该亲自造访一次日本的广岛和长崎，亲眼看一看战争猛兽到底给这个星球留下了什么样的爪痕。

我本人去过广岛，参观过那里的和平纪念资料馆。平心而论，当我身处纪念馆的时候，我觉得那是一个不可置信的、疯狂的空间。我的心跳加速，几乎无法相信自己的眼睛，仿佛置身梦境之中。当然，那绝对是一场噩梦。

那种剧烈的视觉和心灵冲击，至今令我难以忘怀。

没错，1945年8月的广岛，就是一场噩梦。

原子弹投下之后，这座城市发生了什么?

人们被瞬间烧死乃至烧化，所有视线可及的物体全部被破坏殆尽。一句话，这座城市在地图上被整体抹去了。

广岛市民也曾过着平凡的生活，为各自家庭的生计奔忙劳作。然而，一场大祸从天而降，烧毁了一切，破坏了一切。

由此，我希望不仅是政治人物，世界上的每一个人都要在有生之年去一次广岛，亲眼看一看那一天在这个城市发生的事，然后好好感受一下、思考一下他们看见的到底是什么，以及为什么会变成这样。

我相信，亲眼见证了广岛地狱般的光景后，在兴奋地喊出"让我们开始战争吧!"这句话之前，人们的理性能够发威，进而有效地阻止那些轻率愚蠢的念头和行为。

2019年，罗马教皇访问了广岛和长崎，然后向全世界发出"彻底禁止核武器"的呼吁。所有人都应该这么做，都应该了解这两座城市曾经发生的事，都应该知道"核战争"意味着什么，然后把自己的顿悟告诉身边的亲友乃至所有你能见到的人。

>有太多的人其实很喜欢战争>

战争结束时，许多人都会说"那场战争实在太惨了！"；可是，战争开始时，每个人都爱战争。

如果自己国家是战胜国，或者在战争中取得压倒性优势，人们对战争的这种陶醉般的爱意就会愈发浓厚、愈发高腾。

显然，这是一股极端危险的情愫。因为即便能在战争中获胜，战争本身也是错误的。事实上，任何战争都不可能有真正的胜者。因为无论胜败输赢，战争都是以生命的失去，财产与资本的破坏，甚至社会生活本身的毁灭为代价的。

遗憾的是，即便人类已然历经千百年的战祸侵扰，并无数次地试图彻底终止战争，却始终无功而返。何止如此，载入史册的历史人物中，从来不乏好战者的名字。

所以我不得不说，人性是复杂而多面的。也许在人性深处的某个角落，已然烙下了对战争偏爱的痕迹。

如果能找到有效的办法阻止战争，虽然再好不过，可至少对我来说这个方法到底是什么，完全没有任何概念。

正如我在前面所言，一旦战争爆发，一种狂热的氛围会在极短时间内传遍社会的每个角落。所有的宣传机器、新闻媒体以及无数政客都会异口同声地称赞战争，从而正当化乃至美化战争，仿佛只有本国人才是正义的化身，而外国人则是邪恶的代表。

还是那句话，"任何战争最初的牺牲者一定是真相"。也可以反过来理解：正是因为牺牲了真相，所以才会引发战争。其本质在于：谎言欺骗了民众，民众支持了战争——在懵懂无知中用自己的躯体和生命，去为骗子的谎言和利益买单，充当战争的炮灰。

既然战争始于谎言，那么战火愈炽烈、战事愈胶着，就需要用更多的谎言去掩盖真相以维持战争，直到一切毁灭，纸里包不住火为止。在那之前，无论有多少谎言，也无论谎言有多荒谬、多离谱，天真的人们也会相信之、追随之。因为强烈的民粹主义情愫已经被骗子们包装成某种"爱国心"入脑入髓，进而冲塌了理性的堤坝，即便事后想起来，自己都会觉得荒唐无比的事情，战时的人们也会深信不疑。

这才是真正的危险。

>不存在经济问题的时代从不存在>

再把话题重新转向经济领域。

一直到最近，美国人享受了史上最长的经济繁荣期，以至于许多人认为，这种好景气说不定可以再持续一百年。特别是特朗普总统。自从上任以来，他一直扬扬自得地宣称"在我的领导下，美国经济完美无缺，没有任何问题"。可我不这么认为。因为纵观世界历史，还从未出现过没有任何经济问题的时代。

正如我一再强调的那样，现如今经济问题已然遍布世界的每一个角落。不仅是巴西、印度这样的发展中大国，还是美国和日本乃至其他所有发达国家，各种问题的火苗已然若隐若现。所有这一切都预示着，一场严重的全球性危机已经不可避免。

由于太多国家和地区的政客染上了"债务中毒症"，即便通常情况下有可能摆平的小危机也会演变成无法收拾的大危机。偏偏特朗普总统在这个节骨眼上发起了最不应该发起的大规模贸易战，下一场危机局势恶化的程度也便可想而知。

所以接下来的章节，我将试着为大家梳理一下，过去历次经济危机中我们这个世界到底发生了什么。

TWO

在过去的危机中
都发生了什么？

TIPS

危 机 时 代

每一个泡沫的产生和破裂都会遵循相同的轨迹：人们陷入狂

热，轻易地相信瞬间的美好就是永恒，直到迎来上天的惩罚

方才梦醒……

>再聪明的人也无法制止危机>

经济危机不断地侵扰世界，没人能够阻止。即便再聪明的人也不行。

1929年，华尔街股价暴跌为著名的"大萧条时代"揭开了帷幕。纵观整个20世纪20年代，美国经济异常繁荣，乐观情绪无所不在。随着工业迅猛发展，国民生活水平迅速提高，美国的进口贸易额一路飙升，吹起硕大泡沫，为其后长达近十年的萧条时代埋下了伏笔。

这一幕，与20世纪80年代末90年代初的日本极为相似。那时的日本气势如虹，正处于泡沫经济的巅峰状态，前景一片光明。可在泡沫破裂后，对于那些债务缠身、问题丛生的企业，特别是大型企业，日本政府却迟迟不愿着手处理，以致一再贻误战机，最终回天乏术，令日本经济踏上漫长的衰退之路。

21世纪初，日本人称这段时期为"失落的十年"；而现在，"失落"依然在持续，已经是"失落的三十年"。重点是，未来会如何，这种"失落"还会持续多少年，至少现在没有人知道。

说起来，如果政府行动果断，本不需要经历如此长时间的"失落"：只要企业破产，就换一拨真正的聪明人接管企业。让这些人接手并重组企业的不良资产，以重建财务、降低风险，将企业重新引向健康的发展轨道即可。

遗憾的是，日本政府并没有这么做。他们非但没有把企业资产托付给聪明人处理，反而将其交到无能的人手上。正因如此，日本经济才会长期深陷衰退的泥潭，一直到今天也没有恢复元气。

美国也一样。20世纪20年代前半段，美国的问题与泡沫经济时代的日本极为相似，而这些问题直接导致了其后的巨大灾难。只不过，与日本的做法不同，当年的美国政府果断地采取了升息和平衡预算的对策。尽管这些对策在一段时间里甚至加剧了危机状态，可对那时的美国来说，除此之外别无良策。

所谓"猛药治疴"，就是这个逻辑。

没错，危机横行之时采取升息和平衡预算的做法，一定会加深人们的伤痛，进而容易引发这些做法是否有效的质疑。可事实上，第一次世界大战结束后的美国也曾用同一办法将经济从战争的爪痕中成功地解救出来，并孕育了其后长达近十年的经济荣景。

北欧国家的案例也极具说服力。

20世纪90年代初，被严重的经济泡沫所困扰的国家不只是日本，还有挪威、瑞典、芬兰等几乎所有斯堪的纳维亚国家。

随着经济泡沫的破裂，那时的北欧诸国面临着银行系统不良资产飙升的困境，经济形势万分危急。可即便如此，这些国家也没有手软，而是放出了一系列大招：他们先是对经营不善的银行进行破产处理，然后把破产银行国有化，进而剥离不良资产，重组银行财务；当这些银行重新显露出生气时，他们又迅速将它们私有化，将其放归自由市场的大海，任其遨游、迎风击雨。

正是因为不怕破产、出手果断，北欧诸国的经济在极短的时间内便恢复了元气。显然，这种做法与当年日本的作为形成了鲜明对照。

历史一再证明，对那些经营失败的企业不追责反而施以援手的做法是错误的。正如日本的教训所预示的那样，该出手时不出手，贻误的将不仅仅是一时的战机，而很有可能是几十年的景气。

所谓"越怕难就会越难""越惧损就会越损"。最初，因为"怕难"而踟蹰萎缩，可事后看来，也许最初那个"难"是最"容易"的时机也说不定。

"难"如此，"损"亦如此。

历来如此。

>1929年"大萧条"带给我们的教训>

不妨回首一下1929年席卷全球的那场"大萧条"。

这一年的10月24日，美国股市突然暴跌。这一突如其来的打击令所有投资者猝不及防，瞬间陷入恐慌。许多股票掮客（中间商）甚至因此而轻生。

正如我在前面所言，整个20世纪20年代美国的经济都处于一种极致景气状态。那时，不动产和股票价格一路飙升；在巨大财富效应的刺激下，以汽车的迅速普及为代表，美国的消费市场也是一片景气，似乎繁荣永远没有尽头。

可就在人们亢奋难抑的时候，乌云已悄然漫布美国经济的上空。

当经济长期低迷，人们的生活愈发困窘时，外国人往往会成为泄愤的标的。

当年的胡佛总统就是这么做的。这位总统采取了优先保护国内产业的政策，即今日大家已然耳熟能详的"贸易保护主义政策"。其最具代表性的作为，是签署了著名的"斯穆特-霍利法案"。

依据该法案，美国可以为进口农产品等货物设置极高的关税门槛。这必将导致美国国内的粮食和食品价格迅速上涨，进而带动整体通胀水平的飙升。农民当然会喜不自胜，而广大消费者则将深受其害。

"这是一个糟糕的政策，会把美国经济推入深渊。"——1000名愤怒的美国经济学家在主流媒体刊登广告，严厉控诉"斯穆特-霍利法案"。

遗憾的是，美国当局不为所动。这一法案最终还是通过了国会的审议，并被胡佛总统签署成法。

该法案揭开了一场史诗级贸易战的帷幕。为报复美国，英法等欧洲强国也大幅提升了对美进口的关税水平。仿佛意犹未尽，一种被称为"集团（围墙）经济"的新经济形态开始在各国之间流行。具体地说，就是各大国分别在地图上画一个圈，以自身海外殖民地为中心，各自构筑起彼此独立的经济集团，并以各国的货币名称将这些集团命名为"英镑圈""法郎圈"……

一堵堵无形却高耸入云的围墙，将全世界的经济与贸易割裂开来，彼此互不相干。

显然，这样的趋势不可能会对世界经济和贸易的发展有任何好处。恰恰相反，随着围墙越来越多、越来越高、越来越厚，全球经济和贸易的蛋糕则越来越小、越来越薄、越来越寡淡无味。

依据市场比较优势自然形成的国际分工体系彻底崩裂，进而重创了世界经济。

在那之前，资本在世界范围内的自由流动支撑了各国经济——第一次世界大战的战败国德国需要向战胜国英国支付赔偿金，而英国则需要利用这笔钱偿还战时来自美国的大量欠款。然而，由于战败而失去所有殖民地的德国无法形成自己的经济圈。随着世界经济不断地被围墙割裂，德国也被各大国彻底孤立，经济状况急剧恶化，逐渐无力负担巨额的赔偿金。而无法从德国得到赔偿的英国，也渐渐失去偿还美国债务的能力。

这是典型的恶性循环。其间接后果就是史上空前的"大萧条"以及人类历史中损失最为惨重的第二次世界大战。而最初的肇事者，无疑是引发那场贸易战和隔离潮的元凶——臭名昭著的"斯穆特-霍利法案"。

"前事不忘，后事之师。"显然今天的美国政客及相当多的美国国民没有记住这句话。这绝对是一个危险的信号。

>瞬间席卷世界的危机>

股价暴跌再加上随之而来的大规模贸易战，令危机瞬间传遍全世界。

1931年，严重依赖美国资金和对美贸易的玻利维亚经济率先陷入债务违约泥潭，追随该国的脚步，其他南美诸国也相继破产。同年5月，欧洲的奥地利也发生金融危机，该国的银行业巨头安斯塔特信用社已处于事实上的破产状态。

奥地利首都维也纳在第一次世界大战前曾是欧洲最大的金融中心之一。尽管作为战败国，战后维也纳的地位略有降低，可至少在中欧地区，其主要金融枢纽的位置依然保留了下来。

但是，受世界性的金融恐慌影响，该国最大的银行安斯塔特信用社突然停止了营业。由于该行是支撑中东欧经济的最大金融支柱，这一事件对当时的欧洲来说，其爆炸性影响无异于2008年的"雷曼兄弟"公司破产危机。

虽说奥地利政府和央行曾一度试图出手援助安斯塔特信用社，可终究为时已晚。巨大的冲击波已然传遍欧洲，并瞬间在欧洲全境引发剧烈的经济恐慌。

首当其冲的是德国。同样在1931年5月，受奥地利危机的影响，德国也发生了大银行破产事件。仅仅三个月后的1931年8月，事件便发展到一种极致状态：德国全境所有银行全部关门歇业。

紧接着，同年9月英国央行英格兰银行正式宣布放弃金本位制，拉开了以邻为壑的"汇率战"序幕。与此同时，效仿美国的做法，英国政府也打着"保护本国产业"的旗号大幅提升贸易关税，并凭借着拥有世界最多殖民地的优势，迅速强化了"英镑圈"，即"围墙经济"体制。

这一系列的连锁反应为世界带来了什么？

首先，美国的股票市场居然暴跌了九成之多。美国政府慌忙出手相救，为市场注入大量资金。这在一定程度上稳定了局面，令股市一度短暂回升。可好景不长，1937年美国股市再度崩溃，又下跌了五成，重新进入典型的熊市状态。

其理由也不难理解。毕竟人工干预不是市场行为，甚至会扰乱市场。

世界性的经济混乱会导致失业者暴增，造成百业凋敝、民不聊生的后果。在一片惨状中最容易崛起的，往往是那些高举民粹主义大旗的政党和政客。

德国就发生了这样的事。

严重的经济萧条为纳粹主义的诞生提供了肥沃土壤。接下来，就是那场惨烈的世界大战。

>都是什么人在经济危机中赚了大钱>

不过，即便是如此严重的全球性经济萧条，也不意味着没有人闷着头趁机发大财。恰恰相反，越是危机越能挣大钱的人永远存在。

美国著名投资家"艾伦兄弟"就是典型的例子。几兄弟中最年长的查理·艾伦领导着一家叫作"艾伦与其伙伴们"的私人投资公司。

在那个大萧条时代，艾伦兄弟趁股票市场完全崩盘的时机买入大量企业的优先股。彼时，大多数企业的股票几乎等同废纸一张，只要有人愿意买便可随意挑选，想买多少买多少。所以几兄弟的行为很快便在业界沦为笑柄。可戏剧性的是，没过多久，那些顽强生存下来的企业的股票价格开始逐渐恢复。于是乎，几兄弟大赚其钱，"艾伦与其伙伴们"这家公司也一战成名，成为美国最著名的金融公司之一。

可见，艾伦兄弟确实是聪明人，是天才的投资家，以至查理·艾伦的名字在投资界几乎无人不知，无人不晓。

还有一个叫罗伊·纽伯格的男人，也是一个传奇性人物。

这是一位年过百岁，直到2010年仙逝为止从未停止过股票交易的鼻祖级证券经纪人。在1929年正式涉足华尔街投资界之前，他是纽约布鲁克林区一家鞋店的售货员。在大萧条的前夜，美国股市依然气势如虹，每一个人都梦想得到一份华尔街的工作。罗伊也不例外。在华尔街拥有众多友人的他也义无反顾地选择了这条路。那时，无数人都在空前的牛市中赚了大钱，圆了自己的财富梦和"美国梦"。摆在像罗伊这样的年轻人面前的路，似乎染成了金黄色。可1929年的股市暴跌，却无情地粉碎了这一切。

可以很容易地想象，作为华尔街的一个新人、一个菜鸟，罗伊几乎失去了所有财产。可即便如此，他也没有离开华尔街。哪怕股市已经病入膏肓、跌落谷底，华尔街一片萧条景象的1931年，罗伊依然留在那里默默地忍耐着，奋斗着。

苍天不负有心人。这段艰难的日子以及这些艰苦的磨炼终于给这个年轻人带来了丰厚回报——他发现，市场中存在着一种股票，虽然拥有可观的潜在价值，却由于无人问津而价格低廉。显然，集中投资这类价值股将获得惊人收益。

这一发现给罗伊带来人生中第一桶金。他趁势创立了属于自己的投资公司——"纽伯格-巴曼"公司。时至今日，这已经是一家"百年公司"了，在业界拥有极高的名望。

罗伊活到了107岁。

我曾有幸在其健在的时候，与这位传奇投资家会面。

记得那天他对我说了这样的话："所谓'投资'，与卖鞋没什么区别。你我都一样，每天的工作无非是两件事，把鞋买回来，再把它们卖出去。"

没错。是这样。投资这事没有什么神奇之处，更谈不上高不可攀。无论是鞋子还是股票，无非就是低买高卖。只要能做到这一点，任何生意都能赚钱。

就这么简单。

平心而论，罗伊先生是我迄今见过的最卓越的股票经纪人。他曾于大萧条时代果断购入大量RCA（美国广播唱片公司，当年世界最大的广播巨头）股票，并因此发了大财。而他麾下的"纽伯格-巴曼"公司也是华尔街最伟大、最具代表性的传奇企业之一。

投资大师约翰·邓普顿的故事也不应被遗忘。1912年出生于美国田纳西州的邓普顿，在学生时代由于学业优异，获得了耶鲁大学的奖学金，主修经济学。毕业后，再一次获得英国牛津大学的奖学金，赴英学习法学。

总之，这是一位头脑聪明，知识面极广的天才。

这些特质的优势，在其进入投资界后被发挥得淋漓尽致。

在所有人卖的时候买，所有人买的时候卖——这一"反向操作"的投资手法，是邓普顿的绝招。

这位投资大师留下了许多名言。比如说"与他人做相同的事，就只能得到和他人相同的结果""'这次绝对不一样'——没有比这句话代价更为高昂的错误""最悲观的时刻是买点，最乐观的时刻是卖点"……

这些闪耀着智慧火花的格言，启蒙了一代又一代的投资家。

20世纪30年代，年轻的邓普顿初显身手，在纽约证券交易所以每股不足1美元的价格一口气买进104家上市公司的股票。而且每家公司的股票只买100股，不多也不少。

后来发生的事，证明了这一操作手法的英明。

那104家上市公司中，有30多家破产，而其余的近70家公司，股票则大幅飙升。他于1942年卖掉这些股票，赚得盆满钵满。与前文提到的罗伊先生一样，邓普顿也成为美国人尽皆知的富豪，他自己麾下的投资公司也是美国最知名、最具象征性的金融公司之一。

可见，成功的投资家从来都是火中取栗，在危机最严重的时刻寻找投资机会。他们从不理会他人的想法与做法，而是特立独行、独立思考，永远遵循自己的意志行事，在投资的路上进取开拓。

这样的人，想不成功都难。

>经济危机最大的牺牲者从来都是中产阶级>

世界级的经济金融危机爆发时，受伤害最大的往往是一个社会中的中产人群。

失去工作、失去金钱，甚至失去令孩子接受教育的机会……所有这些突如其来的遭遇都会深深地刺痛中产阶级，让他们义愤填膺、怒不可遏。

历史一再证明了这一点。

在20世纪30年代"大萧条"之前，1894年，美国也曾发生过一次严重的经济危机。

彼时，俄亥俄州的企业家杰可夫·库克西被政府在危机中的无能表现所激怒，发出严正抗议。

他主张，政府应果断采取措施大规模开展公共建设事业，从而创造就业机会，改善经济状况和人民生活。为达此目的，库克西向美国人民发出呼吁，希望他们能跟随自己向首都华盛顿特区行进，逼迫政府就范。

当时，美国的失业率极高，近两成的劳动人口没有工作。企业的日子也不好过。有超过1万家公司倒闭，其中甚至包括许多大型银行及铁路运营机构。所以当库克西登高一呼时，立刻应者如云。全美各地的失业者迅速组织起来，从各自的所在地向华盛顿特区进军。被称为"库克西大军"的这些请愿者集团，最终到达了他们的目的地——首都华盛顿。

但是，这支抗议者大军的命运却极为悲惨。他们被视为暴徒，受到警察的包围、殴打和逮捕。于是，悲愤的库克西发表演讲，控诉这黑暗的世界。他说："富人愈富，贫者愈贫。这样下去，这个国家的中产阶级恐怕会彻底消灭，不会再有任何希望了。"

"大萧条时代"的1932年也发生过同样的事。

宾夕法尼亚州的匹兹堡市有一位名叫詹姆斯·考克斯的神父，有感于大萧条时代中产阶层生活的惨况以及政府的不作为，也效法自己的前辈，于这一年组织了25,000人的失业者队伍，向首都华盛顿特区请愿行军。

幸运的是，历史没有重演。与其前辈不同，这支被称为"考克斯大军"的请愿者队伍在某种程度上成功达成了他们的目的。一路上，这支队伍的理念和诉求感染了许多人，全国各地的同情者与共鸣者不断涌现。人们纷纷向他们捐赠现款和物资，许多人甚至直接为他们提供免费燃料，为这场大行军运动助一臂之力。

更有甚者，国会议员中也有不少人同情这支队伍，从而有力地撬动了美国议会那扇沉重的大铁门。终于，神父及其拥趸们的行动开花结果，美国政府同意了他们的某些诉求，开始启动大规模基建项目。与此同时，为筹措项目资金，改善财政状况，缩小贫富差距，政府还将遗产税的税率一口气升至70%。

经此一役，考克斯神父在美国名声大噪。借着这股气势，他干脆创立了一个叫作"失业党"的政党，并一度成为美国总统的候选人。

进入21世纪后，也发生过类似事件。

还记得那场轰轰烈烈的"占领华尔街"运动吗？

没错，雷曼危机爆发后，愤怒的人们齐聚纽约城，举行了大规模游行示威。他们严厉指控美国政府在危机中只顾救济大型金融机构和富裕阶层，却对广大中产家庭的生计与死活不管不顾。

这场被称为"占领华尔街"的平民运动足足持续了半年之久，时至今日也令许多人难以忘怀。

无论是"占领华尔街"，还是库克西与考克斯的"大行军"，所有这些大规模民间运动都有一个共通点，那就是失去最珍视的东西给广大中产阶层带来的不满与不安，会在每次经济危机爆发后迅速高涨，不可遏止。这是一股巨大的能量。它既有可怕的破坏力，也有着强大的创造力。关键要看历史为其提供了什么样的环境与机遇。

>生活困窘的人必然要找个愤怒情绪的"出气筒">

经济危机一旦发生，许多国家的大学教授以及政客们往往会在第一时间向全社会发出警告。他们会异口同声地主张："经济的不景气会让中产阶级的数量大幅减少。"这样的发言无异于火上浇油，会让许多中产人士更为愤怒，更倾向于通过大规模游行示威的方式抗议，揭露政府和富人阶层的不仁不义。

可见，经济恶化导致的生活之苦，在任何时代都会驱使人们去寻找可以宣泄怒火的目标和渠道。

这是经济危机的副产品，是必然会发生的事。

对广大中产来说，危机下的自己之所以遭遇不幸，是因为他们往往未必知道甚至未必真正在意经济危机为什么发生，但经济危机给他们带来的"不幸"这一事实本身对他们来说却有着真实的切肤之痛。

就拿"考克斯大军"来说，他们深深知道1932年的大萧条对自身的生活而言意味着什么。于是为了抗议政府，他们毫不迟疑地加入了那支目标直指首都华盛顿特区的请愿者队伍。

显然，队列中的人一定感到了这个国家有些地方不太对，可到底是哪里不对，哪里出了问题，具体问题是什么，却没有几个人真正知道，真正有概念。

所以，他们心中唯一的念头就是行军抗议，就是猛烈指责，指责富人和政府。

没办法。这就是人性。当遭遇不幸时，人们总要发泄，总要指责某个人。就看哪个倒霉蛋会撞到枪口上了。不走运的是，经济的危机中富人总会是那个倒霉蛋。无论他们行事多么低调，也无论他们曾经捐过多少善款，做过多少慈善。

外国人的运气也好不到哪里去。危机导致的失业潮会让外国人极易成为攻击的目标。"你看，就是他们抢了我们的工作！"——这种愤怒的控诉会在瞬间传遍社会的每个角落，令外国人如坐针毡、寝食难安。

总之，要不就是外国人，要不就是富人，每当危机到来时总会有一个成为人们的"出气筒"和打击对象，从无例外。

更要命的是，如果这一现象被某些居心不良的政客利用，变成他们牟取私利的工具，后果不堪设想。

所以，越是危机的时候，越要保持冷静，越要根据经济学基本常识站稳立场。

公平地说，只要不犯法，不做任何违反公序良俗的事，那些完全靠自己的聪明才智与艰苦奋斗赚了大钱的人，即便夜夜歌舞升平、吃香喝辣，也不意味着他们犯了错，活该被指责、被攻击。

之所以会发生危机，不是富人们的错，更不是外国人之非。而是有太多人，包括绝大多数危机的受害者，长期忽略了那些假以时日必将改变世界的微小变化。

千万不要小看这些微小变化。正是它们积少成多，最终酿成了我们这个社会中无数严重的经济问题。即便是眼前这场日益迫近的超大型危机，亦是如此。

最初一眼望去毫不起眼的东西，一旦发生连锁反应就会逐渐演变成一个庞然大物。这就是经典的"滚雪球效应"。

显然，对许多新闻媒体来说，这一效应并不令人反感。看热闹不怕事大，而怕事不大或根本没有事，这是媒体的本质。

我无意指责这一本质，并愿意承认它的正面意义。因为这能促进信息的透明化和普及化，而这一点对任何一个社会来说都极为重要。问题在于，过犹不及就会适得其反。媒体的这个特质一旦走过了头，在关键时刻往往会让事态恶化，而不是往好的方向发展。

可以想象，当所有媒体的所有版面充满了负面信息乃至可怕标题的时候，我们这个世界会发生什么。

起码那些愤怒的人，会越来越多，越来越愤怒。而愤怒之火所到之处，不可能不留下痕迹，留下伤害。

>漫天山火是为了给这个世界营造新的森林>

我认为，可以把危机比喻成山火。山火本身虽然可怕，但正是这可怕的山火烧却了那些早已失去生命力，垂垂老矣的枯枝古木，为森林的再生提供了绝佳的机会。

不错。没人喜欢山火，也没人希望山火爆发。可即便如此，山火依然会爆发。这既是自然现象，也是上天的旨意。是大自然为了我们人类能够不断获得崭新的、生机勃勃的森林而设计了这一自然规律。

自然如此，经济亦如此。

真正优秀的经济体系应该是这样设计的：每当有企业经营失败，一定会有聪明人赶来接手并重建之——该挤的脓挤掉，该切的疮切掉；做该做的事，走该走的路。企业自会起死回生，重焕生机。

遗憾的是，20世纪90年代泡沫经济破裂时，日本政府却没有做这样的事。他们没有把大笔救援资金托付给真正的聪明人，而是长期资助那些无能之辈。重点是，无能之辈有了政府撑腰，可以反过头来去与聪明人竞争，甚至有可能在竞争中打败聪明人。聪明人越来越少，无能之辈越来越多，经济形势能好才叫活见鬼。日本经济会长期在"失落"中泥足深陷，始终难以恢复元气，其原因就在这里。

由于日本没有果断行事，大胆改革早已劣化的经济运营机制，也没有勇气将长期蔓延于企业界的陈腐之气一扫光，最终为自己招致了最为恶劣的结果。

其实，即便是现在，只要能痛下决心猛药治疴，日本经济依然有重生的机会。问题是，这方面的迹象似乎并不明显。在这个国家，许多经营不善的企业仍旧"顽强"地生存着，其背后也仍旧依稀可见政府救援的影子……

这就是日本，一个对自身的"玩法"极为执着的国家。

结果也可想而知。那就是越来越高的负债率和越来越低的出生率。

坦白说，日本是我非常喜欢的国家。从孩提时代起，这个国家就给我留下了深刻印象。

即便今天，相信也有许多人和我一样，仍旧认为"失落了三十年"的日本是一个很棒的国家。

但是，对我们的下一代来说，日本这个国家是否依然会"很棒"，恐怕要打上一个问号。

>失去一切之后方才得到的人生经验>

诚然，危机发生时绝望的人会很多。可即便失去一切，浴火重生这件事也绝对是有可能的。

我本人就是一个鲜活的例子。

事实上，我就是那个曾经失去一切的人。

1970年，在华尔街股票经纪人的圈子中，我还是一个青涩的新人。

那时，缺乏专业知识和经验的我，由于确信股市必会暴跌，把自己所有的资金全部押在了看跌（卖方）期权产品上。

所谓"看跌期权"，是指可以在未来某一指定时间点，按照事先约定好的价格卖出股票的权利。

对当时的我来说，倾尽所有买入大量看跌期权，就好似一场赌博：股市跌，我就大赚特赚；股市涨，我将一无所有。

决定命运的时刻很快到来。我购入看跌期权的时间是1970年1月，短短五个月后，华尔街就崩盘了。股市暴跌瞬间引发企业的破产潮，我顺势卖掉手中的股票，结结实实地大赚了一笔。

由于我抄底成功，在市场跌入谷底时及时出手期权，身家一口气暴涨了3倍。

但是，仅仅两个月后，我失去了一切。由于再次押注股价暴跌，重新买入大量期权，而我看跌的企业，股价居然一路上涨，所以这一戏剧性的情节变化不但让我失去所有新赚来的财富，并且令我血本无归。

事实上，我的眼光并没有错。我看跌的六家公司由于经营不善在两年后确实全部倒闭了。可是，眼光的正确本身对我而言已毫无意义。我是一个投资家，结果就是一切。尽管我一时发了大财，可最后还是彻底归零，一无所有。

作为一个职业投资家，在事业初期失去一切对我来说并不是坏事。尽管我的判断在大方向上并无过失，可终究没有跑赢瞬息万变的市场。这让我领教了市场的厉害，学到了宝贵的经验。

我得到的最大教训之一就是市场的非理性。

这一点，是投资家必须学会的第一课。

事实上，在很多时候市场都是不合理的，甚至是疯狂的，充满了不可预知的情绪化因素。而这种反复无常的情绪化表现与人们（市场参与者）心理与行动的变化息息相关。

一言以蔽之，市场是否理性取决于玩家。而玩家常常是非理性的。所以，与其执着于市场的理性，不如把精力放在研究玩家的心态和行为上面。

这才是决定投资成败的关键。

遗憾的是，当年的我严重忽视了市场玩家的心理和行为，一门心思地直奔市场本身的理性化发展趋势而去，所以才会被市场狠狠地教训了一把。

说实话，最初失去一切的时候，我也沮丧、彷徨甚至绝望过。没办法，这是常态，亦是命运。每当危机来临，总会有人失去一切；也总会有人自暴自弃、放弃投资，抑或悲观厌世、自我毁灭。

可是，对活下来的人而言，生活毕竟还是要继续。我身边的许多伙伴陆续离开了华尔街，到他处另觅工作，有的人选择了记者作为职业。而对我来说，除了留在这里继续投资生涯，已经没有别的选择。当然，以我的个性，自杀绝不会是一个选项。尽管遭遇不幸，可我依然咬紧牙关，在投资这条路上一路走了下来。

越是危机，就越要忍耐。这一点务必牢记。

重复一遍，对投资家来说，最重要的关键词是"忍耐"二字，且没有之一。

世界上从未成功的聪明人大有人在；世界上从未成功的才华横溢者大有人在；世界上从未成功的帅哥美女大有人在。

所谓"小姐身子丫鬟命"，就是这个意思。

与此同时，尽管世界上从未成功的人大有人在，可真正的成功人士也绝不鲜见。他们中的许多人未必那么聪明、那么有才华或者那么帅、那么美，可他们却成功了，这是为什么？

很简单，因为他们是一群从不放弃的人。

这就是"丫鬟身子小姐命"的逻辑。

没错。这个世界上有许多赫赫有名的大亨，在成名前往往都是一些最让人瞧不上眼的粗人、土人和怪人。他们或许出身卑下、行为粗鄙、其貌不扬，可却心存高远、坚韧不拔，特别是，从不放弃。

所以，我一向认为，你是否毕业于哈佛、普林斯顿和耶鲁等常春藤名校并不重要，是否能够忍耐才真正重要。因为只有后者，才是人生的常胜将军。

>被"尼克松冲击"改变了的世界>

1970年，我经历了自身投资生涯中的第一次惨败。然而，这只是我个人的遭遇；而一年后发生的另一件大事，则深刻地影响乃至永久地改变了世界历史的进程。

这就是1971年爆发的，著名的"尼克松冲击"。

时至今日，我依然清晰地记得那时发生的事。

1971年8月15日，时任美国总统理查德·尼克松突然宣布放弃金本位，停止美元兑换黄金。这番话像飓风一样瞬间震撼了全世界，特别是日本，因此被称为"尼克松冲击"。

在那之前，世界上唯一能与实物黄金做交换的主权货币就是美元。其他所有国家的货币都与美元挂钩，实行固定汇率制。由此，美元成为唯一的，世界公认的基础货币，并以此为前提催生了国际货币基金组织（IMF）——这就是诞生于1944年的著名的"布雷顿森林体制"。该体制构成了战后整个世界的经济、金融发展秩序，为全世界带来了几十年的和平、稳定与繁荣。

但是，1971年的"尼克松冲击"彻底颠覆了布雷顿森林体系。支撑世界经济最重要的梁柱崩塌了，经济和金融界一片混乱。

市场上，美元的卖盘蜂拥而至，导致美元汇率一路狂跌。由于对美贸易是日本的经济支柱，强势美元对日本经济来说不可或缺。所以为了遏制美元跌势，日本的中央银行日本银行可谓使出浑身解数，拼命地在市场上买进美元、卖出日元，试图干预汇率走势，可最终回天乏术，以惨败收场，只能眼巴巴地看着日元汇率一路飙升而无计可施。

顺便说一句，尼克松总统发表那篇著名的讲话中，除了宣布要放弃金本位，还表示要对所有进口商品征收10%的进口附加税。这对日本来说无异于雪上加霜。严重依赖对美出口的日本企业受此重击一片惊惶、不可终日，股市也在短时间内迅速崩盘。日经平均指数在尼克松发表讲话的短短一周后便足足跌去了四分之一。

尼克松之所以提高关税壁垒，与他对日本的看法有关。彼时，经济腾飞期的日本在对美出口方面表现得气势如虹、势不可当。这位总统就此认为，正是对日进口总额的飙升才让无数美国人失去工作，拔高了失业率和企业破产率，进而导致美国国内的景气指数下滑。

所以，"都是日本不好，必须惩罚日本"——一旦发生问题，"甩锅"外国人从来不仅是一个经济选项，而且是一个政治选项。

特别是日本，更容易成为美国人泄愤与攻击的目标。

1971年，距太平洋战争结束只有二十六年，大多数美国人的脑海中那场战争依然记忆犹新。所以"日本人是邪恶的坏蛋"这一固有印象在美国仍旧大有市场，而这一点无疑为尼克松总统的新政策提供了强大的民意基础。

当然，每个人都知道贸易战不是好事，不会有真正的赢家。可即便如此，打着"美国优先""保护美国的产业和就业"等响亮旗号的尼克松新政还是得到了大多数美国人义无反顾的支持。

受此影响，美股和日股在一段时间内背道而驰：前者上升，后者下跌。

不过，尼克松推出新政的根本原因，还是在于美国经济自身出了严重问题。这一点不会因为任何针对外国人的"甩锅"行为而有所改变。

事实上，整个20世纪70年代美国经济都深受高通货膨胀率和高失业率之苦。这是一种典型的"滞涨状态"，是所有经济趋势中最糟糕的状态。

屋漏偏逢连夜雨。仿佛嫌经济遇到的麻烦不够多、不够大，1973年还爆发了一场震撼世界的"石油危机"。对全球经济来说，这是致命一击。从此，包括美国在内，世界各国的经济均经历了长期的景气低迷。

>为什么说"黑色星期一"完全可以预知>

1987年10月19日，被称为"黑色星期一"，当天的股价暴跌再一次重创了世界经济。

由于那一天是我的生日，且是我大发利市的一天，所以那天发生的事直到今天我依然记忆犹新。

彼时，我已有一种清晰的预感，知道这场暴跌必然会来临。

"我打赌，不久后的某天清晨，当你来到公司办公室，会听到纽交所平均股价急跌300美元的惊人消息。"——危机爆发之前，我就一再发出这样的警告。

理由很简单。在"黑色星期一"事件爆发的很久以前，我就觉得情况不太对：股市明显处于过热状态，许多热门股票的市盈率高得夸张。显然，人们已经失去理智，报应必然会到来，且已为时不远。

可以想见，听了我的警告之后，认为"吉姆·罗杰斯简直是疯了"的人一定不在少数。

我能理解他们的嘲笑。毕竟在股价一路攀升，乐观情绪爆棚的当口儿，有人居然发表如此不合时宜的讲话，确实有些"不正常"。

但是，现实总比想象更为残酷。事实上，"黑色星期一"那天，股价暴跌的程度远超我当初的预测。

那一天，纽约证券交易所道琼斯三十种工业股平均价格指数仅一天内便下降了508美元之多，那可是22.6%的跌幅，这一数字足以载入史册。

相较之下，1929年著名的"黑色星期四"，即后来成为"大萧条时代"导火索的那场股市大暴跌，平均股价的下降幅度只有12.8%。

可见1987年的那次股灾有多么惨烈。

不过，至少对当时的我来说，那次股灾却是人生中难得的机遇。由于事前已经买入大量股票的"看跌期权"，我从股市的暴跌中赚取了巨额利润。

那时，我还兼任哥伦比亚大学经济学院的教职，给一个拥有十五六名学生的班级讲授投资方面的知识。我清晰地记得，由于危机爆发后新闻媒体广泛报道了我当初的那些预测与警告，各路媒体记者蜂拥而至，几乎挤满了我授课的教室。

当然，我也只是凡人之躯，并没有什么"先知"的本事。

之所以能够准确预测那场大崩溃的惨剧，完全是因为泡沫已经过于巨大，是市场不可承受之重。

换言之，那时弥漫于整个资本市场的狂热情绪已经严重走过头，不可能不遭到报应。尽管我也犯过很多错误，可至少在当时，我十分清楚到底发生了什么以及即将发生什么。

问题是，除了我之外，所有人都过于自信。每个人都相信这种市场的狂热表现会长期继续下去，不可能冷却，更别说崩溃了。

这就是人性。简而言之，每一个泡沫的产生和破裂都会遵循相同的轨迹：人们陷入狂热，轻易地相信瞬间的美好就是永恒，直到迎来上天的惩罚方才梦醒……

说实话，与许多投资者一样，无法准确判断投资标的的出手时机也是我的一个烦恼。不过，我的长处在于，虽然无法准确预知市场的高点，但是对预测市场的低点则驾轻就熟。

这就是我的成功法宝。

>这一次的危机会有空前的破坏力>

那些从新闻媒体的报道中得知危机爆发消息的人常常会这么说："哦，现在我们知道问题出在哪里了。"

正如我一再强调的那样，危机这个东西就像滚雪球，并不是一夜之间发生的。在爆发之前，这颗雪球已经在一个长长的斜坡上滚落了太长时间，并在不断滚动中越长越大。

2008年秋天雷曼危机爆发前，冰岛和爱尔兰已经发生严重的金融事件。遗憾的是，这个世界上的大多数人都认为那些事件没什么大不了，完全不必在意。事后想来，正是那些遭人忽略的"小事"，是一场更大危机爆发的前兆。

雷曼危机的影响波及了无数债权和债务关系，其结果就是，与破产的雷曼兄弟公司毫无关联的人们也被卷入那场危机，进而摧毁了自己原本平静、安宁的生活。

尽管美国政府试图挽救陷入困境的经济，可真正有效的办法实在是太少了。其最后的处方，即著名的"量化宽松"政策，非但远远不足以治本，还制造出更多问题，为下一次危机埋下深深的伏笔。

显然，在即将到来的这场"新冠（经济）危机"中，还会发生同样的事。

何止如此，这一次的危机，其强度与烈度还会远超当年的雷曼事件：灾难从天而降，击碎人们的生活；崩溃无所不在，人人受其影响。

金融崩溃的一个明显触发点是德意志银行。

正如我在前面所言，这家德国金融巨头的经营状况已深陷危机状态，其信用的安全性与可靠性受到广泛质疑。显然，如果德意志银行破产，必将引爆下一个"雷曼时刻"。包括你我在内，我们所有人的生活都将承受剧烈冲击，进而产生颠覆性的改变。

那么，危机时刻，作为"终极买单者"的政府应该如何行动呢？

当年的美国政府坐视雷曼兄弟公司倒闭，没有施以援手。此举时至今日依然备受争议。有太多的声音认为，如果当初美国政府出手拯救了雷曼公司，就会有很大的机会避免那场席卷全球的金融灾难。不过，我却有不同看法。因为日本政府已经用过类似招数，可是结果呢？历史已经给出了回答。

可见，勉强为垂死者延命的方法不可取，非但无益，而且有害。

20世纪20年代初，一战后的美国政府就没有这么做。当危机爆发时，政府果断地重整资产负债表。升息减支，开源节流。对经营失败的企业，毫不留情地进行破产清算。

没错，这些手法确实一度恶化了危机。可正因为及时去除沉疴，经济又很快恢复了景气，并最终迎来20世纪20年代近十年的发展"黄金期"。

20世纪90年代，北欧诸国处理银行不良债权问题的手法也如出一辙。而这一果断行为，一直让他们的经济和国民生活受益至今。

所以，日本的"药方"不值得借鉴。

失败就是失败。失败者必须承担后果，受到惩罚，我们这个世界才能正常运转。对失败者宽容乃至包庇，不仅会深深地伤害成功者，甚至会进一步伤害失败者本身，从而让这个世界进入恶性循环，最后一起毁灭。

不必担心对经营失败的企业痛下杀手会加重危机。正如历史一再证明的那样，就算经济混乱一度恶化，只要经过"刮骨疗伤"，经济的肌体恢复起来也会异常迅速。

总之，经济这个东西既不像某些人以为的那么强，也不似许多人想象的那么弱。经济就是经济，有其基本的客观规律。而这一规律必须得到遵守，绝不可僭越，否则必将适得其反、得不偿失。

>为什么曾经那么成功的日本居然会溃败至此>

众所周知，战后的日本是从一片废墟中复原乃至崛起的，能做到这一点，国民的勤勉厥功至伟。对待工作，日本人从来都是昼夜奔忙、不知疲倦；为了公司，日本人永远都会赴汤蹈火、在所不辞。

20世纪50年代，日本已经具备生产极高品质产品的能力。这是因为尽管在早期，日本产业界曾一度专注于以低廉的价格取胜，但很快便意识到，只有提高产品品质才是获取成功唯一的正道、王道。

世界最大的制铝公司美国铝业公司（ALcoa）的老板曾经跟我说过一件他亲身经历的往事，给我留下极为深刻的印象，至今难以忘怀。

事情是这样的。一次，这位老板去日本出差，买回一批大型铝制卷材。回到美国匹兹堡的总部后，他专门召集了一群公司干部来"鉴赏"这批铝材。而这群公司干部在见到这些光鲜靓丽的产品后，几乎惊掉了下巴，异口同声地表示："人生中从未见过如此高品质的铝材。"

接着重点来了。面对自己惊讶不已的下属，这位老板慢条斯理地说："这没有什么特别的。这玩意儿在日本只不过是'标准化'的产品而已。"换言之，这批产品并无任何"特殊之处"，只是"一般产品"。

没错，当年的日本产业界已经深刻地意识到品质的重要性。他们知道，只要质量过硬，"日本制造"便一定能在世界市场上畅行无阻。于是乎，一场轰轰烈烈的"改善改良"运动席卷了日本的全部产业，而"日本制造"也果然横扫了全世界。

1959年，当木田摩托车首次登陆美国时，所有美国人都捧腹大笑，认为日本品牌的摩托车不可能有人买。但是，后来发生了什么每个人都心知肚明：本田摩托车物美价廉，很快便风靡美国，成了"时尚"的代名词。

GM（通用汽车公司）的案例也不应被遗忘。

1965年，这家美国汽车巨头如日中天，是世界上最富、最强的汽车制造商。那时，资本充沛的GM甚至连一分钱借款都没有，这一点在今天看来简直不可思议。某天，一家咨询公司的高管造访了GM，并在后者的董事会上发出如下告诫——小心日本人，他们马上就要来了。然而，董事会的那些大人物却对这一警告嗤之以鼻——谁会介意日本人！完全没那个必要。

常言道："三十年河东，三十年河西。"五十年后，GM因次贷危机破产，而TOYOTA（丰田汽车公司）则凭借有口皆碑的高品质取而代之，成为全球最大的汽车制造商。

20世纪70年代前称霸市场的美国汽车业三大巨头（通用、福特、克莱斯勒），因为轻视乃至无视了来自日本的竞争，才会有此惨败。与此同时，以丰田为代表的日本汽车制造商则凭借极高的品质、合适的价格，成为全球市场的新霸主。

不只是制造业，服务业亦如此。

世界顶级的牛排店居然在东京，而不在美国，这足以证明日本人对品质的追求是多么执着，多么出类拔萃。

由此，如果有人告诉你世界上最好的意大利餐厅不在罗马、米兰，而在东京、大阪，也请你不要惊讶，而是将其视作"常识"。

事实上，源于苏格兰的威士忌酒，现如今最高等级的产品也来自日本。后者从前者那里学到了技术，然后把这些技术进一步推向极致，从而一举超越了前者。

在这件事上，据说来自中国的豆腐和酱油也有类似的故事。

这就是日本独有的所谓"匠人精神"的威力：从别人那里"拿来"，然后做到极致，进而一举超越那个人。

总之，自从20世纪50年代日本人在"品质"问题上开了窍，这个国家便像开了挂一样一路狂奔，将一个又一个巨大成功收入囊中，在各行各业的"领奖台"上拿"奖"拿到手软。

但是，时空交错，今非昔比。曾经崛起于瓦砾之上，沐浴于喝彩之中的日本经济，现如今已然被打回原形，一蹶不振。

正如我在前面所言，泡沫破裂后的日本政府尽管一再声称要对重疾缠身的经济进行"结构性改革"，却始终没有付诸行动。何止如此，一再地犹豫和踌躇之后，日本政府有时甚至会背道而驰，采取进一步恶化结构性问题的措施。

改革不坚决、不彻底，犹犹豫豫、反反复复，还不如不改革。这与其说是一个经济问题，不如说是一个政治问题。政治意志的缺乏和政治环境的僵化与劣化，是日本经济会"失落三十年"，且前景依然不容乐观的主要原因之一。

今天的日本可谓病入膏肓。极低的出生率和极高的负债率交错恶化，且似乎没有尽头，毫无办法。政府唯一能做，也唯一在做的事，似乎就是不断地借钱给那些问题丛生的产业和企业，以使它们可以苟延残喘。

就在这样一个时刻，一场突如其来的"新冠危机"从天而降，迫在眉睫。

还是那句话，日本是我非常喜欢的国家。可即便如此我也必须要说，这个国家的未来并不那么光明。

第三章

THREE

危机来临时，
我们应该怎么办？

TIPS

危 机 时 代

投资界最经典的经验教训之一就是：当身边所有人均投资失败的时候，只要你投资的是一个自己熟知的事物，在大多数情况下，你的投资标的最终都能升值，而且是大幅升值。

>任何常识每隔十五年必会戏剧性反转>

那么，危机到来时，我们到底应该如何应对呢？

首先，要彻底改变你对危机的认知方式。

危机这个东西，依照一定的频率，每隔一段时期必然会发生。而你现在深信不疑的许多常识，十五年后也许就会大错特错。

让我们再次回望历史。

1930年所有人都认为绝对正确的常识，到了1945年又变成了什么样呢？

显然不可能再是1930年的样子，因为第二次世界大战已经改变了一切。

可见，对我们这个世界来说，变化才是常态，不变反而是变态。世界永远在变，从未停止。

所以我才会一再主张每一个人都应该向历史学习，都应该敬畏历史。

中国有句古话"以史为镜，可以知兴替"，就是这个意思。

当然，常识的反转周期不一定非得是十五年。有时也许是十年，有时也许是二十五年。但是，当我们追溯海量的历史数据时，会发现大体上每隔十到十五年，一次巨大的变化便会来临。这是一个大概率事件。

举个例子。1991年，曾经与美国并肩的超级大国苏联解体了。这在十年前的1981年几乎是不可想象的事情。1989年柏林墙倒塌后，仅仅两年时间，苏联这个所谓"红色帝国"便彻底消失了。受此影响，许多人断言资本主义意识形态取得了历史性的"终极胜利",其结果已然不可逆转。其中最具代表性的,就是日裔美国学者弗朗西斯·福山发表的"历史终结论"。可区区十五年之后,恰恰是资本主义自身发生了严重危机,而以中国为代表的诸多社会主义国家,却是一片欣欣向荣、蒸蒸日上的景象。特别是中国的强劲发展,甚至把欧美等发达国家从次贷危机的泥潭中拉了出来。

由此,我可以断言,今天我们认为是常识的东西全部都是错的,未来的历史必然会证明这一点。这绝不是什么言过其实,更加谈不上耸人听闻。如果你想成为一个成功的投资家,务必深刻理解这一点。

那么,常识反转的契机又是什么呢?

简单,是危机。

从某种意义上说,危机并不坏,甚至是一个好东西,是绝佳的机会。

在汉语中,"危机"这个词是由"危"和"机"两个部分构成的,意味着危险与机会永远是一枚硬币的两面,如影随形、相辅相成。

当报纸的"社会经济"版面被可怕的大字标题与危机的消息所覆盖时,你可能会本能地这样想:"上帝啊,这可真是太惨了!"可是,另一些人也许与你的想法不一样。他们会这样想:"感谢上苍,这简直是天赐良机!"

不错。无论是"9·11"事件这样的人祸,还是"日本大海啸"这样的天灾,所有灾难对我们这个世界以及全人类来说都是令人悲伤的事情,可是,对投资家而言,这些危机也同时意味着机会。因为危机前后的世界,将有巨大的不同。驾驭这些不同,而不是被其吞没;主动出击,而不是被动等待,是成为人生赢家的必经之路。这才是真正的勇者和智者之所为。

>即便危机爆发也无须绝望>

要记住，即便在危机中失去一切，即便陷入沮丧与绝望的深渊，凤凰涅槃、绝处逢生的机会也永远存在。

因为绝望越深、越重，机会来临时的幸福也便越沉、越满。

事实上，这个世界上越成功的人物，曾经历过的绝望便越为深重，越难以忍受。从来如此，从无例外。

所以，对那些经历危机而悲观厌世的人，我想这样说："没关系，不要紧。无论发生了多坏的事，天也塌不下来。何止如此，十五年之后就会完全变天，那时就是你重生的机会。"

没错，无论你的人生被危机如何摧残，也无论你的心情如何沮丧绝望，也要顽强地活下去。只要活着，就会迎来转机。这是人生常态，也是自然规律。

正如中国那句古老的谚语所言："留得青山在，不怕没柴烧。"

我自己的人生经历，就是一个鲜活的例子。

曾经有一个好友，因为被妻子抛弃而选择了自杀这条不归路；我本人也曾因离婚长期情绪低迷，而现在却每天都在感谢上帝的恩赐。因为在离婚的十五年之后，我又重新沐浴在幸福中，每天过着快乐的生活。

我的经历绝非个例。相同的人和事每天都在我们身边发生，只是你没有意识到罢了。

事实上，每一个人都会在人生的某个阶段因为某个理由而悲观绝望。但所有的悲观厌世者一定有一个共通点，那就是对历史的无知，即对"十五年后自己的人生将截然不同"这一点一无所知。

不妨想象一下：如果放弃自杀的念头，未来也许有一个极为精彩的人生在前方等着你也说不定。

以美国和日本的数据来看，绝大多数自杀者都是20岁前后的年轻人。这实在是太可惜了。如果他们不死，十五年后，当他们35岁的时候，世界将大为不同，他们的人生也将截然不同。这绝对是大概率事件。至少值得期望一下，等待一次。

还是那句话，无论发生了什么事，也无论这件事带给你多大的摧残和打击，等一等，未来会不一样。

以日本为例。1965年日经指数崩盘的时候，想必有许多人陷入了绝望的深渊。但是，那之后的日本在极短的时间内满血复活，到1980年迎来了繁荣的巅峰。掐指一算，正好十五年。

美国也一样。1930年的美国，有多少人由于在空前的"大萧条"中失去一切而轻生，可如果当时他们能选择顽强地活下去，熬到1945年，便会迎来戏剧性的命运转机。因为1945年第二次世界大战结束时的美国，其国力之鼎盛堪称空前绝后。

掐指一算，又是十五年。

股神巴菲特有一句名言："永远不要做空美国，因为这个国家有无限潜力。"我也想借花献佛，对每一个深陷绝望中的人说："永远不要做空自己的人生，因为你的人生有无限潜力。"

这不是安慰，是事实。

>应对危机的第一要务>

那么，应对危机的第一要务是什么呢？

简单，要对这个世界正在发生什么有个清醒的认识。

遗憾的是，绝大多数人做不到这一点。有太多的人即便周边发生了无数危机的征兆，也表现得无动于衷，不能做到积极地探寻这些征兆背后的深刻含意。

所以说，一定要对这个世界的运行机制，以及由此导致的所有表象随时保持正确的敏感与清晰的理解。

比如说，印度的金融体系到底发生了什么，必须探求所有征兆的蛛丝马迹。无论你发现了什么，看见了什么，一定要保持这样的思维和行为方式。特别需要注意的是，当你这样做的时候，千万不要试图咨询他人的意见。一定要保持独立性，切忌依赖他人。否则当问题发生的时候，就有你受的了——那些不会用自己的脑袋思考，只知道随他人意志起舞的人，一旦进展不顺，便会表现得彻底蒙圈，手足无措。

所以说投资这码事，只适合选择自己熟悉的事、擅长的事。否则，买了自己都搞不懂的东西，万一有点什么差池，想不蒙圈都难。

这就是所谓"不熟不做"的道理。

所有人都喜欢"热点消息""独家情报"。特别对我这样的资深投资家来说，每个人都想从我这儿搞到点"内部消息"，都希望从我嘴里说一句"哥们儿，买这个吧！绝对稳赚不赔！"可这些人没有意识到，当他们依赖别人的时候，他们自己便会成为无能的人。

所以还是那句话：相信自己的脑袋，只在自己知道的东西、熟悉的东西身上花钱。这样做就对了。

不妨这样想问题：假设你漫长的人生中，顶天了只有二十次投资机会，你会怎么做？不出意料的话，你一定会对你的潜在投资标的无比谨慎，无比专注对吗？"我从某某那儿听说了一个特别棒的投资项目！"——这种异想天开的念头不会再有了对吗？也不会再满世界地寻找那些有的没的或者是所谓"热点消息""独家情报"了对吗？

就是这个道理。

不客气地说，如果实在找不到什么合适的投资机会，待在你自己熟悉的世界里什么都不做，也比跳进你不熟悉的世界瞎折腾强，至少不会血本无归。

事实上，这正是所有成功的投资家的做法。当搞不清状况的时候，他们会选择"按兵不动"，什么都不做。他们只是坐在那里，望着窗外，静静地等待，等待一个能真正说服自己的投资标的出现。一旦发现这样的东西，他们便会紧紧地抓住不放，密切地追踪它的发展轨迹，一直到确信万无一失才会付诸行动。

一旦把真金白银砸进去，剩下的事就简单了：你只需静待投资标的升值即可。没错，你需要做的事还是等待，耐心地等待。之所以你有这份耐心，是因为你有信心，明确地知道卖点（出手你的投资标的）在哪里以及会在什么时候出现。

只要是自己熟悉的领域，无论发生任何变化，忽好还是忽坏，你都能立刻搞清楚状况，泰然处之。反之亦然，如果你的投资是听从他人的建议，自己完全没过脑子，也就是说，你投资的东西到底是个什么玩意儿，自己当初为什么买了它，这些最基本的状况你都搞不懂，那万一出现什么闪失，你就只有抓瞎的份儿了。

无论是买车、买衣服，还是买其他任何东西，这个道理都适用：只要你比别人知道得多，比别人更专业、更熟悉，你就比别人更能得到有利的交易条件，买到物美价廉的东西。

投资界最经典的经验教训之一就是：当身边所有人均投资失败的时候，只要你投资的是一个自己熟知的事物，在大多数情况下，你的投资标的最终都能升值，而且是大幅升值。

>正因为有太多的人失败，所以才有机会>

当绝大多数人品尝投资失败的苦酒时，聪明的投资者却能游刃有余。越是在景气不佳，每一个人都灰心丧气、悲观失望的时候，抓住机会果断出手的人在景气恢复时得到的回报就越高。

所以我要反复强调：投资的铁律是不熟不做。万万不可破例，不可心存侥幸。

只要你能做到这一点，就不愁赚不到大钱。

当然，在投资前，必须针对投资对象做好充分的调查研究。如果真心想赚钱，就应该在信息收集方面不惜劳力。反之，如果实在找不到合适的机会，把钱放在银行静待时机才是唯一合理的选择。

不过，即便是把钱放银行，也并不意味着绝对安全。举个例子。2006年和2007年，有相当多的人已经意识到经济出了状况，因为彼时次贷问题已然日益严重，可是大多数人却什么也没做，眼睁睁地看着自己银行里的钱和名下的不动产化为乌有。

所以，当危机来临时，把钱放在哪家银行更靠谱一些也是一个需要高度注意的问题。具体地说，银行这个东西，绝不是越大越好，重点不是规模，而是财务健全度。一定要把自己的血汗钱交给那些财务健全的银行保管，否则灾难降临时你连哭都来不及。

我个人手头有不少俄罗斯债券。除了利息较高之外，俄罗斯的政府总债务占GDP的比例不算太高，因此相对来说债券的财务健全度比较靠谱。这一点非常吸引我，也让我放心。但这并不是说，即便你连俄罗斯在地图上的位置都搞不清楚，也可以购买俄罗斯的债券，理由是吉姆·罗杰斯这样做了。

总之，不要理睬报纸或互联网上某个人发出的"购买俄罗斯债券"的建议，无论那个建议出于什么理由以及是否正确都与你无关。因为这个东西你自己不了解。而只要是你自己不了解的东西，任何投资行为都是错误的。

就拿我自己来说，我不但知道俄罗斯在地图上的位置，也对如何寻找俄罗斯掮客（中间人）了如指掌。至于亲自造访俄罗斯本土则更是不在话下。所以，如果有人问我："应该如何投资俄罗斯？"我的回答一定是："如果不知道如何投资俄罗斯，你就不应该投资俄罗斯。"就这么简单。

如果有那个闲工夫去找投资俄罗斯的方法，那还不如不投资俄罗斯。

投资有风险，决策须谨慎。即便是我自己，从20世纪70年代开始做投资这一行，迄今已经近半个世纪了，也并不总是常胜将军。

>哪些资产是危机时必须持有的>

危机发生时，应该持有哪些资产呢？

简单，美元。

我本人就持有大量美元。

这就奇怪了。不是说美国是世界上最大的债务国，债务泡沫已近破裂的边缘，且情况正日益恶化吗？既然如此，为何还要持有美元呢？

让我们来分析一下这件事。

首先，必须理解大多数人的想法和做法。当危机爆发时，人们往往会这么想："美元是安全的避难所。"没错，正因为有危险，所以人们必须为自己的财产找个安全的地方，而他们首选的避险工具就是美元。

正因为这样，人们会看到：往往越是有危机，美元就越会升值。哪怕这个危机的肇事者是美国人自己，亦是如此。

危机越严重，人们对美元的狂热以及美元升值的幅度就越夸张——注意，这是一个典型的信号，千万不要错过。而我的做法也很简单，那就是果断地卖掉美元，再买点什么别的值得投资的东西。

当然，美元不是唯一的避险工具。危机时应该如何避险，归根结底与发生了什么样的危机有关。不过，除了美元之外，危机发生的时候大多数货币都会贬值，这也是事实。至于黄金，尽管也有投资价值，不过一般来说在危机的最初阶段，金价往往会下跌。理由很简单，危机发生会造成现金短缺，手头缺钱的人们往往会匆匆卖掉黄金，入手现金来应急——注意，这又是一个投资信号。大概率事件我会卖掉手中已然升值的美元，买入贬值的黄金和白银。不过，到底应该怎么做也要看当时的情况，随着情况不同，做法也会有所不同。

千万注意，在危机的初始阶段黄金价格即便会下跌，也会迅速反弹。当人们意识到自己国家的经济出了问题，情况日益恶化，货币不断贬值的时候，脑袋里的第一个反应，往往就是买金和买银——历史无数次地证明了这一点。

对这种现象，很多专家教授可能会觉得有些不可思议。他们也许会认为金银又不能当饭吃，没什么使用价值，和货币相比流动性又差，靠买金银避险是典型的外行人的做法。不过，没必要介意。绝大多数人都不是专家，只是市井小民而已。他们的做法就是这样，就是要在发生危机的时候买金和买银。所以专家大人们大可以放这些庶民一马，随他们爱买啥买啥吧！

至于我个人，从很久以前就入手了不少金银，且不久之前又多买了一些。在我看来，如果金银的价格下跌，只不过是提供了又一个买入的机会，而不是相反。之所以这么想，是因为在历次危机中，金银的价格即便一时下跌，也会迅速反弹。这就是历史教给我的投资之道。

正因为这一次危机的严重程度将是空前的，所以无论专家教授和各国央行如何鼓噪"金银无用论"，相信大多数人也会充耳不闻，并再一次蜂拥到售卖金银的柜台前。我也一样，现已买入大量金银，为未来做好了万全的准备。

特别需要指出的是，黄金是中国人的最爱。中国改革开放以前，黄金不好买且价格极高，再加上绝大多数人都没什么钱，所以对大多数中国人来说，黄金是一个稀罕物，可望而不可即。今天的中国则截然不同。买金子已然异常简单。不但可以随时随地购买黄金饰品，还可以买金币和黄金期货，去中行分行的营业厅甚至可以买到金条。

可见黄金的投资潜力。

不过，还是那句话，投资这码事最忌讳的就是仰仗他人。别人的意见不重要，重要的是自己的投资理念和见解。而我的投资见解是：之所以危机时要买金银，不是因为这些东西拥有客观上的财务健全性或安全性，而是因为大多数人都会本能地这样认为，即"认为"这些东西在财务上是健全和安全的。

美元也一样。危机爆发时，人们会本能地认为与英镑和欧元相比，美元更靠谱一些。注意，这依然只是一种主观意识，而不是客观事实。但是否客观已然不重要，因为人们必然会依照主观意识行动。这才是真正的重点。而只要有行动便必然有结果——为投资家提供灵感的，就是这一点。

>应对危机，企业应该做什么>

在应对危机方面，企业怎么做才能未雨绸缪，防患于未然呢？

简单，首先应该大幅削减债务，不但要减少自己的债务，还要多多关注客户的债务情况。因为一旦发生危机，那些财务状况不佳，债务缠身的客户绝对会连累你，给你造成巨大的麻烦。起码货款回收就会成为大问题。

没有一家企业愿意轻易排斥或放弃任何一个客户。这一点我完全能理解。可问题是，欠债过多的客户是块烫手山芋，一旦出问题，情况往往会迅速恶化，令你措手不及。再者说，客户欠这么多债，本身就说明他已经有问题，而对这些问题了然于胸，并提前做好准备，显然对你没有坏处。

一旦发生危机，即便只有几个客户破产，对你的影响也不容小觑。退一步讲，就算你自己的企业状态良好，财务健康，个别客户破产对你的其他客户也会有不同程度的波及效应。所以哪怕仅仅是出于对客户负责的理由，你也要充分重视这件事，要时时刻刻对那些债务缠身的交易方保持高度警惕。

不只如此，你的客户是哪一个国家的企业，这一点也很重要，也需要用上述原则予以严格监控。因为与高风险国家的企业打交道，陷入麻烦的概率要远高于低风险国家。

还有一点很重要，那就是专注做你的企业最擅长、最有优势的业务，尽量不要得陇望蜀，见异思迁。特别是危机的时候，万万不可盲目追求所谓多角化经营。由于没能快速进入新的商业领域，没有实行多角化策略，有太多企业受到"缺乏速度感"的批评，而这种评价显然是不公正的。理由很简单，盲目进入未知领域很危险。与潜在的机遇相比，恐怕遇到更多问题的可能性更大。事实上，越是那些选择多元化业务模式的企业，越容易卷入各种各样的麻烦，掉进各种各样的陷阱，从而令经营业绩不断恶化。这样的教训绝不鲜见。

总之，越是困难时期，企业便越要专注于自己熟悉、擅长的业务，千万不能三心二意；与此同时，还要大力削减债务，避免与那些欠债太多的企业打交道。另外，危机时养成盘点资产的习惯，找出那些必要性不大的资产，然后卖掉它们，增加手头的现金储备，也不失为一个良策。

最后，让我们来做一个小结。常言道："现金为王"，正因为危机极难预知却必然会到来，所以提前备好足够的现金以防患于未然，是应对危机的王道。而确保现金流的关键一招是及时卖掉多余的资产，用这笔钱偿还债务，以减轻企业的财务负担；然后，完全专注于自己最擅长的核心业务领域。只要你能做到这些，任何危机都打不倒你，甚至伤不到你。

>应对危机的准备，必须提前做好>

应对危机的准备是否充分，是否到位，这件事在危机发生以前很少有人知道，但在危机发生之后是个人都会知道。

这就是事前诸葛和事后诸葛的区别。

显然，前者太少，后者太多。

2008年雷曼危机爆发的时候，华尔街所有的投资银行都非常清楚下一个破产的公司会是哪一家，我也不例外，明确地知道下一个倒下的巨头将会是大名鼎鼎的花旗集团。

理由很简单，彼时该公司已经深陷次贷业务的泥淖难以自拔，前景颇为不妙。果不其然，后来花旗集团因次贷危机蒙受了世界最大级别的损失，不得不接受国家资金的救助，甚至连不良资产的处理权也委托给了美国政府。

房利美的案例亦如此。

我一直不看好这家美国金融巨头，知道其泡沫迟早会破裂。所以，早在房利美的问题被广泛关注之前，我便在电视节目中明确地预言过危机的发生。

总之，对当时的我来说，雷曼危机的爆发是一件昭然若揭的事情，并没有任何神秘感，也一点都不突然。正因为准确地预见了危机，所以能够提前做好万全准备，安然地度过了那场危机。

当然，眼前的这场规模空前的危机也是如此。迎接这场危机的准备工作我从未怠慢过。

在雷曼危机爆发的前一年，也就是2007年，我们一家人从美国搬到新加坡居住。当时，考虑到危机爆发已近在眼前，我果断地做出了卖空房利美和花旗集团的决定。

刚搬来新加坡的时候，在一场记者招待会上，有位记者向我提了这样一个问题："您决定卖空花旗集团和投资银行的理由是什么呢？"

于是，我将前面提到的那些理由陈述了一遍，明确地发出了危机即将到来的警告。可惜的是，彼时的新加坡政府已经买了太多那些摇摇欲坠的巨头们的股票。有感于此，我在那次的记者会上还说了这样一番话："因为过度投资花旗银行和其他投行的股票，新加坡将蒙受巨大损失。对这一点，我深表遗憾。"

可是，我说的这些话并没有出现在第二天的报纸上。深受政府影响的当地媒体在次日的新闻报道中仅仅强调了一个要点，即"吉姆·罗杰斯生活在新加坡，是一件幸事"。

后来发生了什么，大家就都知道了。

2008年，由雷曼集团倒闭引发的次贷危机席卷全球，破坏了一切。可即便如此，"吉姆·罗杰斯是正确的，而我们犯了错误"，这句简单的话却始终没有出现在新加坡当地的媒体上。

看来，还是没人真正相信我说的话。

>违反常识的主意没人会相信>

如果你心里有个想法，而这个想法有违一般的常识，那么当你把这个想法告诉别人的时候，恐怕没人会相信你。理由很简单，违背常识的东西是一个怪物，是不正常的，所以违背常识的话在大多数人听起来，都不像是人类的声音，而与夜晚的狼嚎更为近似。

此为人性。

所以，那些愿意倾听乃至相信与众不同的观点或鲜为人知的主意的人，堪称这个世界的稀罕物。对绝大多数人来说，但凡不是在电视或互联网上广为人知、广被接受的东西，他们是信不过的。

可见"常识"的厉害。这个东西具有强大的洗脑功能，令人们只相信那些大多数人相信的东西。所以，能够不人云亦云，完全用自己的脑子思考问题这事从来就不简单。

鉴于此，在自己孩子的教育方面，我最重视的一句话就是："用自己的脑袋思考，千万不要依赖别人！"

不过我也知道，这句话说来容易做来难。

举个例子。每个人都说"天是蓝的"，甚至连窗外的天空到底长什么样都懒得看一眼。所以就算你不知道天空到底是什么颜色，可当所有人都毅然决然地认为它是蓝的，你便也只能这么说。万一有个不识相的主儿，居然敢大胆地喊出"天空未必是蓝色"，那周围的人一定会认为他疯了。

不过即便如此，也不要人云亦云。对那些被称为"常识"的东西，不妨怀疑一把看看。因为这个世界上有许多东西、许多真相，如果不用自己的脑袋思考，你是看不见、摸不着的。

>面对危机时，人们的行动有太多相似性>

向历史学习，你便有了预测未来的可能。而历史一再告诉我们：面对危机时，人们的想法和做法有太多的共通点。

这就是经典的"群羊效应"。这种现象之所以会发生，源于历史知识的匮乏所引发的"独立思考失能症"。

没错，克服群羊效应，学会独立思考，拥有卓越的洞察力——这件事绝对与历史常识的多寡有关。

以我个人来说，危机发生，经济崩溃，然后再复活——这一经济周期循环的规律我是从人生经验和历史书籍中学到的。特别是当危机真实发生的时候，更有必要从过去的历史中汲取养分，获得智慧和力量。任何一个人在投资时总会发现哪里不太对劲，有一些事情发生了变化。问题是，到底变化是什么以及对自己意味着什么，却很少有人知道。这就是不学历史的恶果。因为稍有历史常识的人，都会不同程度地明白现在发生的变化到底是什么以及自己应该如何应对。

日本人尤其如此。在这个天灾频仍的国家，理论上说每一个人都应从前人那里学到了许多应对灾害的智慧。可当灾难真正发生时，却依然会有很多人表现得惊慌失措、不知所以，只知道一味地大呼："天哪！为什么会这样？这可怎么办？"

连自己国家的历史都不掌握，甚至没有掌握的动机，实在是一件可悲的事。

我认为，越是危机的时候，投资家越应该大胆投资，去帮助那些陷入困境的人。只有这样做，才是对危机的幸存者真正负责任的表现。

想象一下，如果某个地方发生了灾难，我奔赴现场，对那里的人说"我有钱，想给你们投资"，对方会有什么反应？

有的人也许会立刻躁怒起来，狠狠地训斥我："滚出去！你们这些贪婪的资本家没安好心，就是想利用我们这些可怜人的不幸发大财！"

不过，更多的受灾者恐怕会对我这样说："我们确实需要帮助，请您务必投资我们！"

事实上，迄今为止已经有许多媒体评论家给我贴上了"专门乘人之危的坏人"标签。"吉姆·罗杰斯一向认为灾害是绝佳的投资机会，这个男人实在是太可怕了！"这样的指责时不时地会出现在各类媒体的头版。特别是在灾难真正发生的时候，我的一言一行总会受到舆论的特殊对待，遭到格外严厉的审视。

不过，令我欣慰的是，那些真实经历灾难的人却从不会这样看我。他们永远都会对我说："正是来自你们这些外国人的投资，让我们有了复原的希望。对此，我们深表感激。"

没错，作为投资家，我必须要赚钱。但"赚钱"这件事本身并不是一种原罪。因为事实上，你的投资确实帮助了许多人，把他们拉出了困境。如此双赢的好事，为什么要受到指责？又为什么要感到羞愧呢？

在必要的时候，去到必要的地方。这既是资本的使命，也是社会运转的基本规律。天经地义，无可非议。

>只有逆境中才会有的投资机会>

我们这个世界上，存在着一些类似委内瑞拉这样的国家，经济的危机状况已经持续了很长时间。

一旦遇到这样的情况，恐怕需要耐心地等待五六年。

比方说，某些经历战争的国家所有的一切都会变得廉价，由此便出现了不少投资机会。这些国家无论是资本还是能源都异常匮乏，人们的生活也往往极度困窘。所以你的投资对他们来说，大概率事件是及时雨，而不是龙卷风。

为了亲临现场确认一下到底发生了什么，前一阵我曾去过一次委内瑞拉。

我发现，这里的旅馆空空荡荡，几乎无人投宿，更不要说看见投资家的身影了。因为我是美国人，依据法律现在无法在委内瑞拉投资。可我认为，用不了多久，投资委内瑞拉的机会必会到来。正因为现在深陷谷底，这个国家有着无限潜力，绝对有机会成为投资的乐土。

正如我一再强调的那样，危机和灾害的发生，往往意味着极佳的投资机会和巨额利润。当然，轻举妄动绝不可取。如果你想行动，一定要选好时机。而最佳时机就是：你可以确信在那个时间点，危机行将结束。

20世纪30年代，当美国股市从牛市的顶点暴跌九成的时候，对某些投资家来说一定是个激动人心的时刻；日本也一样，如果日经指数像当年泡沫破裂后那样，从市场的最高值一口气下跌八成左右，恐怕也会极大地撩拨许多投资家的兴趣。

截止到2020年2月，日经平均指数在长达两年的时间里一直维持着横盘走势，在21 000到24 000点之间来回移动。但是，假设日经指数一口气跌到4000点，那将意味着百年一遇的投资良机。

对灾害与危机长年的观察与思考，让我练就了一个本领，那就是对"机会到底藏于何处"这一点有着与众不同的敏感与灵感。

举个例子。1973年我与友人共同创设"量子基金"时，越南战争已经结束，美国的国防费用被大幅削减。这导致美国的军工产业濒临严重的生存危机。

洛克希德·马丁公司是那时美国最大的军火制造商。这家公司积累了如山的债务，不得不向政府寻求融资担保，等于已经处于事实上的破产状态。不过，直觉告诉我这也许恰恰是一个巨大的机会，绝不能错过。于是，我迅速开始了对洛克希德·马丁公司的研究，并果断决定投资这家公司。

当然，我的这个决定不仅仅是因为这是一家面临严重危机的公司。还有一个重要理由，那就是随着美国军工产业的崩溃，彼时的市场环境乃至政治环境已发生本质性的变化。五角大楼（美国国防部）认为，无论如何要确保美国的国家安全，在这一点上必须做到万无一失。尽管我不这么想（因为我从来不认为这个世界上有什么力量会真正威胁到军事超级大国——美国的安全），但那些美军将领显然与我的想法不一样。为此，我专程赶赴华盛顿特区，想亲自感觉一下那里的气氛。果不其然，当我造访国会并与那里的许多议员面谈时，听到最多的声音是"对国防来说，不存在节约资金的问题。恰恰相反，美国应该在国防事业上大把花钱，因为这个国家必须强大"。

>中东战争给我的启示>

我决定投资国防产业，1973年的第四次中东战争是一个很大的契机。

战争爆发当日，埃及空军便成功地击落了一架以色列军队的喷气式飞机。

显然，以军出师不利。尽管以军凭借强大的军事力量后来很快挽回了局面，但战争初期身处劣势的一方，居然是在这场战争中世所公认的实力最强的一方，这个事实本身还是令世人倍感震撼。

我知道，埃及空军之所以首战告捷，很大程度上是因为从当时的苏联引进了一种高度精密的电子仪器。于是，我开始巡访美国本土的各类军工企业，试图获取一些高端军事科技方面的信息。在这次巡访中，我发现，尽管深陷困境、濒临破产，但洛克希德·马丁公司拥有当年美国军工领域最强大的技术开发能力。与此同时，在那次华盛顿特区之行中，许多议员也对我表示：五角大楼必须尽快为高技术电子战的时代做好万全准备，越快越好。

讽刺的是，由于越战结束，军费削减，那时美国的军工企业股价普遍低迷，常常只以一两美元的价格交易。而当时洛克希德·马丁公司的股价，我清晰地记得是两美元。

"电子战、技术战的时代即将到来，洛克希德·马丁公司必将迎来重大转机。"

我的预测再一次灵验。不久之后，这家军工企业的股票开始飙升，仅数年时间便足足上涨了100倍之多。

当然，我也只是凡人，不是神仙。我的预测并不总是那么准，发生失误也是常有的事。可即便如此，我依然坚信一条：当某些变化发生时，越早察觉，赚钱的机会便越大。而对这一点，我有着高度的自信。

比方说，2018年，我将持有的所有日本股票全部卖掉了。然后，截止到2020年初，在投资日本这件事上我选择了按兵不动、耐心等待。但是，直觉告诉我，再度投资日本的时机也许已然近在眼前。由于每天都对世界上发生的事保持高度关注，所以我知道日本有很大的机会再次进入我的投资清单。剩下的事，就是物色一个合适的投资对象，寻找一个合适的入场机会。

>危机中，成功的投资是什么>

商品、股票、货币等，可以成为投资对象的东西有很多。危机与灾害时成功的投资，与景气一片大好时成功的投资截然不同。而无论是好变坏还是坏变好，任何重大的反转，在其发生的初期都拥有最多、最好的投资机会。由此，优秀的投资家从来不怕不景气，更加不怕危机，而是把这些经济的阴暗面视为循环周期中的一个自然组成部分。

那么，当其他所有人都在品尝失败苦酒的时候，到底应该如何做才能让你的投资成功呢？

答案很简单。找一个真正值得投资的标的即可。这里有一个窍门：那些你从不关注，甚至从来不屑一顾的东西，反而可能蕴藏着最大、最多的机会。

只要找到你确信可以投资的对象，无论那个对象是某个国家，抑或某只股票、某个商品，即便你发现它们时已经有些晚，也依然有可能投资成功，为你博取巨额利润。

我已经从这个世界以及自身的经历中学到了太多，所以几乎每时每刻都在考虑危机时的应对方法。简而言之，我的心得就是：要想投资成功，广泛、细致、深入而持续的调研程序必不可少（且这件事必须亲力亲为，不可假借他人之手）。以此为基础，把关注的焦点集中于你熟知的事物上，在变化（反转）实际发生的地方寻找一个便宜的投资标的即可。

显然，"调研""熟知""变化（反转）""便宜"这几个词是关键。严格按照这个顺序行事，投资成功的概率便不会太小。

当所有人悲观绝望，远离市场，放弃一切的时候，就是你的入场良机。找一个看起来还不错的投资对象，投入你的真金白银即可。而这件事并不难。恰恰相反，越是这样的时候，越容易找到理想的投资标的。不夸张地说，对真正的投资家而言，有时市场越是一片狼藉，在他们的眼里便越是遍地黄金。

这既是投资的常态，也是投资的原则。对我而言，无论是危机之中、危机之后抑或危机之前，我就是以这样的心态与姿态面对投资的。

重复一遍：泡沫这个东西绝不可投资。任何投资者都应远离泡沫。无论某个行业或某家企业因为某个狂热的社会或产业潮流变得多么流行、多么庞大、多么炫目多彩，你也应坚守立场、不为所动。理由很简单，潮流导致泡沫，而任何泡沫的表面价格与实际价值都相距太远，让你几乎不可能有真实的赚钱机会。即便你能在泡沫的大潮中有所收获，你得到的，几乎也只能是幻象。既然是幻象，便分分钟有可能失去，顺带着让你蚀上老本。

在这方面，日本人的教训已经足够深刻，没必要再重蹈覆辙了。

>错误，不应该被搁置>

在漫长的投资生涯中，我经常会被问到这样的问题：危机来临时，是否应保有不动产呢？

换言之，当房价已然不断下跌的时候，是否还应该继续持有房子？抑或当房价已经暴跌时，是否应入手房产呢？

显然，人们在这些问题上经常会感到茫然，不知如何是好。

对此，我个人的想法是这样的：如果你已经拥有不动产，那么重要的是，与其继续长期持有不断贬值的房子，不如尽早把它卖掉。因为错误不应该被搁置。既然已经错了，那就接受现实，然后根据新的现实重新调整你的计划与行动。这才是正确的投资之道。否则，被错误拴住手脚、锁住资金，动弹不得，不可能成为一个成功的投资家。

另外，房价暴跌时尽管可以入手不动产，却也要视情况而定。比如宏观层面某个国家或地区是否处于经济上升期，不动产市场总体而言是饱和还是不足，以及微观层面某个不动产项目的位置是否理想，配套措施是否齐全，是否存在法律方面的漏洞，价格是否还有继续下探的空间，等等，都应该是你重点考虑的对象。

这就是"调研"的意义。

我一向认为，知其然而不知其所以然，是普通人与职业投资家之间最为重大的区别，且没有之一。

每当危机发生时，我都会想"太棒了，这又是一个机会"，而其他大多数人恐怕都不会这么想。

就拿旅行来说，许多人作为游客到一个从未去过的国家游玩，往往只是走马观花，看看风景，拍两张照片，然后发出一两声类似于"这个地方真棒！我算没白来，值回机票钱了"的感慨，便告结束。而如果想成为一个成功的投资者，你就不应该这么做。

至于我个人，每当去往一个国家（无论这个国家是第一次造访还是去过无数次），我都会本能地寻找一些新的、与众不同的事物与变化。

事实上，周游世界，与当地街头巷尾的人交流并细致入微地观察他们的日常生活，不断地发现新变化、新事物，是我个人的一大爱好。

所以，对那些来到巴黎后只顾在著名的埃菲尔铁塔前拍照留念的人来说，也许多留几个心眼，多观察观察这个城市的其他方面，看看是否能发现什么有趣的事情或细节，是个不错的主意。

其实，年轻时的我也一样，每当去往一个地方旅行，总是会被那里的美丽景物本身所深深吸引，根本就无暇他顾。可经过长年投资生涯的锤炼，现在的我已经截然不同。尽管在周游世界时依然会欣赏那些美丽的景观，可也决不会止步于此，而是对我置身之所周围的一切事物保持浓厚的兴趣。特别是那些新的变化，对我来说拥有格外强烈的魅力，总是吸引我去探究、去思考。

第四章

FOUR

如果想做个有钱人，
记住这几件事

TIPS

对"财务自由"的概念，不同的人或许会有不同的解释方式。在这里，"财务自由"是指你拥有一笔资产，以其为本金所产生的稳定收益，能够支持你过常人所理解的"富裕"生活，不会有任何财务方面的烦恼。

>不可赚"快钱">

许多人都想成为有钱人。

可以理解，这是人性，也是人类社会不断进化的动力之一。

问题在于，有太多人都想赚快钱，都在做一夜暴富的美梦。尽管这也是人类的本性，即便是我也不例外，可如果屈服于它而不是战胜它，你的财富人生便会有很大的危险。

我在前面说过，每个人都想得到"独家热门消息"，希望在投资这件事上抢得先机。对我个人来说，这种事可谓家常便饭。可如果我不能满足人们对"独家消息"的需求，他们就会异常失望，口出怨言。不过，如果你想做一个成功的投资家，绝不能像这些人一样心存侥幸、态度轻浮，一定要对投资这件事抱有起码的敬畏之心。重要的是，绝不可轻易仰仗他人，否则必将事与愿违。

总之，赚钱这件事没有那么简单。凭借从某个渠道得到的小道消息大发其财的人不能说没有，可却凤毛麟角，不可持续。靠这种方法发大财无异于守株待兔。

一般来说，大多数人会在投资中失败。之所以会这样，很大程度上是由于人们总会倾向寻找发财的捷径。这本身就是一个悖论：越是想赚快钱的人，便越会懒于付出对成功而言不可或缺的努力。

再说一遍。如果我们假设人的一生中顶天了只有二十次投资机会，想必你一定会立马严肃起来，对投资这件事充满敬畏。由此，你一定会在投资之前对潜在的投资标的做最深入、最广泛的研究，且只有在对它们有最充分的信心之后才会投入真金白银。如此这般操作下来，投资成功的概率自然低不了。

问题在于，这种脚踏实地赚钱的方法大多数人都不爱听；人们只对那些"大把金钱轻松到手"的故事情有独钟。

退一万步讲，即便有人能从我这里得到一些"小道消息"进而赚了大钱，他会就此止步吗？当然不会。他只会愈发依赖我，愈发纠缠我，愈发希望能从我这里得到更多的小道消息。

还是那句话，我不是神仙，也是凡胎俗骨。万一我提了错误的建议，令其投资失败，为了弥补损失，他一定会再去做别的投资。而这才是我最怕发生的事。

理由很简单。如果赚钱过于容易，人们对待金钱的态度就会变得轻佻、麻木，就会不计后果地轻率投资，从而导致昏招迭出，满盘皆输。

这是一种典型的赌徒心理：正因为钱来得快，所以去得也快。爆赚血赔都在瞬间，人们便会顿失理性，陷入疯狂，直至自我毁灭。

所以任何想在投资领域有所作为的人，都一定要铭记一句话：投资是事业，不是赌博。务必认真对待，不可轻浮怠慢。否则必将自食其果。

尽管我一再强调越是"危机"便越是"良机"的投资逻辑，可并不等于说只要危机来临，便可随时纵身跃入，大显身手。换言之，"危机"并不必然等于"良机"。有这种想法的人依然对投资缺乏起码的敬畏感，依然持有过于轻浮的心态。而这样的心态，不可能造就任何成功的投资。

重点在于，即便面对难得的投资机遇，你也需要耐心等待，不断地计算，寻找那个最佳时间点。而这正是我本人一向的做法。遗憾的是，能做到这一点的人屈指可数。绝大多数人在重大历史机遇到来时往往表现得过于见猎心喜、心浮气躁、轻率冒进，结果反而会错失良机，导致投资失败。

总之，投资绝不是一件简单的事，它真的很难。务必正确地理解这一点。

当真正明白许多努力、许多研究、许多知识是投资必不可少的前提时，人们或许就不会有任何轻率的投资之举了。

仅仅坐在那里看电视，享受足球赛和电视剧的乐趣是多么逍遥自在。大多数人都会这样想。与之相比，麻烦而无聊的事向来不招人待见，更别提抱着一沓厚厚的企业年度财报，认真地翻阅、仔细地研究了。这种事，即便只是想想都头大。这就是人性的矛盾之处：又想赚大钱，又不想太辛苦。难怪每个人都想走捷径，都梦想一夜暴富，天上掉馅饼。

然而，赚快钱的陷阱就在这里。

正因为每个人都想赚快钱，所以往往容易轻信别人，受骗上当，最后血本无归，追悔莫及；不仅如此，即便没有受骗，人们也会轻易地将钱投入自己不熟悉的领域，从而让这些血汗钱彻底脱离自己的掌控，像浮萍一样随波漂荡，不知漂往何处。显然，这样的投资，大概率也不会有什么好运气。

常言道：天下没有免费的午餐。我要补充一句：即便有，免费得来的东西也很容易失去。因为归根结底，它不属于你。

这是人性，也是自然规律。

在没有深刻地理解这一点之前，不要做任何投资。

>知道"财务自由"的门槛在哪里>

不久之前，某家瑞士银行巨头曾发表过这样一个研究结果：对一个生活在西方发达国家的人来说，如果希望享受悠然自得的生活，即达到所谓"财务自由"的人生状态，那他必须拥有至少250万美元的财产。不过，这只是现在的数据，十年后恐怕这个数字就会变成500万美元。

对"财务自由"的概念，不同的人或许会有不同的解释方式。在这里，"财务自由"是指你拥有一笔资产，以其为本金所产生的稳定收益，能够支持你过常人所理解的"富裕"生活，不会有任何财务方面的烦恼。

那么上面提到的500万美元这个数，是否真的达到了"财务自由"的门槛？

恐怕未必。

我们假设这笔钱每年可以产生1%的收入，那就是5万美元。这些钱是否足够？起码在我看来，靠这点钱过上舒适的生活是不大可能的。

今天，在西方国家，即便你拥有1000万美元的资产，如果把它放在银行，所能获得的利息收益也屈指可数。至少，在遍布全球的超低利率环境中，靠吃利息过富裕的日子是不可想象的事。何止如此，一旦爆发严重的金融危机，还有可能一夜之间彻底失去这笔资产。

迄今为止，我曾经历过许多各式各样的危机。"黑色星期一""雷曼时刻"……每当世界经济陷入困境时，到底发生了什么，以及人们到底是如何思考、如何行动的，对所有这些现象我一直保持着密切关注、深刻思考的状态，可谓"阅尽沧桑""阅人无数"了。

所有这些世事沧桑、人生百态中，唯一能确定的事，就是始终保持头脑清醒。无论发生了什么也绝不自暴自弃，始终不渝地寻找新的机会、新的可能。除此之外别无良方。在我身边不乏看破红尘，遁入空门，试图逃避一切烦扰的人。而这样的人生选项从不在我的清单之列。恰恰相反，我的选择只有一个，那就是始终睁大眼睛，不断地忍耐、观察、思考与寻找。

忍耐，再忍耐，在忍耐中等待变化发生，在忍耐中顽强地活下去。

没有别的办法，只能这样做。

这就是我的所思所想，人生经验。

假设你有五个孩子，那么他们每个人都应穷其一生不断寻找自己独有的生存方式。但前提是：生存，必须生存；忍耐，必须忍耐。

每当危机发生，总会有人想不开，做傻事。我由衷地期望，最低限度，"活下去"的念头能够深入人心。

只要活着，五年或十年之后就会发现："啊，当初没有做傻事的自己真是太英明了！否则哪里会有此刻的幸福！”

没错，一切都会好起来。因为我们这个世界从来不是一成不变。既然好事不可持久，那么坏事也会这样。

有好有坏，才是人生；同理，有好有坏的人生才充满趣味和意义，否则将是多么无聊、无趣！

>不看“资产负债表”的人，成不了投资高手>

一句话说死，如果你想成为一个优秀的投资家，必须学会看企业的资产负债表。

只要能从资产负债表起步，那么你试图投资的企业到底是否拥有健全的财务状况就会一目了然。不夸张地说，资产负债表的重要性远远超过企业财务的另一张表——损益表。因为只有财务健康的企业才值得投资。而与损益表相比，资产负债表的功能更为强大。它就像一面照妖镜，能够让企业经营的真实状况暴露无遗。所以，作为长年养成的一个习惯，我的每一次投资都是从企业分析开始，而每一次企业分析则必会始于资产负债表的研究。

每当有人向我请教，或者与他人共同探讨投资之道时，我都会不厌其烦地提到理解与研究数字的重要性。

我知道，不擅长甚或讨厌数字的人大有人在。阅读与分析资产负债表对大多数人而言都是一件辛苦而艰难的差事。

但是，对那些试图投入自己血汗钱的人来说，兹事体大，不可轻慢。哪怕硬着头皮，也要勇敢面对资产负债表，把视线勇敢地投向那些枯燥无味的数字。

相信我，只要养成习惯，只要挣到钱，那些恼人的数字一定会鲜活起来，让你逐渐爱上它们，并乐此不疲，就和现在的我一样。

还有一点很重要。在企业年报中，有一个关于"财务诸表"的"注记"项。阅读年报的时候，要对这个"注记"项格外关注。这一细节也许许多人从未留意过，可就是写在那里的信息，藏满了对投资格外有用的灵感。

诚然，这项工作不简单。对很多人而言，别说实际操作，即便只是想一想都会感到头痛。不过，只要你能克服心理障碍，仔细研究并切实理解了资产负债表和年报注记的内容，你投资对象的"真身"便会与你赤裸相见了。

与之相比，损益表中只有销售收入和盈利、亏损方面的信息，对投资来说有些"分量不够""证据不足"。当然，这不是说损益表绝对没用。损益表可以看，但不能只看一年份的表。因为与过去相比，现在如何以及未来会怎么样，这些才是真正重要的事。所以，如果你要看损益表，就不能只看过去一年的损益状况，而必须搜集过去五年、十年乃至十五年的表，只有这样做才能依照那些历史数据准确地描绘现在、预知未来。

不过，即便如此，我还是大力推荐资产负债表，建议从这张表开始你的投资之路。因为从这张表中，你能学到的东西、掌握的灵感实在是太多、太丰富了。

比如说，做企业分析时，投资对象的负债状况极其重要。而资产负债表会提供给你所有这方面的信息。举个例子。比方说某家企业截至去年还没有一分钱债务，可今年却突然借了大笔的钱。这个时候你要格外小心，务必仔细调研一番其背后的原因。这就意味着，资产负债表上其他的某些项目，你要再看一遍、再想一想，找出它们之间的因果关系。

反之，明明截至去年还是欠债一箩筐的状态，今年的债务却所剩无几，那么企业在这段时间到底发生了什么，到底经历了什么样的变化，其中的奥妙也需要你利用资产负债表上的数据好好地探究一番。

这才是企业分析的正确操作。

遗憾的是，大多数投资者都没有遵循这一程序，所以才会在投资中败北。

可见，资产负债表是投资成功的法宝，任何对这张表毫无概念却有心投资的人，务必尽快补上这一课。

>股指投资是一种有效手段>

讽刺的是，迄今为止无数权威的研究成果都证明了如下事实：绝大多数职业投资家的业绩表现，都明显低于股票市场的平均价格。

换言之，即便只是随波逐流，市场中也有太多的人，其业绩表现要超过职业投资家。

有一个著名实验甚至给出更为惊人的结果：实验者找了一只大猩猩为其选股，结果平均"战绩"居然超过了大多数投资专家。

不只是股票，债券、商品或货币的投资也存在类似现象。

既然如此，以股市为例，还不如投资与平均股价联动的股指（股票指数）产品。比如说，投资股指基金（ETF可在交易所交易的开放式指数）就是一个不错的选择。

尽管说起来似乎有些过于简单、过分单纯，可这就是事实。

对大多数投资者来说，与其死钉着某些个别的标的投资，还不如把钱花在股指产品上更安全、更有效。只要这么做，就不会被一两只个别股票价格的上蹿下跳搞得心烦意乱、不可终日，可以一身轻松地逛逛酒吧、看看球赛，享受生活了。

毕竟投资只是手段，生活才是目的。本末倒置不足取。

还是那句话，不限于股票，债券、商品和货币的投资也可如法炮制。尽量选择市场中的指数标的进行投资，其总体效果会远远好于投资个别标的。

打个形象的比方，与其关注"团队"中某个个体的表现，不如关注"团队"整体的表现更简单也更靠谱。

这就是指数产品投资的真谛。

从无数的失败中，我学到了很多。

最大的收获之一，就是彻悟了"务必独立思考"这件事。

曾几何时，稚嫩的我也曾试图仰仗他人的建议与学识面对投资，可我发现，即便是从真正的高手那里得来的信息，也往往会带来不同的投资结果：给我建议的高手会赢，而我却会输。

没错，哪怕是投资同一个标的，别人能赢，而你却未必。因为心态、技巧甚至价值观的不同，都会影响人们的具体行为；而不同的行为必然会带来不同的结果。所以，独立思考的重要性在于：让自己置身事内，而不是事外；让自己成为内行，而不是外行。把希望寄托在他人身上，追随他人的脚步，则只能让你成为局外人，永远不得要领。

这就意味着，当你发现自己置身事外，完全没有真实的驾驭感，完全搞不清状况的时候，唯一的办法就是什么也不做。

这也是一种独立性的体现。

总之，与赔2%相比，赚1%是更优的选项；同理，与赔1%相比，什么都不做才更为合理。

在你对"赚钱"这件事拥有真正的自信之前，不要轻易投资，耐心等待才是唯一的可选项。

>投资时不知道自己在干什么的人太多了>

对我而言，能够长期浸淫投资的世界，是一件格外幸运而幸福的事。

犹记得半世纪前，当我初次涉足华尔街，成为一名职业股票经纪人时，每天的日子都是那么快乐。那时的我只要从睡梦中醒来，进入工作状态，便会涌起一股竭尽全力把握未来的强烈欲望。当然，预测未来是所有投资家的本能，并非我所独有，但是，我可以自信地说，从很早的阶段开始，我便在这一点上学了许多，懂了许多，也经历了许多。因此自认有一些优势。

入行不久，还是新人的我便已经意识到，太多的投资家在很大程度上不知道自己在干什么。他们只会以同样的方式思考，按同样的思考行事，表现得就像一个机器人，完全不知"随机应变"为何物，没有任何主动性和灵活性。

正如我在前面所说的那样，只知其一，不知其二；知其然而不知其所以然，是投资家与普通人的区别。从这个意义上讲，大多数所谓"职业"投资家，其表现离"职业"二字可谓相距甚远。甚至于，不夸张地说，还不如普通人。

从我自身的经验来看，有时即便可以获得一时的成功，哪怕是较大的成功，可只要某个局部发生一点点问题，就有可能痛失好局，满盘皆输。

所以，我深刻地理解了"随机应变"以及"知其然，亦知其所以然"的意义。永远不会被事物的表象所迷惑，永远去追求事物背后的种种成因和逻辑。

就拿当初投资洛克希德·马丁公司的案例来说，即便这家公司彼时已经实质性破产，我依然看好它的股票。因为通过大量详尽周密的背景调研，我知道随着电子战、科技战时代的到来，这家公司必会重新崛起，大展宏图。到了那时，投资其股票的潜在收益将是一个天文数字。可当年，我的许多同行乃至前辈却并不这么想。

记得在我海量购入洛克希德·马丁公司的股票之后，曾参加过一个业内的晚餐会。到场宾客都是清一色的职业投资家，其中不乏在业界鼎鼎大名的"老手"和"高手"。而当时的我，是所有在场同行中年纪最轻的。

那场晚餐会的话题，自然离不开和投资有关的种种"高见"。而年轻气盛的我，也毫不迟疑地建议大家"应尽快购买洛克希德·马丁的股票"。

于是，令我意想不到的一幕发生了。我的话音刚落，坐在桌子对面的一位著名投资家便发出讪笑声，然后以所有人都能听见的极高嗓门揶了我一句："那种垃圾公司的股票有谁会买？两美元一股，整个儿废纸一张，白送我都不要！"

众人哄堂大笑。而我则倍感羞耻。

想必，由于我是晚餐会中年纪最轻、资历最浅的后辈新人，才会有此一出吧！在那些前辈和名人的眼里，也许我的发言宛如婴儿学语，根本不值一提。

但是，事实胜于雄辩。那之后，洛克希德·马丁公司的股票确实扎扎实实地升值了，而且这一升就是100倍之多。在铁的事实面前，那位曾当众羞辱我的前辈也终于无话可说。

这件事进一步坚定了我的信念。即向自身的经验学习，向书籍学习；始终不为他人的见解所动，始终坚持自我，这才是投资成功唯一的正道和王道。

时至今日，我依然保持着大量阅读的习惯。特别是那些记载了过去股市兴衰的历史类书籍，是我的最爱。

还是那句话，只有谙熟过去，才能描绘现在，预知未来。

>勿忘孔子的教诲>

中国有一个伟大的思想家，叫孔子。

我曾亲自参访过孔子的陵墓和故居。

这位先哲的思想超越时空，承接千载，时至今日依然鲜活生动，闪烁着智慧的光芒。

孔子说的许多话，都被他的学生收录在一本叫作《论语》的书里。这些话千百年来被无数中外人士所传诵，所铭记。既然如此，说明他的这些话里，一定有着某些颠扑不破的真理。

没错，这个世界上如果有什么东西可以传承千年且从未间断过，那一定有它的道理，说明它真的有用，真的灵验。也许有人不这么想，会认为孔子的言论早已过时，不足为据。但是，对我来说，每当遭遇磨难、承受淬炼时，总是会从孔子的教诲中汲取许多智慧的灵感，得到许多精神的力量。

所以我认为，那些对孔子不以为然的人，一定从未读过与孔子有关的书。否则，他一定会对自己的造次与冒犯之举深感愧悔。

　　尽管孔子被尊为"圣人"，可他的人生也犯过不少错误。但是，圣人与凡人的区别在于，前者更擅长从错误与失败中学习，进而变得更完善、更强大；而后者则往往不具备这个能力甚至是意愿。

　　正因如此，从孔子的所思所想、一举一动中，一定能学到不少应对逆境、承受磨炼的智慧。

　　比如说，孔子曾经说过这样的话："只要不停下来，无论你走得多慢也没关系。坚持走下去，迟早有一天你会到达终点。（子曰：譬如平地，虽覆一篑，进，吾往也。）"这就意味着，1永远大于0，千万不要小看1。100次地积累1，就是100；而100次地积累0，则还是0。问题在于，做到这一点，需要目光长远，坚韧不拔。需要忍耐再忍耐，等待再等待，坚持再坚持。不仅是投资，对任何事业来说，要想达到你心中的高度，必须具备这样的特质。

　　"无论去到哪里，无论任何时候，都要无愧于心、倾尽全力。（子曰：君子无终食之间违仁，造次必于是，颠沛必于是。）"这句话同样意味深远。

　　也就是说，修行这件事情，不是做给别人看的，而是为自己负责、让自己受益。换言之，在很大程度上是一种"自我圆满"的途径。比如说，弯腰捡起马路上的一个烟头或一团废纸，不是为了让别人夸奖，也与试图通过这种举动影响他人的行为无关，甚至这个动作完全无须得到任何人的关注。你之所以这样做，只是因为渴望"自我圆满"。

　　投资也一样。任何时候都要独立思考、独立操作，也是一种修行。你这样做不是为了给别人看，只是由于你想且必须这样做。因此，你只需为自己负责即可，无须介意他人怎么想、怎么说。

　　我有一句口头禅，时常挂在嘴上，那就是"如果你想投资，最好把钱投到那些你真正拿手、真正得意的领域，即那个领域里的事，谁都不如你知道得多。反之，如果你自作聪明，把钱投到你不擅长的领域，那大概率事件你会一败涂地"。这句话就与孔子的哲学一脉相通。因为这位哲人曾经说过："知道的东西，就老老实实地说'知道'；不知道的东西，就老老实实地承认'不知道'。这才是真正的'知道'。（子曰：知之为知之，不知为不知，是知也。）"

不可自欺欺人，务必对自己诚实；专注熟知的事物，绝不轻率行事。只有做到这些才能成为一个成功的投资家——显然，两千多年前的先哲孔子，已经把投资之道彻底参透了。实在是厉害。

孔子的格言还有很多。不妨再撷英数枚，以飨诸君。

"犯错不可怕，可怕的是知错不改。（子曰：过而不改，是谓过矣。）"

在投资的世界里，没有神仙，却有"大神"。所谓"大神"，并不是从不犯错的人，恰恰相反，他们也曾犯下无数错误，且还将继续犯错。

如果说"大神"和常人有什么不同，那么最大的不同有两个：第一，无论犯下多大的错误，摔了多狠的跟头，他们也不会想不开、做傻事抑或自暴自弃、转行他顾；他们总会倔强地从地上爬起来，抹去嘴角的血，拍拍身上的灰，然后义无反顾地继续走下去。第二，即便他们也曾不断地被石头绊倒，却绝不会被同一块石头绊倒两次。

"越是逆境，越能考验人的价值。（子曰：岁寒，然后知松柏之后凋也。）"

在投资的世界里，身处逆境时谁能活下来并笑到最后，比的往往不是谁的技巧好、资源牛，而是谁的耐性强、韧性足。

"所谓人生赢家，是指无论逆境顺境都能安然处之，始终如一坚守自己的价值观，始终如一追求人生最高境界的智者。反之则是人生输家。（子曰：不仁者不可以久处约，不可以长处乐；仁者安仁，知者利仁。）"

人们常说：没有吃不起的苦，只有享不起的福。可我认为，这句话只适用于失败者（包括那些"伪成功者"）。真正的成功者一定拥有深厚的哲学功底且对自身的人生哲学坚贞不渝。正因如此，他们才能安享生活与事业的苦乐，他们的成功才不可动摇、稳如泰山。

"有德行的人必会留下名句，留下名句的人却未必有德行；仁义之人必然勇敢，勇敢的人却未必仁义。（子曰：有德者必有言，有言者不必有德。仁者必有勇，勇者不必有仁。）"

投资界有太多真假"大神"，他们几乎无一例外地留下了许多金句名言。可在我看来，这潭"水"却颇有深度，鱼龙混杂。特别是对那些有志投资的新人来说，在这件事上更要高度注意、格外警惕。

那么，面对这些令人眼花缭乱的"金句名言"时，应该如何去伪存真、趋利除弊呢？简单。把关注的焦点放到"德行"二字上即可。有德之人的话也不可全信，却大可以做参考；而无德之人的话，则要多加小心、处处留意。

"光看书不思考不行，光思考不看书则更是死路一条。（子曰：学而不思则罔，思而不学则殆。）"

这句话令我感触颇深。我发现，不只是投资界，各行各业，社会的每一个角落都会存在一种人：这些人几乎从不看书学习，却极度喜欢思考，擅长诡辩，自以为绝顶聪明、无人能及，哪怕荒谬至极，也要将自己的谬论贯彻到底，绝不回头。对这种人，我只有哭笑不得，摇头叹息。（顺便说一句，现如今美国的某些政客，在这一点上颇有神似之处。）

可见，"学而不思"固然会让你陷入迷茫，"思而不学"才往往是真正的死穴，务必引起高度注意。

"经常复习旧知识、学习新知识的人，才配做别人的老师。（子曰：温故而知新，可以为师矣。）"

这就意味着，自己都做不到"吐旧纳新"，却常常表现得好为人师、动辄以"专家"自居的人，你要躲他远点。因为当他倒霉的时候，会连累到你。

>从柏拉图那里，我们能学到什么>

古希腊哲学家柏拉图曾说："当时光流逝、历尽沧桑后，你一定会发现，这个世界往往与你当初想象的不一样，甚至完全相反。"

他还说过这样的话："你最大的敌人，恰恰是你自己。"因此，对我们所有人来说，战胜自己才是一种终极成功，终极荣耀。

柏拉图是个真正的智者，他的话极富哲理，给我们带来许多有益的启迪。起码我本人便深受其惠，在面对人生中无数个十字路口，我都是以这位哲人的话为指引，选到正确的道路。因此，我也由衷地希望能够把这盏人生的指路明灯推荐给更多人，让它照亮更多人的命运之路。

柏拉图的至理名言带给我的最大启发就是"不熟不做"这四个字，即"永远不要投资你自己不擅长不熟悉的东西"。

遗憾的是，现实世界中"专做不熟之事"的人何其多！有多少人仅仅靠着每天浏览载满各种投资信息的电脑或手机网页寻觅投资标的，从而日复一日地给各类金融机构和投资掮客们白白送钱。

也许他们并不这么想，甚至会觉得自己的做法很专业，自己也是"职业投资家"。可对于他们的"专业性"，我表示深深的怀疑。因为他们自以为"专业"的，恐怕仅仅是投资的表象，而不是投资的本质。换言之，看似很懂，其实不懂；看似内行，实则外行。

举个例子。比如说我本人今天晚上亲自到府上拜访，敲敲你的房门，对你说："不好意思，我叫吉姆，是一个证券经纪人。我们公司最近推出了一种特别牛的投资产品，只需要投50万人民币，明年就能有至少两三成的回报，您不想尝试一下吗？"

遇到这样的事情，你会怎么做？

不出意外，十有八九你不会给我开门，而是会婉拒我的"好意"。不仅如此，如果我不死心，继续纠缠不清的话，你甚至有可能打110报警。

对吗？

为什么你会这么做？为什么你不会理我甚至叫警察？

答案很简单，因为你不认识我，也完全不懂我推荐的那款产品到底是怎么回事。而另一方面，"钱"这个东西到底是怎么回事以及它对你意味着什么你则完全清楚。因此你不可能把一个自己清楚的东西轻率地投到一个自己不清楚的领域中去。

对吗？

就是这个意思。

讽刺的是，我们身边有太多人每天做的就是这件事。他们每天都在不断地把自己的血汗钱、自己兜里的真金白银无比草率地送给那些陌生的人，投给那些陌生的事。

有人可能会有不同意见，会这样反驳我：你这是胡说八道！谁说我们把钱投给陌生人了？谁说我们专做不熟悉的事了？现在帮我们打理资产的，都是合法营业的证券公司，都是有正经执照的职业经纪人。你能说他们对业务不熟悉、不专业吗？

对此，我的回答是：没错。是这样。可这恰恰是问题所在。第一，你很有可能只是把钱投给了某家证券公司，却并不知道到底是谁在替你打理这笔钱。第二，即便你知道具体操作的那个人是谁，甚至与其过从甚密，也未必真正了解他为你所做的事情，甚或有可能对他的专业知识以及专业水平一无所知。

不错，正因如此，你才会把自己"不懂"的事情交给"懂"的人去做；可也唯因如此，你依然对自己的钱到底去了哪里以及到底在干什么这些至关重要的信息完全没有概念，完全状况外。

换言之，"投资信托"或"股票经纪"这些专业术语到底是什么意思你都没有搞清，就已经把大把金钱投了进去，其性质不亚于我在前面提到的那个"半夜敲门"的案例。

所以，从根本上来说，你确实违反了"不熟不做"的投资原则，并由此冒了极大的风险。

诚然，我们这个世界确实需要分工协作，需要具备某种专长的人去帮助不具备这种专长的人。这种比较优势互换，即市场经济的基本构造本身并没有问题。

问题是，不当专家不代表可以理直气壮地拒绝专业知识的学习。特别对投资来说，正如我一再强调的那样，由于风险太多太大，"不熟不做"这一点实在过于重要，因此掌握一定的专业知识是绝对必要的前提。

这就意味着，即便你把钱投给某家专业公司或委托给某个专业人士，你也不能轻率地置身事外，完全放弃"理解"的义务和"驾驭"的权利。

要知道，你托付的那家公司或那个人，其根本利益与你不一样。他们只是财富的经手人而不是所有者，因此利益的来源以及对"本金"的理解与你有极大的不同。有时，对一个经纪人来说，只要不停地操作就会赚取不菲的手续费，而无论结果是盈是亏。这并不意味着他们在职业操守方面有所欠缺，而是游戏规则使然。比方说，即便他们给张三赔了，也有可能为李四赚到钱。反之亦然。这不会影响他们的职业现状乃至职业前景。而对张三、李四而言，盈与亏则是一个非常现实、非常重大的问题，会让他们产生切肤的痛感。因此，在与专业公司的职业经纪人打交道时，应把"托付"二字改为"交付"，前者意味着放弃驾驭，后者则是保留驾驭。通俗点说，就是当"导演"，而不是"演员"。演员只是协助导演，而不能驾驭导演。最终的驾驭权，还是要牢牢地掌握在自己手里。

这才是"不熟不做"的真正意义所在，也是对自己的血汗钱真正负责的表现。而达到"熟"的目的，唯一的途径只有两个字：学习。从书本中学习，从历史中学习，从经历中学习。

如果你实在懒于学习，那就要果断地放弃投资。否则凶多吉少。

不过，即便保留了驾驭权，也并不等于万事大吉。对那些从不假借他人之手，完全自主投资的人来说，"不熟不做"依然是个严重的问题。因为他们中的许多人在投资某家企业的时候，仅仅是从他人那里听说这家企业"不错"，是个可以投资的对象，便轻率地把钱投了进去，而完全没有经过自己的大脑思考，完全没有掌握与该投资对象有关的任何专业知识，因此这样的投资行为依然与"打水漂""白送钱"无异。

归根结底，还是"学习"。这个关键词对投资来说无比重要。

对于"学习"，柏拉图是这样理解的：无论你自认为掌握了多少知识，想达到全知全能的境界也是不可能的。可即便如此，学与不学之间、多学与少学之间也常常有着天壤之别。

中国有句古话，叫作"书山有路勤为径，学海无涯苦作舟"，也是同一个意思。即学习这件事没有终点，也无须人为地设置一个终点。你需要做的事情很简单：只要"不断地学下去"即可，直到生命终结的那一天。

总之，只是在手机或电脑上打开网页，然后不停地在"这支基金不错，看起来业绩挺好""哦，不对。那只股票更厉害，短短三个月已经翻了两倍"之类的想法中跳来跳去、反复纠结没有意义。因为无论如何纠结，抑或最终怎样抉择，对于那些潜在的投资标的，你依然一无所知。所以你的任何投资行为，从本质上讲都是错误的，无论盈与亏、赔与赚，都无法让你真正笑到最后。

古罗马剧作家泰伦提乌斯有过这样一句名言：幸运只属于那些勇敢的人。

对此我有不同的看法。勇敢没有错，有勇无谋则很危险。所以我一向认为，"谋"比"勇"重要，或至少一样重要。这就意味着，当两支彼此敌对的军队势均力敌，拥有相同的实力和勇气时，谁做的调研越多，谁掌握的信息量越大，谁最终就越有可能胜出，成为那个真正的幸运儿。

>即使失败40次，成功3次即可>

迄今为止，在长达半世纪的投资生涯中，尽管我曾屡屡犯错、屡屡失败，却也收获过几次成功。而且这几次成功都是所谓"大成功"，基本上足以奠定我在投资界的地位。

如果一定要用数字去表现，我愿将其形容为"40败3胜"。而3胜的分量，要远超40败。

可见，失败不可怕，失败的次数亦不可怕。只要不放弃，咬牙坚持下去，当你最终守得云开见月明的时候，老天回馈你的东西会远远超过你曾经失去的一切。

投资界有一句格言是这样说的：所谓"成功"，就是减损。我认为这句话从某种角度来说与我的"40败3胜"理论有异曲同工之妙：只要3胜的战果足够大，便足以弥补40败的损失，让你最终获得巨大的收益。

当然，确保"40败3胜"理论得以成功实践的前提还是"减损"二字。因为大多数情况下3胜不大可能连续出现，每个胜利，哪怕是巨大的胜利之间都会接连发生无数次的失败。所以你要做的事情，就是把这些失败的损失控制在最低限度。要尽可能地及时止损，并在此基础上不断地减少损失、挽回局面，以便用最小的失败去迎接下一个巨大成功。如此这般才能反败为胜，并最大限度地保留乃至扩大胜果，让你成为那个笑到最后的人。

但是，甭管怎么说，失败并不是坏事，甚至是好事。所以不要害怕失败，要勇敢地面对甚至欢迎失败。

不夸张地说，对失败是否包容以及包容到什么程度，往小里说，能够决定一个人的事业能否成功抑或能够获得何种程度的成功；往大里说，甚至能够决定一个国家的命运前途。

理由很简单，只想不做，不可能有结果，也不会有成败；要想有结果，就必须做，而只要做便必然会有成败。

一般来说，失败是大概率事件，成功则恰恰相反。所以只有不停地做、不停地尝试与挑战、不停地经历失败，你才会有总结经验教训的机会，才能不断地成熟、不断地强大，直至最终将成功收入囊中。

所谓"失败是成功之母"，就是这个意思。

这是事物的基本逻辑，也是世界的基本规律。任何人都不可以回避更无可能逆转。

日本是一个典型的反面教材。也许这个国家曾经成功得太多、太大、太久，日本人对"失败"这件事有着强烈的陌生感以及潜在的恐惧、排斥心理。

简而言之，这个国家不想看到任何日本人或日本企业失败。而做到这一点的唯一办法就是"维持现状""拒绝变革"。

就像我在前面提到的那样，在泡沫经济破裂的20世纪90年代，对于那些经营不善而行将倒闭的企业，日本政府采取一贯的"姑息"乃至"救援"的态度，"破产清算，重新出发"这一选项从未得到真正的重视。

可见"惧怕失败""不允许失败"的文化氛围在日本这个国家是何其浓厚，何其根深蒂固。

所以日本经济会"失去"十年、二十年、三十年乃至更长时间。

其实，对失败的恐惧与不包容并非是日本的文化传统。尽管我对日本长达两千多年的历史谈不上很精通，却也略知一二。比如说，16世纪"战国时代"的日本武士便曾以"勇敢"著称，留下许多骁勇善战的事迹；至今仍深受日本人民喜爱的相扑运动亦是如此。这项日本的传统国术有着严格的等级制度，只有那些最勇敢、最渴望成功的力士才有机会成为大关乃至横纲（相扑力士的最高等级），并由此受到日本民众的普遍尊敬，成为无数年轻人心目中的偶像。

换言之，日本人对失败的恐惧并非天生如此、一直如此。之所以事情会演化到现在这种程度，我认为主要源于某种群体性无意识的安逸感或惰性。即对"挑战"这件事态度消极。

正因为前期发展的巨大成功给今天的日本留下了不错的家底，所以对大多数日本人来说，与其面对挑战、失败和众多的不确定性，不如安享眼前唾手可得的安逸更划算。由此形成了一种在日本国民中影响极为广泛，几乎已然渗透到社会每个角落的"讨厌麻烦、安于现状"的文化。但是，这种思维和行为方式背后隐藏着一个不易察觉却极为危险的陷阱，即"安逸"，这个东西，绝非免费的午餐。正所谓"人生如逆水行舟，不进则退"。希望安逸一点的想法本身没有错，问题在于，只有身边所有人均与你有相同的想法，"安逸"才有可能成立。反之，如果在你享受安逸的时候，别人却在拼命努力，那么迟早你的"安逸"也会化为泡影，被其他人无情地剥夺。

退一万步讲，即便无人与你竞争，大家都很"安逸"，"家底"这个东西也是有限的。他日家底耗尽、坐吃山空，所有的"安逸"也便烟消云散、不复存在。

中国有句古老的格言：生于忧患，死于安乐。

诚如此言。

在我的祖国美国，尽管近年来有些不复从前，"包容失败"的文化却一直存在。在美国社会，失败被认为是一件正常的事，很容易被理解、被接受。

正是这种"宽容失败"的传统文化使然，美国人的创新和开拓精神才从未枯竭。在所有老牌发达国家中，美国的经济增长率一直是最高的；历次重大经济金融危机中第一个恢复元气的，也往往是美国。

不错，美元霸权也起了很大作用。可美国之所以能取得这些成就，显然不仅仅只有这一个原因。

>发现投资机会的秘诀>

现在问题来了。

如果你准备投资，那么应该如何发现机会呢？

简单，时刻保持敏锐的嗅觉和敏捷的身手。或者独具慧眼，善于发现不为人知的热门；或者先人一步，率先介入众所周知的热门。

前提是，这些"热门"是你自己发现的，而不是从他人那里听说的；抑或即便是从他人那里听说，你所有的调研、思考与判断，也完全是自主的，没有任何他人意志的干扰。

举个例子。

当政府决心解决某个问题的时候，往往会投入大量资源。这就意味着，必然有某些机构或个人将从中赚取大把利益（当然，是通过正规、合法的手段）。

政府的决定本身是错是对没有关系，只要政府肯大把花钱，相关事业的参与者（无论是机构、企业抑或个人）必将深受其惠。——对投资家来说，这才是真正的重点。

一定有人（机构、企业）站在了最有利的位置上——这应该是你的第一个灵感。比方说，假设政府决定在某个地方大举种树，扩充植被面积，以改善那里的环境条件。那么你要这样想："政府希望在短时间内种很多树，那一定为此准备了不少预算。所以，现在谁拥有最多的树苗我就应该投资谁，哪家公司具有最强的种树能力，我就应该买哪家公司的股票。"

再说一遍，政府的决定未必是正确的。也许那个在短时间内种了许多树的地方，环境条件并未得到任何改善以致最后该项目无果而终。可我们这个世界就是这样。就算前期的调研及各项准备工作几乎堪称完美，也未必会达成预期的目标，甚至有可能彻底失败。但即便如此，有时，你也必须做出决策，必须付诸行动，哪怕没有十足成功的把握。

因此，对我而言，行为的主体是政府这一点非常重要，而行为本身的对错则不会引起我的过多关注。只要是政府行为，就会聚集大量资源；只要有资源，就有投资机会。

再举一个例子。

比如说近些年关于ESG（环境、社会、治理）投资的话题在坊间非常热闹。对投资家而言，ESG本身是好是坏、是对是错不重要，重要的是，只要这个话题很热，便必然会聚集不少资源、衍生不少机会。

当然，还是那句话：不熟不做。如果你想投资ESG，就必须要了解它、熟悉它。否则不如不做。

还有一点很重要。那就是，一定要目光敏锐、行动迅速，抢在热点形成的早期阶段果断出击（因为此时价格较低、成本较少，盈利的机会较大），然后在泡沫过热之时全身而退。时机很重要，如果错过时机，切勿勉强行事。不妨耐下性子，另觅机会。

总之，正如我一再强调的那样，要时刻保持对"变化"的敏感，特别是那些剧烈的、戏剧性的变化，往往蕴藏着巨大的投资机会。只要变化来临时，你能比别人更快地置身其中，往往就能成为真正的赢家。

说回ESG的话题。

许多人认为只有切实践行ESG经营理念的公司才是好公司，才值得投资，我却不这么认为。这不是说不应该投资ESG，而是说只凭自身好恶决定投资对象是不正确的，往往伴随着不小的风险。

与自身好恶相比，现实才是真正重要的东西。哪怕现实你不那么喜欢，不那么期盼，现实就是现实。一定要把钱投给现实，而不是自身的感受。要想投资成功，务必记住这一点。

你要明白，你所想象的世界，未必是世界应该有的样子；你渴望的美好，也未必是真正的美好；你以为的正确，也许恰恰是错误。

所以，除非与现实合拍，否则永远不要仅仅依照你的愿望和喜好去投资。在这一点上务必要理性。

就拿我个人来说，日本从来都是我最喜欢的国家之一，可由于债务缠身以及严重的少子化高龄化问题，现在我完全没有投资日本的念头。

当然，这并不意味着将来我也不会投资日本，只是说我不可能在日本犯下严重错误的时候，仅凭自身对这个国家的喜爱便大举投资它。

不过，如果这次新冠危机中日本经济完全崩溃，对我而言则是一个绝佳的投资机会。这一点无须讳言。

>在投资这件事上，一定要有自己的style[1]>

总体来说，投资这件事还是要找"热点"，无论是潜在的热点（经过较长时间才会爆发）还是公开的热点（很快就会爆发），都可以作为投资对象。

---

[1] 风格。

但是，"投资热点"与"随波逐流"是两码事。这一点务必引起高度注意。

理由很简单，前者是"独立思考""敢为人先"，后者则是"随大溜""群羊效应"。两者之间的区别显而易见。

我承认，对大多数投资者来说拒绝"随波逐流"的想法并不容易。在投资界，"顺潮流而为""与趋势为友"之类的格言广为人知，且许多人对此深信不疑。在他们眼里，只有那些已然在舆论场话题鼎沸、已经有无数人趋之若鹜的目标才值得投资，仿佛只有这样的标的才会让他们有安全感。

对此，我却有不同的看法与做法。在我的眼里，"趋势"本身不重要，"与趋势为友"更是无稽之谈。无论我投资的标的是否与"趋势"有关，这都不是我关注的焦点。真正勾起我兴趣的，永远是投资这件事的基本逻辑以及投资标的的内在含义。换言之，我关注的重点仅仅是投资对象本身是否"值得"，而与其是否是"趋势"无关。

把这句话反过来说也成立：符合趋势的东西既有可能值得投资，也有可能不值得。而是否值得，需要你自己放出眼光、拿出智慧，在充分调研的基础上深刻思考、独立判断。

由此，如果你想成为一个成功的投资家，请务必接受我的忠告，那就是：在投资这件事上，一定要有主见，要有自己独有的style。

各人有各色，各花落各家。投资这件事有无数方法，每个人的方法都不一样，也不应该一样。

就拿我在前面曾经提到过的那位虽年过百岁却依然活跃的资深投资家罗伊先生来说，他老人家就是个短线投资的牛人。其交易股票的频率极高、周期极短，买卖一只股票的周期长则数日，短则1日甚至1个小时。可就是这种短周期、高频度的交易方式让他发了大财，圆了自己的财富梦。

不过，罗伊先生的做法并不适合我。对于短线投资我既无兴趣，也无能力，从不轻易染指。

对我来说，长达半世纪的职业生涯教会我的最佳投资方式是：在变化中寻找优质的便宜货，然后长期持有。

这就是我的style。

所以，与罗伊先生和我一样，任何人都应寻找并坚持自己的style。

无论是长线还是短线，只要找到适合自己的投资方式，就要付出心血、投入精力，把你为自己选择的这条路研究透、走到头。非如此不能笑到最后。

滴水成河，粒米成箩。无论多么伟大的成功，也总会从一些最不起眼的细节起步。历史就是这样写就的。

想当年，拿破仑只不过是法属科西嘉岛出身的一个小个子士兵，一介无名小辈，可谁能想到这个貌不惊人的小个子，他日会成为法国历史上最伟大的将军？而拿破仑之所以能做到这一点，就是因为在其不算很长的军事生涯中迅速积累了无数微小的胜利，进而量变产生质变，最终收获了巨大的成功。

不只是投资，人生亦如此。一定要有自己的人生style。

比方说，如果你想找工作，显然与挣钱最多的公司相比，最适合自己的公司、最能发挥自己专长的公司更好。所谓"没有最好，只有最对"，就是这个道理。只要找到了自己最喜欢、最适合的工作，挣钱是迟早的事。反之亦然。即便能挣很多钱，却并不适合自己的发展，那么这样的公司迟早有一天也会让你辛苦挣来的一切化为乌有。

所以，只要找到适合自己的工作，哪怕职位低一点、薪水少一点、资源差一点也没关系。从这里开始职场人生，你的前途将一片光明。因为工作适合你，所以就很容易出成绩；因为出了很多成绩，所以就很容易引起上司、同僚乃至客户的关注；因为有许多人注意到你，喜欢上你，所以就很容易获得大把晋升的机会，积累无数优质的人脉。

毕竟天下的老板和牛人都不傻，不会轻易放过任何一个真正的人才。

总之，真正的聪明人，从来不会主动找钱，而是让钱主动来找自己。

不要妄自菲薄，也无须自惭形秽。世界上不存在什么"全知全能"的人，所谓"天才"也是极少数。永远相信自己也有机会，只要你肯耐下心来不断地打磨自己的能力，努力掌握一门他人所不具备的专长，形成自己独有的style，迟早有一天属于你的幸运会接踵而至，拦都拦不住。

这一条任何行业都适用。无论是投资家还是体育选手抑或其他什么职业，一概如此，从无例外。

唱歌也好，写文章也罢，任何一个专业领域里对本专业并不擅长的人、笨手笨脚的人永远占大多数。所以，只要任何一个领域有自己擅长的东西，你就很容易脱颖而出，让这个世界看到你，来找你。

19世纪美国极具代表性的思想家、文学家、诗人拉尔夫·爱默生曾经说过这样的话："现在，如果有谁能够发明一种高性能的捕鼠器，那么全世界的订单将会如雪片一般飞来，瞬间将其淹没。"

二百年前的世界，鼠患成灾、疫情横行，市场上却没有真正好用的捕鼠器。所以这位伟大的诗人才会有此一说。

果不其然，之后不久无数新型捕鼠器在世界各地接连出现，其中不乏性能得到极大改善的优质产品。许多人也确实因此发了大财。

即便是今天，鼠患依然在世界的许多角落肆虐，捕鼠器仍然是人类生活的必需品。所以，两个世纪前那位美国诗人的呼吁，今天依然算数。只要有人能发明一种性能更好、效率更高的捕鼠器，大把的财富依旧会自己找上门来。

可见，只有真本事才是硬道理。你的某个本事如果足够过硬，想不被幸运与财富敲门都难。而任何一个真本事，都不可能成于朝夕之间，都需要时间的打磨，岁月的淬炼。

所以，不要被眼前的蝇头微利所迷惑，把目光放长远。要相信远处有更美的风景、更好的运气等着你。只要做到这一点，则利益可期、成功可待。

>自己找路，不行的话就自己开出一条路来>

"自己要走的路无须假借他人之手。自己的路自己找；如果实在找不到，就索性开出一条路来。"

这是一句著名的拉丁语格言。据说出自古罗马时期迦太基国的一代名将汉尼拔之口。

两千多年前，当这位骁勇善战的将军准备率军攻打罗马帝国时，有人对他说："骑着笨重的大象是不可能翻越阿尔卑斯山的。"（意味着这次出击无异于以卵击石，不可能有胜算。）而汉尼拔的回答则是："没关系。我会为大军找到一条路。如果找不到，就杀出一条血路来！"

这句话超越时空的桎梏，激励了一代又一代的人。我也不例外。我一定会将这句我钟爱一生的格言赠给我亲爱的孩子们，并叮嘱她们继续传承下去。

说到今日美国最具代表性的投资家，一定少不了沃伦·巴菲特的名字。

巴菲特曾说：我们能为这个世界所做的最大贡献，就是拼命赚钱，然后把钱捐出去，让它们去到真正需要它们的地方。

别误会，我无心教导他人使用金钱的途径和方法，也不认为任何人有权利这么做。如果巴菲特希望宣扬某种"正确的"使用金钱的方法，那也许因为他有自己的考虑。不过，在我看来，"自己的钱应该如何用"是每一个人的自由，他人无须说教，也无权干涉。否则，就会有一些傲慢的味道，有一点自以为是的感觉。

即便存在不同意见，也无须过分介意，把钱用在自己想用的地方即可。因为你有这个权利。当然，前提是不可违背公序良俗，更不能僭越法律的约束。

投资的世界也一样。怎么投、往哪儿投，是每个人自己的事，他人最好不要介入。

遗憾的是，现实生活中许多在投资方面颇有建树，赚了不少钱的人（不包括证券公司的职业经纪人）都喜欢代人投资，或对提出相关要求的人（比如说公司同事、亲朋好友，甚至是慕名而来的陌生人）来者不拒，以求得某种出风头、博人气的效果。而我认为这样做是不对的。

正如我一再强调的那样，投资这件事最好不要假借他人之手，应该自己独立完成。如果暂时做不到这一点，那么或者放弃，或者等待，或者通过不懈的努力和艰苦的学习杀出一条血路来，人为地创造出可以让自己独立完成的条件，是仅有的三个选择。除此之外，别无他途。

如果你是个投资高手，有人希望你代为操作替他理财，那最好婉拒他的要求，然后把上面的话说给他听。

这不是因为你自私，不愿与他人分享自己的智慧与技能，而是投资这件事的本质使然。

理由很简单。用自己的钱投资，和用他人的钱做这件事，心态是不一样的。前者无论输赢，你都能相对容易地做到心平气和、卷土重来；后者则不同。盈利固然皆大欢喜，可一旦发生亏损，你自己以及把钱托付给你的那个人，都会瞬间悬起一颗心，彼此发散大量负面情绪，使你压力骤增，方寸大乱，从而导致昏招迭出，满盘皆输。

可见，投资这条路，还是要自己走。胜败输赢都是自己的事，才能最大限度地做到"从容"。

所以，如果有人会犯错，那就让他犯好了。因为那是他自己的路。正如你也会犯错，也有自己的路一样。

>既不要向别人借钱，也不要借钱给别人>

　　坦白说，我也是个曾经借过钱的人，但那只是购房贷款。除了房贷之外，我从未有过任何大额借款。

　　即便是房贷，因为分期付款实在是太麻烦，一般情况下我都会提前还清。

　　投资界有一句名言：既不要借钱，也不要借钱（前者意味着债权，后者意味着债务）。据说这句话源自英国剧作家莎士比亚的名作《哈姆雷特》。

　　我认为，这句话不仅适用于投资界，也适用于每个人的日常生活。

　　不夸张地说，个人之间的借贷关系往往极其敏感、极具风险，稍有不慎就会人财两失。让你既失去金钱，又失去朋友。不仅如此，向他人借钱还有一个弊端，即这种行为等于暗示对方你是一个缺乏管理金钱能力的人，换言之，是个在金钱方面不那么靠谱的人，而这种印象的产生显然无益于任何人际关系。

　　总之，经济上的依赖抑或被依赖，不是一种好现象，对你的生活和事业都是一种负面因素，一定要尽量回避。至少对我来说，无论是债权还是债务，都与我的日常生活无关。尽管并不知道是对还是错，起码迄今为止，这样的做人原则始终令我受益匪浅、进退裕如。

　　遗憾的是，我们这个世界有太多的人不懂得如何与金钱打交道，在借钱这件事上几乎完全没有自控的意识与能力。由于负债过多、财务破产导致婚姻破裂、家毁人亡的悲剧我实在见过太多，真的不想看见更多鲜活多姿的生命、前途远大的人生乃至幸福温馨的家庭被"债务"二字剥夺、压垮与淹没了。

　　所以，在我自己的孩子尚年幼时，我便已然开始教给她们各种与金钱打交道的知识，当然，包括"借钱"的知识在内。不仅如此，我的每一个孩子出生时，为了她们从小培养存钱的习惯，我都会为其准备几个储蓄罐。在我们家，现在这样的储蓄罐一共有五个。

　　我希望自己的两个孩子在学会使用金钱以前，首先要学会节约金钱。在我看来，这一点对两个孩子的未来无比重要，几乎能从根本上决定她们将走过什么样的人生。

无论是父母给的零花钱还是自己挣的劳动报酬，每当孩子们手里有钱的时候，我都会跟她们说："最好先把钱存起来，先不要急着花。"

如果作为家长的我不这么做，年幼的孩子必然会产生花钱的冲动，因为物欲的诱惑实在是太强烈了。特别是自己的劳动所得，花起来就会格外理直气壮。而一旦成为习惯的是花钱而不是存钱，那迟早有一天她们的生活会出问题。

因此，与花钱相比，存钱更重要；与使用相比，节约更重要；与即时满足相比，延迟满足更重要。这些既是财富管理的根本，也是做人的基本原则。务必在人生最初的阶段教给孩子们。否则，事后弥补将无比艰难。

当然，存钱的目的还是为了花，为了使用。迟早有一天，她们将有能力做到这一点。而使用金钱的能力必须建立在完全理解自己的所作所为，且能游刃有余地把控金钱的使用方式的基础上。非如此，不能轻易触碰金钱。

我有一个单纯的心愿。

当孩子们长大成人，能够自己赚钱、自食其力后，如果能在历经磨难，峰回路转时情不自禁地脱口而出"是从小养成的厉行节约的好习惯拯救了我"，那么即便彼时我已身在他界，不能在身边陪伴她们，相信也会倍感欣慰、含笑九泉。

>不懂用钱之道的人，不会有好下场>

不懂用钱之道的人，会毁掉自己的人生。这一点，相信所有人都或多或少地见识过。

反之，只有那些真正懂得用钱之道的人，才有能力正确理解已经发生的事，并由此准确预知将会发生什么。

所以，无论是某个政客也好，抑或哪路大仙也罢，当你听到某位大人物开始表态时，不妨从金钱的角度去理解这些信息的内在含义。钱从哪里来，要往哪里去，只要能深刻地把握住这一点，那么现实世界中到底发生了什么事，这些事与那些大人物的发言之间到底有什么关系，所有这些幕后暗语也便水落石出、一览无余了。

当然，还是那句话，这个过程需要你在深入调研、独立思考的基础上自己完成。否则，如果只会看电视或浏览网络，那么钱到底在谁的手里，到底有多少钱，这些钱即将抑或已经去往何处，这些真正关键的信息则很有可能被你完美错过。

用钱之道不只体现在投资理财方面，也体现在每个人的日常生活中。

正如我在前面所说，对于金钱最好的建议就是：少花多存。

这并不意味着有钱也不应该花，也不意味着拥有100台豪车是错误的行为。如果你有足以购买100台豪车的储蓄或收入，那你尽可以将这些尤物纳入囊中。完全没有任何问题。但是，前提是这些钱完全在你的控制之下，而这些消费完全是在你的理性控制之下进行的。只要做到这一点，你便可以任意花钱，无须过分担心后果。因为结果总会有好有坏，只要你拥有充分的理性，一来结果总不会太坏；二来你也完全有可能从坏的结果中尽快走出来。

就拿我个人来说，年轻时之所以想拼命赚钱，就是为了实现财务自由。换言之，想用足够的钱来换自由的生活。

别误会，我对私人游艇和豪车之类的东西不感兴趣，也对其他富豪趋之若鹜的私人飞机和豪宅之类的物件兴致缺缺。事实上，即便是今天，我的名下也并没有多少车和房，与许多人想象的所谓"大亨生活"大相径庭。

我想要的东西很简单，就是不为金钱所困，可以自由自在地过日子。想做什么就做什么，心里不会有任何不安。

幸运的是，今天我已得到自己想要的生活，拥有了完整意义的自由。人生终于圆满了。

不过，我深深地知道，自由在很大程度上源于冒险，甚至冒险本身就是自由的一部分。因为天下没有免费的午餐，任何渴望自由的人，都不能回避冒险。

我的人生旅程，始终在探险中度过。迄今为止，我用大半个人生走遍了大半个世界。而我今天所有的财富，所有的自由，都来自这场漫长的探险之旅。

今天的我，可以完全依照自己的意志自由行动，而不必受拘于任何人、任何事。或者骑上心爱的小摩托周游世界，或者坐在新加坡的自家沙发上看着窗外发呆。总之，一切皆由我，优哉游哉。

偶尔，当望向窗外的视线被某个莫名的灵感触动，再次激起我看看窗外世界的欲望时，我还会站起身来，收拾行囊，再来一场冒险之旅。

这个时候，想想那些人生毁于金钱的人，我常常会感慨万千。

都说金钱是万恶之首，殊不知金钱也可以是百善之源。

金钱本身并没有罪，有罪的，是拥有金钱、使用金钱的人。关键在于，是否真正懂得何为"用钱之道"。

所以，不要怪金钱亏待了你，要问问自己是否善待了金钱。

>有钱人遭遇不幸的理由>

不幸的是，富人群体中也有太多人没有掌握正确的用钱之道。他们中的许多人都在不遗余力地把金钱变为一种"恶"，并因此害人害己。

为争权夺利、沽名钓誉挥金如土的人，对金银珠宝、奢华生活痴迷不已的人，他们中的大多数其实都不幸福。在表面的光鲜靓丽、春风得意下，往往隐藏着深刻的痛苦乃至无尽的绝望。

当然，正如我在前面所言，如果你是一个有钱人，也过着珠光宝气的日子，但是对金钱的使用有着正确的理解与合理的控制，那么完全没有问题，你可以放心地继续珠光宝气下去，继续做任何你想做的事。

不过即便如此，我还是要说："金钱"这个东西往往是一把双刃剑。既能成就一个人，也能毁灭一个人。且后者的概率还要远超前者。

没错，无论用什么方法毁掉一个人的人生，这个方法也肯定与"金钱"二字脱不了干系。

只要沾上"金钱"二字，人们的理性便往往会遁起踪迹，变得轻率而愚蠢，进而导致昏招迭出，满盘皆输。所以一般说来，一个人越是有钱，卷入各种危险事件的风险也便越高。

《华尔街日报》曾经有过一篇报道，详尽披露了一位洛克菲勒家族的年轻成员是如何拜倒在外国女间谍的石榴裙下，从而闹出了一个举世皆惊的丑闻，令自己身败名裂。

我们可以想象一下，如果你是那位出身豪门的年轻人，然后对外公开亮明（抑或炫耀）自己的身份，会发生什么事？

答案没有任何悬念。无论是熟人、半生不熟的人抑或完完全全的陌生人，反正会有许多人瞬间蜂拥而至，把你层层包围起来，对你提出各种各样的要求，令你应接不暇。重点是，这些人的每一个要求，无论露骨抑或隐晦，都会与两个字有关。那就是"金钱"。

此时，你会有一种感觉。仿佛溺水于深海且被粗粝的海草划破身体，引来了一群嗜血的鲨鱼。此情此景下，你的命运将会如何，答案不言自明。

如果这是一个噩梦，那么你是幸运的，起码你还有梦醒的机会；可如果这不是梦，而是你的真实生活状态，那么你的人生很可能会危机四伏，甚至有可能彻底毁灭。这真的不是玩笑，所以还是尽快回头是岸为好。

常言道：人为财死，鸟为食亡。为得到金钱不惜铤而走险、以身试法的案例古往今来不胜枚举。可由于"法网恢恢，疏而不漏"，这些人都不会有好下场，不是蹲监就是殒命。

问题在于，前车之鉴的震慑作用往往并不能一劳永逸地解决问题。荒谬的侥幸心理以及金钱本身巨大的诱惑力依然会促使大量不法之徒前仆后继，不断地挑衅法律的威严和社会的良知，不断地挑战自身人生毁灭的底线。

所以，即便是今天，当我们翻开报纸或浏览网页，还是会看到不少诈骗、抢劫抑或贪污受贿的新闻。即使是以"廉洁""道德素养高"著称的新加坡，也就是我现在居住的地方，每天浏览本地报纸时我依然能看到大量与"金钱"有关的各类纠纷和罪案信息。

新加坡尚且如此，遑论这个星球的其他地方。

不错，不择手段地追逐金钱也有可能获得一时的成功，可最终的结果大概率事件还是身败名裂。

人在做，天在看。试问苍天饶过谁？

实事求是地讲，每个人都可以也应该有自己的欲望，并拥有追求之、实现之的权利。

事实上，我们每个人都已经拥有了自己想要的东西，或多或少、或大或小、或物质或精神而已。如果某人名下有六套豪宅，那不过是因为豪宅是他喜欢、想要的东西。我虽然没有这许多豪宅，可我也得到了自己想要的东西，那就是生活的自由。

所以，欲望本身没有问题，问题在于实现欲望的方式。一些人恰恰在这一点上犯了错，让自己原本美好的人生毁于一旦。

比如说，有些人喜欢追逐权力和地位，于是在这些方面大肆挥霍。而自己的财力又不足以支撑这些花销，便只能大肆举债，勉强为之。这种人的人生会走好运才叫活见鬼。

再比如说，有些人明明是最普通的工薪族，却偏要靠刷爆信用卡的方式开最好的车、住最贵的房、追最物质的女孩，这种人的生活会有什么样的结局，也无须多言。

说白了，这些人还是没有弄明白到底什么是"金钱"，还是没有掌握与金钱打交道的正确方式。

可见"金钱教育"，必须从娃娃抓起。

关于这方面的话题，我会在后面的文字中详述，这里便一笔带过了。

>量入为出，不做非分之想>

我的结论很简单：每个人都应该自己决定使用金钱的方式。前提是，如果你不想遇到麻烦或卷入纠纷，就一定要量入为出，不做任何超越自身财力的事。

换言之，有多少钱办多少事，尽量不要借钱。因为这个世界上，没有比"借钱"更能为你招致各种麻烦的事了。

其实好好想想，我们中的大多数人肯定或多或少见过或听过这样的案例：某个人在赚了大钱，风光一阵之后又失去了一切，最后只能栖身于一间狭小、逼仄的陋室中，过着艰困的日子。

既然如此，为何还要重蹈覆辙呢？起码我不想这样。

以我目前的年龄和资历，我可以非常肯定地说，曾几何时（在西方资本主义国家经济发展的"黄金时期"），有钱人曾一度充斥这个世界。那时，社会的每一个角落都弥漫着金钱的味道和奢靡的气息，人们仿佛生活在"天堂"里，且这种天赐般的好日子似乎无穷无尽。不幸的是，他们中的多数人对"金钱"的概念产生了致命的误解，挥霍无度、警惕尽失，最终又失去了一切。

所以，现今西方国家的整体没落是有原因的。尽管每个人都在苛责政府，殊不知正是无数普通公民自身的理念和行为，才塑造了今天的一切。

可见，"金钱"这个东西实在是很危险，容不得任何轻浮与怠慢。

很少有人讨厌金钱，很少有人不想成为有钱人。也许某些人是例外，比如说神父、修道士或僧侣。不过据我所知，在美国、印度和尼泊尔等国家，一些出家人恰恰是社会中最富裕的群体，过着大多数人难以企及的优渥生活。

诗人和哲学家中也许有不少视金钱如粪土的人；但渴望金钱的诗人也并不鲜见，成名之后锦衣玉食的哲学家也不乏其人。总之，多数人都很在意金钱，并凭借这样的在意在人世间追逐、打拼。这是不容置疑的事实。这个事实证明了我的那个论述，即金钱真的很重要，所以我们每个人都需要学会与金钱打交道的方法，因为这件事真的会左右每个人的人生。

尽管语言和表达方式各有不同，但世界上多数国家都存在一个类似的谚语，叫作"富不过三代"。

这句经典的谚语形象地展示了一幅与财富的创造和财富的灭失有关的画面：第一代人，也就是所谓"富一代"筚路蓝缕、风餐露宿，靠艰辛的打拼换来财富；"富二代"励精图治、守住财富，过着幸福的生活；"富三代"穷奢极欲、纸醉金迷，败光先人的财富。

事实上，能挺过三代尚算不错，许多大富之家甚至在第二代手上便会家道中落、落魄至极。

本来，我还以为这句谚语只存在于英国和美国，后来才知道原来中国、日本等国也有类似说法。看来，"人性"这个东西真的是不分国界，走到哪里都一样。

总体而言，"富不过三代"现象最容易出现在移民家庭中。当一批人携家带口风尘仆仆地迁徙到一片陌生的土地时，他们拥有的，除了自己的一双手，还有胸中那满满的不确定感和无尽的希望。所以，为了自己也为了家庭的未来，他们废寝忘食、拼死劳作，付出了不懈的努力。由于他们的努力，人富了，地方富了，国家也富了。

这就是"富一代"们人生的真实写照。所谓"乱世出英雄",诚如此言。

但是,"富一代"们创下的财富,要想长久传承下去是何其艰难,又是何等重要!因为这件事不仅可以决定一个家庭的兴衰,也能左右一个国家的命运。

现在的西方国家,便面临着"富不过三代"这句格言严厉的拷问。我相信,迟早有一天,中国这样的新兴国家也会走到这一步。

先人的财富已然散尽,是继续坐吃山空、萎靡不振,甘于做败家的"富三代";还是效仿前辈励精图治,以"富一代"的身份卷土重来?

作为一个年逾古稀的老人,我期待得到年轻人的回答。

但愿不会让我失望,但愿不必等得太久。

> "危机"从来不仅是经济的事,还与政治、社会有关>

坦白说,虽然克服危机的方法不容易找到,但未雨绸缪,为应对危机提前做好准备这件事则完全是有可能的。

甚至于,正如我一再强调的那样,对职业投资家来说,危机常常意味着机会。危机越重,也许机会越大、越多。这一点也有必要常记于心。

我出生在第二次世界大战战火正酣的1942年。现在已年近八旬。在这近一个世纪的人生旅程中,我经历过的各种危机可谓数不胜数。可即便如此,与眼前这场新冠病毒疫情危机相比,那些危机几乎不值一提。我这个岁数尚且如此,更何况其他年龄段的人了。

这次的危机之所以格外严重,与全球性的债务泛滥以及许多主要国家中央银行的"零利率"政策有关。

这两个因素互为因果、彼此刺激,共同造就了今天这幅局面:景气不好，央行就不断降息；借钱太容易，人们便不断负债；债务违约，会进一步恶化景气；挽救景气，还得继续降息……

这便是典型的恶性循环。

归根结底，过低的利率严重腐蚀了正常的金钱感觉，使人们对金钱麻木，在一种集体无意识的氛围中盲目负债，盲目地使用金钱。正如我在前面所说，当一个人的用钱之道出问题时，个人或家庭会破产；当多数公民的用钱之道出问题时，国家会破产；当许多国家的用钱之道都出问题时，整个世界都有可能破产。

今天的这场全球性大危机，就是这么来的。

当然，如果本身景气不错，且好景气可以持续较长时间，适度举债也没什么问题。这是一种正常合理的经济行为。但前提是：适度。而在好景气下，做到这两个字又谈何容易？一般说来，越是好景气人们就越会自信过头、警惕松懈，一厢情愿地认为在好景气下赚到的钱能轻松覆盖自己的负债。问题是，除非你已经把潜在的赚钱机会提前变了现，账户上已经有足以摆平所有债务的充裕资金，否则，一旦发生危机，那些本来板上钉钉的赚钱机会瞬间化为泡影，而真实的债务却依然在你的银行账户上趴着，就有你受的了。

在这方面，古老的中国有许多格言颇具警示性。比如"生于忧患，死于安乐"，再比如"人无远虑，必有近忧"。不妨细细品味一番。

说句题外话。

我们都知道，现如今气候问题是一个世界性的大难题。

在几千乃至数万年的历史长河中，人类赖以生存的气候环境已经发生了巨大变化，且变化仍在不断地发生之中。

这一变化的历史进程并不是我们的主观臆想，而有着可信的科学根据。据说，从冰山冰层的状态以及老树年轮的情况，就能大致判断出地球曾经历过怎样的气候变化。

不只是地球，随着外太空探索事业的发展，火星乃至其他许多恒星上面或许也存在着气候变化的问题，这一事实也逐渐浮出水面。

可见，宇宙万物永远处于变化之中。这既是无数先贤参透的哲理，也是无可辩驳的自然现象。

应对危机的灵感便由此而来。

危机的发生是人类经济社会生活中固有的变化模式。无论我们如何殚精竭虑、竭尽全力，顶多也只能延缓而不是消灭危机。所以，可以将其视为一种自然现象。即危机的发生是必然的，是一种真正的常态。无论眼前的太平世界如何安稳，如何诱人，危机也一定会来，迟早会来。既然如此，每一个地球人都应该把"危机"二字常刻于心，应对危机的工具箱，必须常备不懈。

生于忧患，死于安乐。

>必须多角度解读这个世界>

前面已经说过，我是一个喜欢历史的人，时常从书本中向历史索取灵感。

问题在于，如果只读一本书，哪怕看上一百遍，将其彻底"读破"，也无法一览事实的全貌。

特别是历史书，这种现象格外明显。比如说，某个国家主张的历史，往往与其他国家主张的不同，甚至截然相反。所以，即便读书这件事，也要和读报纸一样，要学会从多种不同的角度解读。

就拿我来说，在日常读报的过程中，我手头至少要有五个国家的五种报纸。我认为只有通过这种方式，才能对世界上发生的事进行综合性的分析，从而得到真相或接近真相。

我能养成这样的习惯，是有缘由的。

记得三十多年前，在我初次造访中国的时候，内心深处既跳跃着强烈的好奇，又充满了莫名的恐惧。因为彼时的美国，对中国的宣传几乎是清一色的基调，即这个国家"非常恐怖""对外国人极不友好"。

由于从小便被美国的教育彻底洗了脑，飞机即将降落在北京机场时，我的心脏几乎要从胸口中跳出来，满脑袋都是"我该不会被拉去枪毙吧？"的想法。

但是，当我的双脚真正踏上中国的土地之后，我惊讶地发现，这个国家是如此和平、如此美好。尽管作为一个金发碧眼的外国人，我遇见不少好奇的目光，也有过一些生活中的不便，可总的来说，这里的人们以极大的热情和善意欢迎了我、接纳了我，并帮助了我。从此，我便与这个国家以及它的人民结下不解之缘，且这个缘分一直延续到今天，直至永远。

遗憾的是，并不是所有人都和我有过相同的经历，都曾用自己的双脚亲自丈量过这个世界。再加上多数人没有经历过真正的战争，包括许多执掌大权的政治人物亦是如此。而这恰恰是最危险的地方：有些人掌握着惊人的权力，却从未真正见识过这个世界的样子。于是，只能凭借从小接受的教育看待这个早已沧海桑田的世界。然后，他们下结论：谁是好的，谁是坏的。再然后，他们根据这个结论做判断：谁是朋友，谁是敌人。最后，他们根据这个判断决定是否以及对谁发动战争。

距离上次世界大战已经过去了近一个世纪。即便我本人，那场战争爆发时由于太年幼，因此完全没有任何记忆。这就意味着，"战争"到底是怎么回事，到底意味着什么，无论大人物还是小人物，几乎无人知晓。可就是这些对战争一无所知的人，却会时不常地讨论着战争。仿佛战争的爆发永远都伤不到自己，只会伤到"敌人"。

重复一遍，一旦发生真正的战争，至少在初期阶段，许多人都会爱战争。"胜利必然属于我们！""必须严厉惩罚敌人！""我们的敌人全是恶人，应该送他们去地狱！"这些煽动性口号会让无数人对战争趋之若鹜、兴奋异常。

然后，政客们会及时出现，信心满满地给民众洗脑："这场战争顶多持续六个月，完全不用担心。因为我们有伟大的士兵，而且他们受到国民的全力支援，所以凯旋的那一天很快就会到来！甚至比你们想象得还要快！"

我不是在编剧本。如果你有兴趣查阅一下人类的战争史，上述各种场面一定会跃入眼帘，令你触目惊心。

所以我才会说，没有经历过战争没关系，只要你能在百忙之中拨冗造访一次广岛，就能瞬间置身于战争营造的恐怖氛围，进而找回人性的美好，唾弃人性的丑恶。

再介绍一个古老中国的格言：兼听则明，偏信则暗。

如果你想知道事情的真相，切切不可只听信一面之词。即便有所抗拒甚至有所恐惧，也要勇敢地站在对方的立场上想问题，也要善于从不同甚至是完全对立的角度看看这个世界。哪怕只是一瞬，也将大有裨益。

>不要依赖单一信息源>

至此，相信许多人已经明白了一点，那就是永远不要依赖单一信息源去解读历史。

从不同的角度多方寻找信息，充分了解不同方面的人对待事物的看法，你才能把握抑或接近事情的真相，真正弄明白到底发生了什么。

除了美国的《华尔街日报》和英国的《金融时报》之外，许多其他国家的报纸也是我每天必读的信息源。比如说，英语版的《日本经济新闻》就是我的至爱之一。其实，早在20世纪70年代，《日经周刊》之类的财经杂志便已经进入我的阅读清单。从那时开始，我便意识到了多角度阅读的重要性。

我认为，成功人士抑或真正的胜者有责任亲自书写历史。无论是自传还是学术著作，把自己亲身经历过的事情留存下来，让无数后辈从他们的文字中得到真实的知识、受到正确的教育，这件事无比重要，极具价值。

当然，前提是历史的书写方式本身要正确，一定要充分体现"兼听则明"的原则。否则就会变成以讹传讹，贻害无穷。

就拿我个人的经历来说，半个多世纪以前，无数美国人对中国的记忆也许并不美好。问题在于，对这些记忆的描述只是美国的一面之词，因此肯定有失偏颇，难说公正。而从小接受这种教育的我，在不断地被洗脑中形成了对中国极深的成见，以致成年之后也无法消除对这个国家深深的恐惧。

可见，不同的国家有不同的文化与不同的视角，而这一点赋予了事物不同的面貌。"真相只有一个"，这一认识本身也许恰恰就是假象，值得引起我们的高度注意。

不依赖单一信息源，还有一个层面的意义：即便信息完全正确、毫无偏颇，可如果来源单一，也会让你犯下大错。

在逻辑学中有一句话，叫作"论据正确，论点错误"。表面上看，每一个论据都是正确、真实、可信的，可把所有论据集合到一起时，论点则会截然不同。所以，以"论据正确"为由强推"论点正确"的结论是一个危险的逻辑陷阱，常常会让人们判断失误，昏招迭出。

就好像"盲人摸象"。摸到尾巴的人得出人象像"绳子"的结论，摸到耳朵的人得出大象像"扇子"的结论，摸到身子的人得出大象像"墙壁"的结论，摸到腿的人得出大象像"柱子"的结论……

他们中的每个人都找到了正确的论据，却全员拿出了错误的论点。显然，把所有论据聚合到一起，才能得到正确的结论，真正了解大象的全貌。否则，以"论据正确"为由强行得出"论点正确"的结论，就会将他们引入歧途。比如说，得出"大象像绳子"结论的人，会以此为据，把大象的栖身之所设计成"绳套"的形状；得出"大象像柱子"结论的人，则会试图将大象引入一个柱状圈舍之中。而这些荒谬的实践，无疑均会以惨败收场。

又或者，如果换一个说法，论点也能成立。即摸到尾巴后，说"大象的身上至少有一个部位像绳子"；摸到耳朵后，说"大象的身上至少有一个部分像扇子"……这样一来，便可全员拿出正确的论点。而正确的论点所指导的实践，也必然会取得成功。

总之，依赖单一信息源是有害的。如果你想知道事物的全貌，就必须多角度解读，充分、全面、立体地看问题。除此之外别无他法。

特别需要注意的是，"论据正确，论点错误"的伎俩，最容易被擅长诡辩的人所利用。他们常常会拿出一两个正确的论据，去蛊惑甚至强迫他人接受他们错误的论点。

由于他们说的确实是事实（即拿出的论据本身是正确的），这种错误的论点往往很难反驳，进而使人极易陷入他们的逻辑圈套，甚至随其错误起舞，以致犯下相同的错误。因此需高度提防这一招，否则吃了亏都不知道是怎么回事。

在无时无刻、无穷无尽的变化之中，也存在着不可能也不应该改变的游戏规则。

那就是"诚实"与"正直"。

我们这个世界上有太多不诚实、不正直的人，而这样的人中从不乏聪明的人，能成功地名利双收的人。但是，我一向认为，这些人把他们的聪明才华和丰沛能量用错了地方。如果能诚实而正直地使用这些资源，而不是反其道而行之，他们赚到的钱显然会更多，获得的成功显然也会更大。

这还不是重点。真正的重点在于，通过歪门邪道取得的成功即便可以为他们带来一时的幸福，这种幸福也将伴随着提心吊胆、疑神疑鬼的不安心态和有朝一日事情败露，银铛入狱的潜在风险。

对任何正常人来说，如此成色的"幸福"，理应不堪承受才对，遑论向往之、追逐之！

必须强调一点。这里，我们谈论的并不是"抢银行"或"入室盗窃"这种明目张胆的犯罪行为，而是为了获取金钱不择手段，绞尽脑汁地欺诈、挪用或贪污之类的行为。这种人自以为聪明，其实却只是有些小聪明。而任何擅耍小聪明的人，不可能会有善终。

理由很简单。常言道："纸里包不住火。"任何不义之财，在持有和使用的过程中一定会在某个环节上出问题。造成这些问题的既有外因也有内因。也许是缘于天机外泄、事情败露，也许是因为做贼心虚、行为失常。总之，一定会出事，或早或晚而已。

在我的人生中，见过或听过太多因为发了不义之财而备受煎熬，最后精神失常或主动自首的事；被捕后如释重负，有如解脱的人也不在少数。

可见，不义之财发不得。

无论是多是少、是早是晚，还是诚实、正直地挣来的钱用起来最踏实、最爽利。

不仅如此，诚实和正直的品格还有利于打造健康、高质量的人脉关系网。而这一点对投资者或生意人来说格外重要。

这就意味着，当你对某个人承诺了某件事，就一定要不折不扣地做到。绝不可食言。反之，则万万不可轻易承诺抑或承诺得太多、太满。

量入为出，留有余地，不做超越能力范围的事——这一点既适用于一个人的金钱观，也适用于一个人的诚信观。

非如此，不能得到信用、令人信赖，也便不可能有成功的人生。

这既是做人原则，也是游戏规则，在万变的世界中永恒不变。

>"金钱教育"，必须从娃娃抓起>

要想不经历任何失败便成为一个有钱人，可谓难乎其难。

不错，确实会有许多人因为继承了大笔遗产抑或与一位大亨的后人联姻而一夜暴富。问题在于，金钱这个东西有一个鲜明的特质，即"得来得越容易，失去得越快"。这不仅仅意味着太容易得到的东西往往不会受到人们的珍惜，更重要的一点是，这些东西的创造过程你没有亲自参与，便会对其知之甚少甚至　一无所知。于是乎，在使用它们的过程中就会常常不知道自己在干什么，常常会盲目地使用、错误地使用，进而导致轻易地失去它们。

特别是对那些"富一代"来说，这一点格外具有警示意义。

我认为，即便是有钱人，在你的孩子尚年幼的时候，也不应该给他们很多钱。我个人便尤为重视这一点。因为我希望女儿们能够用自己的眼睛看世界，以自己的头脑思考世界，自己学习如何行走未来漫长的人生之路。

这一点，迟早会让她们受益匪浅。

我认识一位女性。她在21岁那年从长辈那里继承了惊人的财富。签署遗产继承书时，她发誓自己"绝不会滥用金钱"，可仅仅三个月之后，这个女孩子便开始疯狂花钱、日日血拼，结果没过多久便败光了那笔丰厚的遗产，重归一贫如洗的生活。

可见，金钱真的不简单，用钱之道真的很复杂，容不得任何轻慢。所以，当你不懂金钱时，一定要懂得与其保持距离。而太多的人做不到这一点。明明对金钱一无所知，却一厢情愿甚至肆无忌惮地追逐或使用金钱。这样的人，最终多数都会遭遇不幸。

在大女儿14岁的时候，我明确地告诉她："将来，你必须要出去工作，必须要自食其力。"之所以这样，是因为她必须通过自己的努力学会什么是工作，什么是金钱，以及工作与金钱之间到底是什么关系。

接着，我又告诫她：做人必须言而有信，恪守时间。如果你和某个人之间有个约会，那必须准时到达约定地点。绝不可以迟到。万一没有做到，你必须将之视为一种耻辱，并因此深深自责。

　　也许某些有钱人和我的想法不一样。他们会认为自己如此艰难地打拼，就是为了让子女能有一个轻松、富足的生活，并将其视为自己人生的一个重要成就。殊不知，这种成就感恰恰会害了自己的孩子，因而是一种彻头彻尾的自私。要知道，父辈的成功绝不等于子女的成功。你的人生他们并没有亲自参与，所以根本无法驾驭你强塞给他们的成功。恰恰相反，你的这种强塞行为只能令他们的人生遭遇惨败。

　　所以这样的父辈是不称职的，迟早有一天会受到子女的埋怨甚至谴责。

　　所幸，我的女儿们非常争气。尽管我给大女儿的建议是"成人后要出去工作"，换言之，至少现在她本无须这样做，完全可以在我的庇荫之下生活，可是有一天，女儿对我说："我找到了一个好工作！能挣不少钱！"

　　那时，我的欣慰与惊喜无以言表。

　　本来我以为她找到的工作是在麦当劳之类的地方打零工，没想到她给了我一个更大的惊喜。

　　原来，由于在新加坡的学校上学，我的女儿能说流利的中文，中文水平甚至达到母语的程度。凭着这个本事，她找到了一份教西方孩子学中文的工作。重点是，这还是一个不折不扣的"高薪工作"，时薪达到30美元之多。

　　显然，女儿比当年的我要聪明许多、能干许多。不是我自夸，我觉得我的两个女儿在聪明才智上均远胜于我。而我深深地期望，这些聪明才智会常伴她们身边，守护她们一生，永远不会褪色。

>失败，对人生来说无比重要>

成为两个孩子的父亲，也让我学到了很多。

当然，这并不是说，因为有了自己的家庭，我的投资之道便发生了任何改变。可即便如此，孩子们在很多事情上给了我从未有过的灵感，这一点也是毋庸置疑的事实。

比如说，智能手机的使用方法孩子们就远比我更为内行。从她们那里，我仿佛看到了一个崭新的世界，并从中学到了不少宝贵的知识。

如果没有孩子们，我永远不可能关注K-POP（韩流音乐）。既然不知道，也便无法置身那个世界并在那里投资。当然，这并不意味着我一定会投资韩流文化，只是说拜孩子们所赐，我又知道了一种新的文化现象。不但知道了韩国的音乐很厉害，还知道了韩剧很流行，且在全球范围内都具有很大的影响力。由此，对韩国这个国家，我又有了新的认识，打开了新的眼界。

由于某个契机使然，了解了某个国家正在发生的事，并由此重新认识那个国家——人类的世界观，就是这样形成的。而这个形成的过程，需要无数能够带给你不同视角，让你能不断地进入新世界、感受新体验、获得新灵感的契机。

对我来说，这些契机的来源之一，就是我的孩子们。

至于韩流文化，如果有人问我现在是否有投资的打算，我的回答暂时是"不"。可是由于这扇窗已经为我打开，进而开拓了我的视野和知识面，所以未来会发生什么，我的心中则不乏期待。

孩子们教给了我许多，我也有许多想教给孩子们的东西。排在第一位的，就是如何与"失败"打交道。

坦白说，没有哪家的父母会希望自己的孩子失败。但是，对我们每个人的人生来说，失败这件事都非常重要。

每当我的孩子经历挫折的时候，我都会给予她们最大限度的鼓励。因为我深信经受并且战胜挫折，会令她们的人生受益无穷。

理由很简单。因为与成功相比，从失败中学到的东西更多，也更为有益。

这句话有两个层面的意思。首先，成功是个小概率事件，任何人做任何事的时候，失败的概率与次数都会远超成功。所以，如果一个人很少品尝失败的滋味，那么大概率事件他是个懒惰、胆小、畏缩不前的人，因为他很少做事、很少尝试。不做事，就不会失败，却也永远无法成功。可见失败首先是一个机会，甚至是一种幸运。如果一个人连失败的机会都不给自己，那他便永远无法知道如何避免失败，以及如何取得成功。这样的人无异于拒绝成长、抗拒成功，未免有些幼稚、可悲。

不只如此，即便一个人已经拥有丰富的经验以及厉害的本领，相对成功而言，失败依然会是一个大概率事件。如果把成功看成分子，失败看成分母，这个分数的值一定小于1。假设分数值相对固定，那么让分子增加的办法只有一个：让分母也增加相同的倍数。换言之，失败得越多，成功的概率也便越大。

所以，获得成功有一个最简单也最笨的办法，那就是拼命地做、拼命地试、拼命地失败。你越如此实践，成功也便离你越近。

我称之为"傻瓜式成功术"。不要小看它，有太多大人物之所以会成功，用的就是这个办法。

这不是什么说教，而是一个单纯的数学原理。相信任何有数学常识的朋友，都会明白我在说什么。

显然，失败就像维生素，是人生必不可少的营养素。人这一辈子，还是经历一些失败为好。且重点在于，尽量在成功到来之前，在你对成功适应、麻木之前，多经历一些失败。

这恰恰是我本人目前的真实心境。

对我的孩子们而言，由于种种原因使然，她们所处的生存环境相对优越、顺遂，小小年纪便有了许多成就，已经逐渐习惯了成功的感觉。尽管也经历过一些挫折，可总体而言成功居多，且这些成功似乎来得太早、太快，这一点反而令我有些担心。

现在，两个女儿能够留在我身边的日子，只剩下短短几年。当她们高中毕业，考上大学的时候，将会离开家门，独赴远方。那时，我这个老父亲对于孩子们的影响力恐怕便所剩无几了。

尽管想想便有些神伤，可这就是我们这个世界的游戏规则。

所以，至少当她们还在身边的时候，我会对她们说所有我想说的话，做所有我能做的事。因为我知道，尽管她们现在还是十几岁的少女，可眨眼间便会长大成人。而成年后的她们会建设一个非常强大的自我，从而对我这个老头子的话失去倾听的兴趣。

因此，就是现在。趁她们尚年幼，还能留在我身边的时候，我会充分利用、尽情享受与她们在一起的每分每秒。我们一起去世界各地旅行，一起去中国或韩国参加我的演讲会，一起经历孩子们不断成长以及我本人不断老去的过程。

这真是人世间莫大的幸运和幸福。

"实在太棒了！"许多人这样对我说，向我投来艳羡的目光。而我的这种气质，也来自家庭教育，来自我的父母。

在我年幼的时候，我的父母也是以这般的热情与能量与我相处。他们也像今天的我一样，煞费苦心地教导我不要人云亦云，要用自己的头脑思考，用自己的手脚做事。当时，我那年轻的双亲就像今天的我一样，用满腔的热情对我说了所有他们想说的话，做了所有他们能做的事。

还有五年，我的大女儿就将21岁。岁月如梭，诚如此言。

也正因如此，这剩下的五年，我要充分珍惜、好好利用，如此才能不负她的人生，也才能完成我的责任，不枉我把她带到这个世界。

>幸运只属于做好准备的人>

我是一个不折不扣的大忙人，日程表永远是满档。

相信不少人看到我的日程表后，都会倍感吃惊，不敢相信一个年近八旬的老人会过着这样的生活。

时至今日，一个月之内在美国与新加坡之间往返两回对我来说仍然是家常便饭。许多人也许会觉得不可思议，可这就是我现在真实的人生状态。

说起来，我本不需要这样做，完全可以享受舒适甚至无所事事的生活。我既无必要去韩国，也无必要去俄罗斯。可即便这样我还是会收拾行囊，随时准备好去任何我想去的地方，因为这样的人生状态让我快乐。

我真是做了不少事情。有时，当意识到这一点的时候，连我自己都不胜感慨。我敢负责任地说，在漫长的一生中，我基本上自始至终都能忠于自己的内心，只做了自己真正想做的事。

重点是，每当我有所考虑，决定做点什么的时候，我总是尽自己最大可能以尽量聪明的方式做事，尽量不犯愚蠢的错误，特别是那种低级失误。

当然，即便如此依然有可能失败，依然有可能犯错，可至少我敢于也能够挑战。这是我的人生信条，这一点无比重要。

对我而言，与其当100岁的某天清晨醒来时，惊觉自己"人生从未挑战过"，不如从一开始便下定决心，无论多么艰难困苦的目标也要勇敢挑战，勇于失败，如此才不负人生，不负那些生我、爱我和我生、我爱的人。

我想，之所以我的人生大体上还算幸运，就是因为我随时做好了这样的心理准备，随时准备着去迎接挑战、接受失败、追求成功。

我认为，只有对这样的人而言，成功才会是一个大概率事件。

我的人生经历本身，就是一个明证。

>对长期成功而言最重要的事>

每个人都渴望成功。但真正靠谱，真正留得住、可持续的长期成功，到底如何才能获得呢？

这个问题，不妨问问你自己。就当是自己给自己留的家庭作业。

这样的作业越多，你就会越幸运；独立思考、深入研究得越多，你就会越幸运；准备得越多、越早、越完备，你就会越幸运。

没错，幸运永远属于准备好了的人。那些尚未准备好便被幸运眷顾的人，往往也很容易失去幸运。

这就是长期成功的秘诀。

当你终于结束漫长而缜密的调研环节时，事物的全貌便会一览无余，你也便更容易牢牢抓住稍纵即逝的幸运。我可以断言，如果你是一个将军，只要你真正了解了自己的所作所为，那么打胜仗的概率将会呈指数级增加。反之亦然。

这样说非但不夸张，甚至还有些保守。

总之，我们这个世界确实存在"运气"这码事。可运气从来不是虚无缥缈的东西，而是一种真实的存在，甚至真实得有些残酷。不过，即便如此你也无须担心，只要当事情发生时，你做好了准备并切实知道自己该干什么，那么运气就会属于你。从来如此，从无例外。

换言之，幸运不是从天而降的，需要你用自己的智慧和双手去争取。因为幸运完全可以被创造、被驾驭，而不能仅仅依靠无边无际的等待，等待幸运来敲你的门。

人祸如此，天灾亦如此。只要你能掌握自然规律，提前做好准备，那么无论是地震还是海啸，当灾难袭来时，你获救的概率一定会比那些毫无知识、全无准备的人高许多。

如果这都不是幸运，那幸运又是什么呢？

第五章

FIVE

我的活法

TIPS

危 机 时 代

在华尔街工作的时候，我最重视的一件事就是切实掌握我们这个世界的运行规律。而做到这一点，显然历史是最好的老师。历史不但告诉了我们世界处于永恒的变化之中这一事实，还教会了我们驱动所有这些变化的内在规律。

>从生养我的美国小镇学到的东西>

我在美国亚拉巴马州一个偏僻的小镇长大。我小时候的学习成绩相当不错。估计这是拜了我的父母之赐，也许是我遗传了他们的优良基因，也许是因为他们给我营造了极好的家庭教育环境。总之，当时周围和我一样学习成绩优异的孩子不多；再加上那是一间规模极小的学校，每个年级大概只有40名学生，因此我的表现就显得格外出挑。

我的孩子们在新加坡的一所学校上学，而那所学校有数千名学生，对她们来说，恐怕完全无法想象一个年级只有区区40人的学校到底是什么样子。

尽管幼时的我是班级里学习成绩最好的学生，却没有什么可值得骄傲的。之所以我的表现很突出，完全是同学们糟糕的成绩衬托的。所以我知道，就算我是孩子们的"头儿"，也并不是因为我真的很优秀，而是因为竞争的匮乏。

我们那个镇实在是太偏、太小了，且周边没有什么较具规模的城市。所以在我儿时的记忆里，家乡给我留下的最深刻、最不可磨灭的印象就是：地广人稀。"人"是那里最稀缺的存在。由于缺乏人际关系的张力和竞争的刺激，整个小镇都弥漫着一种慵懒的气息，人们似乎安于现状、得过且过、无心进取。

好在，我们有充满智慧的父母。家里的几个孩子，从小便从父母那里学到了很多有益的东西。

现在回望那时的岁月，会意识到当年我的父母有着极为强烈的劳动伦理观。包括我在内，我们家总共有五个孩子，现在想想看，这几个孩了还真的个个都是工作狂。全员拥有对工作极度热心、从不妥协的性格——显然，这一特质是从父母那里继承来的。

就我个人而言，开始工作的年纪是5岁。尽管听起来似乎有些不可思议，对今天的同龄孩子们来说也不大可能，可这就是事实。

因为那是七十多年前的事，再加上我们的小镇又极其偏远，所以小孩子工作赚钱对那时的人来说，并不值得大惊小怪。

事情的原委是这样的。

当年，我们那里每个周末都会有棒球比赛。赛场里有个卖可口可乐的阿姨。现场观赛的球迷都会到她那里买上一瓶可乐，喝完之后便把空瓶子随手扔到地上。由于这些可乐瓶都在供货商那里有押金，所以她只能一个一个地把地上的瓶子捡起来，收集好后去退给供货商，才能换回押金。而这项工作看起来很辛苦，令她疲惫不堪。于是，5岁的我被这个意想不到的商机眷顾：捡空瓶子这件事由我替她做，作为回报，她会付给我一些劳动报酬。

这要放现在，也许这个阿姨会以雇佣童工的罪名被警察抓走，可在当时却完全不成问题。

阿姨很守诚信，付给了这个5岁的小男孩应得的劳动报酬。自此，每当有棒球赛，我们便会交易一次。从第二年开始，我便有了自己的生意，在赛场里贩卖可乐和炒花生。当生意越做越大，一个人打理越发吃力时，我雇用了自己4岁的弟弟为我打工，和我一起干。

这就意味着，5岁时的我还是那个阿姨的打工仔，而次年，6岁的我已经自己当了老板，成了拥有一个正式雇员的资本家。

换言之，我人生中的第一次创业，是在6岁的时候。而且这次创业取得了圆满成功。

这段经历对我来说实在是太重要了，是对"做生意"这件事极其珍贵的启蒙教育。

记忆中，那位卖可乐的阿姨对当时只有5岁的我，说了这样的话："小朋友，到我这儿来，帮帮我好吗？"那之前的经过现在我已记不清了，可这句话却一直记得。

现在想来自己都觉得有些不可思议。一个5岁的孩子被陌生的大人搭讪，且被要求去做他完全不熟悉的事，一般来说也许会哭着跑开。可我却没有这么做，而是无比自然地接受了她的邀请。重点是，她也兑现了自己的诺言，诚实地付给了我应得的报酬。也许在她眼里，我也是个称职的打工仔吧！是值得她付钱雇佣，能够稳定、长期地为其提供高品质劳动服务的人，而不是一个靠哄骗一下便可蒙混过关、弃之不用的"小不点儿"。

我的表现也确实无可挑剔。每当镇里有棒球赛时，人们总会看见一个小小的身影，在观众席的周围走来走去，任劳任怨地弯腰捡拾着空瓶子。对我来说，发现空瓶子并不难，恰恰相反，真正难的是当空瓶子太多、太散时，劳动的强度确实有点大。可因为能够切实得到自己的劳动报酬，那时的我绝不乏工作激情，总是干得格外起劲。

一年后，我的生意升级了。我开始自己煎炒花生，然后把炒好的花生米放进一个袋子里拿到棒球赛场，和可口可乐一起卖。

为了炒花生，我还从父亲那里借了点钱，买了专门炒制的机器。因为这种机器炒出来的花生格外香，销路格外好。

重点是，所有这些过程，都是我自己一个人独立完成的，从未假借他人之手。

功夫不负有心人，我的生意不错。无论是炒花生还是可乐，都得到许多人的捧场，让我赚了不少钱。这个生意持续了五年，我不但还清了为买炒制机器欠父亲的100美元，还攒下了100美元的利润。

这些钱在当时来说不是一个小数目，即便对成年人而言亦是如此。这就意味着，那时的我已经拥有了即使成年人也不可小觑的一笔资本。

那些日子里，学校的学业和家庭作业在我看来是小菜一碟，所以我有充分的时间照顾自己的炒花生生意。顺便说一句，我的整个学生时代，一直与工作相伴。上高中的时候，我至少同时拥有三份兼职。

还是那句话，之所以能做到这一点，并不是我有多聪明，而是竞争太弱、太少。考虑到其他学生的程度，太难的作业老师不敢留，可即便如此依然有许多同学不得不把作业拿回家里去做，因为在学校实在做不完。而我则不同，总是能够在回家之前便搞定所有作业，回家之后的时间，便由我自由支配了。

不仅如此，由于知识点太容易，我还经常主动往前赶进度，提前搞定各种课业和作业，这令我在时间方面更为主动，能打更多的工、做更多的兼职。

好处是，年纪轻轻的我，真的挣了不少钱，而且由于表现出色，成了学校公认的"孩子王"，在校园里享有相当高的威信。坏处是，由于缺乏竞争，这一切成就并不能体现我的真实水平，也并不能证明我拥有多么了不得的能力。

对此，我心知肚明，因此从未扬扬自得、沾沾自喜过。

>竞争越少，成功的概率越高>

不过，从幼时的经历中，我还是得到了一个极其重要的启发。那就是，无论是学业还是生意，竞争越少，取得成功的概率也便越高。

这个发现一直到今天都令我受益匪浅。我的投资之道有一个非常重要的点：在做企业分析，挑选潜在的投资对象时，我第一个关注的要素便是这些企业的竞争状况。谁的竞争对手少，我便会投资谁。因为这样的投资才有较高的成功率。

我从幼年时代便开始工作赚钱，因此从小便学到了许多与金钱有关的知识。还在上小学的时候，我已经懂得节约和存钱的重要。因为节约和存钱会让一个人拥有更多的金钱和更大的成功。而这两样都是我渴望得到的东西。

现在回首往事，我可以自豪地说，我的金钱观一路走来始终如一、从未改变。购买物质的钱从来不重要，我真正需要的是置换自由的钱。这些钱能够让我无拘无束、自由自在地做任何自己想做的事。因此，豪车、游艇、泡妞从来不重要，我真正需要的是一座房子，一个栖身之所，在那里，我能获得完整的自由。

从幼少时期起，我便酷爱读书。学校图书馆的书，我几乎都读过。有些书还读了很多遍。当然，除了读书之外，在我的那个偏僻小镇里也实在没有什么其他可以做的事。

一个年级只有40人。住在如此与世隔绝的地方，了解这个世界是一件非常不容易的事。但我内心强烈的好奇和求知欲却不可遏制。因此书本给了我一个绝佳的一窥世界全貌的机会，让年少的我如醉如痴、难以自拔。

记得高中时我最喜欢的作家是英国文豪查尔斯·狄更斯。学校图书馆里所有狄更斯的书都让我爱不释手，我一本不落地读了一遍又一遍。

这位英国作家的小说有一个鲜明的特点，那就是书中的主人公多是挣扎于社会底层的小人物，通过这些弱者的视角去看世界。

描述孤儿奥利弗历尽艰辛终获幸福的励志小说《雾都孤儿》，描写弱冠少年饱尝辛酸最终成长为一个大作家的自传体小说《大卫·科波菲尔》，以伦敦和巴黎为舞台展开一幅波澜壮阔历史画卷的《双城记》……这些不朽的名作在我年少的心里烙下了不灭的印记。

特别是《匹克威克外传》这部小说，给我留下了格外深刻的印象。

书中讲述了一位独身的老绅士匹克威克先生远离伦敦去往各地旅游，在每一个途经的地方都被卷入各种各样麻烦和冲突的故事。

现在想来，也许正是因为深受这本书的影响，后来的我才会如此酷爱旅行。

在我小时候，电视只有三个频道。所以即便那时家里已经有了电视机，也没有什么可看的东西。虽说家里也订阅了报纸，可那份报既不是《纽约时报》，也不是《华尔街日报》，而是一份亚拉巴马州的地方报纸，在我看来可谓无聊至极。

关于《华尔街日报》，还有一个有趣的故事。

那是1974年的事了。当时我32岁，已经在华尔街牛刀初试，小有成绩。一天，我给妈妈打电话，对她说："明天的《华尔街日报》无论如何要买一份！"

因为那张报纸上将会有一篇关于我的采访报道，关键是，上面还会有一张我本人的大尺寸照片。

那时，在我的家乡亚拉巴马州，《华尔街日报》要晚一天才能上市，所以两天后妈妈才买到那份报纸。当她给我打来电话时，我迫不及待地问："怎么样？看了报纸上您儿子的照片，有什么感想？"没想到妈妈却对我说："这份报纸没什么可看的。"我感到很吃惊，忙说："怎么可能？《华尔街日报》可是美国发行量最高的报纸啊！"妈妈迟疑了一下，说："至少在我们这里，没见到什么人看这份报……"

这就是我的故乡。

我就是在这样一个地方长大的。

>"想看看这个世界"，此欲望如此强烈>

十几岁时，我便对"出去看世界"这件事有了极为强烈的欲望。

在我的家乡，与我有同样想法的人实属凤毛麟角。人们普遍安于现状，对"外面的世界很精彩"这一点无动于衷，或完全没有概念。

虽然在这样一个犹如井底般的空间长大，没有任何外部世界的人脉资源，16岁的时候，我已经坚定了"走出大山看世界""绝不做井底之蛙"的信念。

天下没有免费的午餐。我深知任何梦想的实现都需要金钱打底，所以才会利用课余时间拼命地打工，努力地攒钱。或多或少有些偶然，我考上了一所非常著名的大学。这对我来说是莫大的运气。因为我一直觉得自己身上还有更多潜力有待发掘，而进入一所名校，显然对这一点极为有利。

我获得全额奖学金来到耶鲁大学，开始了我的大学生涯。

这简直是一个梦幻般的现实。因为在我的家乡，从未有人试图考取普林斯顿大学，更别说名校中的名校耶鲁大学了。这对任何一个同乡来说都是闻所未闻、见所未见的事。

当年考取耶鲁大学的一些细节，今天依然记忆犹新。

彼时，结束考试回到家乡后，每个人都会问我："你考了哪所大学？"我答："耶鲁。"于是，每个人都露出震惊的表情，仿佛看着一个从外星球回来的人。因为这是他们做梦也想不到的事。

我的运气不错，拿到了奖学金。这是亚拉巴马州的一家俱乐部创设的奖学金，我提出了申请并幸运地得到批准。

还是那句话，竞争越少，成功的概率越大。之所以能拿到奖学金，并不是因为在那一年的考生中我的成绩有多么突出，而是因为在我们那个小镇里，除了我之外从未有任何学生参加过普林斯顿、哈佛或耶鲁这类顶尖名校的入学考试。所以那一年的奖学金，在我们那里提出申请的只有我一个人。再加上像耶鲁这样的名校常常十分重视校友群体的地域性，换言之，往往倾向于从考生来源较少的地区录取新生，所以我才会有这份双倍的幸运。既考上了耶鲁，又拿到了奖学金。

当然，这是后话。彼时的我并未彻底参透这一层，对耶鲁大学的了解也不是很多。只是觉得自己很幸运，甚至幸运得有点过了头，以致让人有些不安。

犹记得当年办理入学手续时的一个场面。

在耶鲁大学新生入学事务所里，我问那里的一个办事员："可不可以告诉我，我是怎么考入这所大学的？"

他答："你的成绩特别好。在你们学校100个考生中，所有科目的考试你都名列第一。"

我知道他没说实话。因为我的学校每个年级只有40个人，何来100个考生？

莫不是校方搞错了？事实上我并没有真正考取耶鲁大学？

这个念头令我十分不安。整天担心接到学校的电话，告诉我他们犯了一个错误，而我需要卷铺盖回家。

"上帝啊，我到底应该怎么办？"我越想越慌，片刻不得安宁。

因为已经告知家乡的每一个人"我考取了耶鲁",所以打道回府对我来说不再是一个选项。

既来之,则安之。尽管依然心怀忐忑,丰富多彩的大学生活还是顺利地开始了。

>耐性、韧性、不懈地学习是永恒的成功法则>

与故乡小镇的学校不同,作为世界级的顶尖名校,耶鲁大学会聚了全美乃至全世界最优秀的学生。课业的难度、强度之高,同学间的竞争之激烈是可以想见的。即便如此,我也从未想过放弃,每天拼命地学习,并取得了优异的成绩。

没错,凭借着不懈的努力,我不但在高手如云、强敌环伺的校园中顽强地生存下来,而且再一次成为所有学生中颇具代表性的存在,延续了当年"孩子王"的荣光。

现在想来,正是那段丰富而充实的大学时光奠定了我的人生基础。

在耶鲁上学的那些年,我的耐力和韧性均得到极大的锻炼;自主学习、独立思考的习惯与能力,也是那段艰苦的求学岁月培养出来的。而这些素质与经验,显然对后来的我有莫大的助益,说其改变了我的整个人生也不为过。

到今天我都认为,正是因为17岁那年步入了耶鲁大学的校园,现在的我才有机会在新加坡安度晚年,每天享受着子女绕膝、优哉游哉的天伦之乐。

关于考大学这件事,还有一个小插曲令我印象深刻,至今难忘。

除了耶鲁之外,当年我还报考了另一所大学。由于也被录取,所以我向那所学校缴纳了50美元的手续费。说起来,报考那所大学的时候,不只是我,连我的家人都已经忘了耶鲁的事,想必是因为没抱多大期望吧!没想到，没过多久我便收到耶鲁大学的录取通知书，并幸运地得到了奖学金。

可是，我的父亲却并没有表现得很兴奋，甚至还有一些失落。因为我汇给另一所大学的50美元手续费已经不可能拿回来了。而这些钱在那个时代对一个小镇家庭来说是一笔不小的费用，需要攒很长时间。

当然，我的父母都是受过教育的人，知道"考上耶鲁"意味着什么，也都发自内心地为我高兴。只不过，白白浪费了一大笔钱，他们的心情有些复杂罢了。因为这些钱本来真的可以为这个七口之家做许多事。

与我的父母不同，乡里的多数人对我考上耶鲁这件事都没什么概念，甚至还有不少人对这所大学一无所知。所以他们得知这个消息时的惊讶，也许并非出自对我的艳羡与肯定，而是不明白我为什么会去一个他们甚至从未听说过的地方。

可以理解，毕竟那是一个远隔千里，从未有人去过的地方。

所以在我的整个大学生涯中，小镇里没有人知道我去的地方到底在哪里，以及我在那里到底在做什么。从某种意义上讲，我从人间"蒸发"了。

>走得越远，学得越多>

在耶鲁校园里，我的大多数同学都出身于富裕家庭。他们成长的环境都要远优于我，许多人都是名门寄宿学校的毕业生。

与小镇出身的我相比，他们的视野更广、知识面更宽，经历也更为丰富。无论是去海外旅行游览罗马，还是到纽约体验"世界之都"的繁华，他们饱览了这个世界，知道了太多的东西。这令我羡慕不已。

显然，在受教育的水平上，我们之间存在着巨大的落差。

与这样的对手竞争会经历什么，我心知肚明。

耶鲁是私立大学，跟不上节奏的学生会被淘汰。而这种结果对我来说是不可想象的。因为那将使我无颜面对家乡父老，甚至会玷污家族的荣誉，让父母家人蒙羞。

耶鲁之行只有单程票。既然来了，就绝不能回去。我只有破釜沉舟，咬牙坚持到底。

不过，成长与教育环境的不同对我而言也有一个明显的好处，那就是与大多数同学相比，我对于事物的看法往往更独立、更深刻，能从他们闻所未闻、想所未想的视角去解剖事物、分析问题，因此经常会有一些让他们觉得很"奇葩"的灵感与主意。

由此，我悟到了一个重要的道理：远离家乡这件事本身，就是最高的教育。

换言之，离自己的舒适区越远，你看到的世界、接触到的人就会越不同，你就会有越丰富的灵感、越深刻的思考、越珍贵的经验。总之，走得越远便会有越多、越好、越不同的收获。而这些收获绝不亚于你从课堂上、书本中得到的东西，甚至犹有过之。

悟到这一点，对我的人生产生了极其重要的影响。从耶鲁毕业之后，我之所以决定远赴大西洋另一端的牛津大学继续深造，很大程度上就是因为这个原因。

说起牛津大学，记忆中的桥段还真是不少。

记得还在耶鲁求学的时候，我便已经打算出国留学，而目标则直指英伦列岛上的另一所世界顶尖名校牛津大学。

不过，坦白说，当时我的应考准备并不十分充分，所以对能否顺利考取牛津大学心里完全没底。

幸运的是，梦幻般的现实再一次发生。牛津大学的校门竟然为我敞开了。

耶鲁大学毕业后，我跨越重洋来到英国，进入心仪已久的牛津校园读书。这个结果令我愈发坚定了一个认识，即接受教育、获取知识最大的好处之一，就是有资格、有能力，也有动机去往远方，去见识并且享受一个崭新的世界。

换句话说，只有教育才是那把爬出深井的梯子。除了教育，没有第二种可能。

所以，对我自己的孩子，我经常这样说："无论哪里都好，去你最喜欢的大学吧！哪怕那所大学远在天边也没关系。"

记得日本有一句古老的谚语是这样说的：如果你真爱自己的孩子，那就应该送他出门，去完成一次长途旅行，走得越远越好。

诚如此言。

对多数孩子来说，上大学是人生中第一次"走出家门看世界"的机会。既然如此，就不妨走得远一些，再远一些，去看一个真正意义上完全陌生的新世界。

当年的我就是这么想的。"只要走出国门，一定会有许多机缘，发生许多好事！甚至是自己从未想象过的事。"这个念头，哪怕只是想想都令人激动不已，禁不住跃跃欲试。

果不其然，也许是命运的安排，牛津之行让我得以避开越南战争的征兵运动，不必奔赴那个残酷的杀戮战场。显然这件事也是我人生中最为重要的事件之一。

我之所以想去牛津，还有一个重要的理由。

在耶鲁上学时，我参加了学校的划艇俱乐部。划艇的世界里，没有什么比牛津与剑桥之间的赛艇运动更著名的事情了。还在耶鲁的时候，我就对亲自参加这项赛事心向往之，始终不能忘怀。由此，"去牛津"这个信念也便愈发坚定。

事后我才意识到，即便在英国本土，当年渴望参加这项赛事的年轻人也非常之多，所以竞争极其激烈。而所有人都想出战的这个赛事居然选中了我！一个远道而来的美国年轻人！

是的，赛事组委会通知我可以参加大名鼎鼎的牛津战队，对抗同样鼎鼎大名的剑桥战队！

再一次，我不敢相信自己的耳朵，以为自己听错了。而事实也再一次证明了我的幸运——我参加了比赛，并最终赢得了比赛，为牛津捧回了一座金光闪闪的奖杯。

对我来说，这是一个极爽、极棒的经历，是人生中难得的一大成功。

自此，无论是耶鲁还是牛津，我的大学生涯堪称圆满，没有什么遗憾了。我在这两所大学均度过了精彩的日子，并得到丰厚的回报，令我对未来的人生之路愈发信心十足、跃跃欲试。

>在牛津学到的东西>

大学时代，我最喜欢的学科就是历史。刚入学时，我总是跑去听历史课，每一次都听得如醉如痴、意犹未尽，于是干脆选了历史专业作为我大学四年的专攻方向。

当然，除了历史之外，耶鲁大学可供选择的专业还有很多，比如工程机械和外语等领域，耶鲁的教学水平也有着世界级的声誉。可这些专业既不是我的专长，我也没什么兴趣，唯有历史让我喜爱有加，即便今天也极为热衷。

换言之，在我十八九岁的时候，我便已经与自己真正热爱的事物相遇。能够做自己喜欢的事，学自己喜欢的东西，实在是人生的一大幸事。

一直到今天，我都会有意识地引导孩子们阅读历史类书籍，并尽可能地寻找机会和她们聊聊历史，彼此交换一下各自对历史人物和历史事件的心得。

从耶鲁毕业，迈进牛津大学校门后，我选择了进修PPE（哲学、政治学和经济学）专业。说实话，对那时的我来说哲学并不是一个强项，学起来颇为吃力。可今天想来，正是在牛津大学接受的哲学教育奠定了我的人生基础。

今天的我，有着哲学专业的名誉博士学位。可这并不意味着我有多聪明多厉害，而是因为我笨鸟先飞足够努力，且从未停止过努力，也从未怠慢过学习。因为我深知自己对成功的渴望有多么强烈，并且深刻地认识到唯有不懈地学习，终身学习，才是通往成功的唯一路径。

犹记得牛津毕业式上授予学位时的场景。

牛津大学的学位分为三个等级。以学习成绩为依据，从上到下依次分为一等、二等和三等。我获得的是二等学位。

持续了近两百年，享誉世界的"牛津剑桥划艇赛"每年都能吸引差不多25万人，看客与粉丝相聚在美丽的泰晤士河畔共襄盛举。

由于对抗双方均着蓝色赛服（牛津为深蓝，剑桥为浅蓝），所以这个著名赛事所使用的划艇也被称为"蓝艇"。

毕业式那天，授予我学位的教授知道我是蓝艇的划手。

按照传统，被选为赛队划手需要很长的训练和考核时间。一般来说，这个选拔过程至少需要三年。而当年的我在牛津大学上的是两年制的课程，也就是说，在学校乃至英国能够逗留的时间总共只有两年，所以能如此迅速地成为赛队划手，堪称一个小小的奇迹。

不过，这个小奇迹在那位教授眼里却未必是什么好事。因为在他看来，这也许意味着我是一个热衷于课余活动而无心学习，头脑简单四肢发达的笨蛋。所以，当他意识到我获得的居然是二等学位时，脸上满是惊讶的表情。而那张惊讶的面孔，也深深地刻在了我的脑海中，至今难以忘怀。

>"华尔街人生"的起点>

我与华尔街的缘分始于在耶鲁求学的大学时代。

那时，即将跨出耶鲁校门的我去牛津深造的事已经确定。我甚至开始为自己规划将来从牛津毕业后的出路。我的面前有三条路可选，即去"法学研究生院""经营学研究生院"抑或"医学研究生院"进修相应学科的硕士学位。

不过，到底应该怎么选才好，我有一些犹豫，迟迟做不了决定。

然后，某一天耶鲁的校园里来了一家招聘员工的企业。在那家公司的展位前，挤满了咨询和应聘的学生。我感到很好奇，也忙去凑热闹。走近摊位才知道那是一家华尔街的金融机构，而彼时的我对华尔街以及金融这个行业所知甚少，所以并不十分感冒，在那儿待了一会儿便欲转身离开。

没承想，面试官却似乎对我很感兴趣，急忙叫住我，热情地邀请我暑假时作为实习生到他们公司试一试，跟我说也许干上一阵之后会爱上公司以及这个职业也未可知。

说实话，对于华尔街，我唯一知道的事情就是这条街在纽约，而且1929年曾经倒过大霉。除此之外一无所知。可即使如此，喜欢挑战的我还是接受了那位面试官的邀请，决定去那条著名的街碰碰运气，长长见识。

于是，在牛津上学的那两年里，我每年的暑假都会赶回美国，去纽约的华尔街实习。从牛津毕业时，我已经在华尔街实习了两个假期，并深深地爱上了这条街以及这里的工作。

本来，我的打算是牛津毕业后继续前往法学院攻读法学硕士学位。可因为爱上了华尔街，我便放弃了这个想法。

那时的我已经归心似箭，做梦都想早一天飞回那个令我心驰神往的地方，早一天投身金融的世界。

虽说现在想来有点可笑，可初涉华尔街时，我曾一度以为股票和债券是一回事，完全不知它们之间有何区别。

就是这样一个初入职场的菜鸟，穿着自己新买的西装，打着自己不习惯的领带，满怀热情地一头扎进了金融的海洋。

尽管对金融到底是什么一无所知，可正因如此，在华尔街的每一天都充满了新发现，新刺激，这让我倍感兴奋，激情洋溢。

只要对这个世界上正在发生的事进行深入调研深刻理解，华尔街就会付给你金钱。而这一点，是我的最爱。

没错，其实我真正喜欢的，与其说是金融，是华尔街，倒不如说是我们生活的这个世界本身。我太喜欢研究了解这个世界了。说得夸张一点，世界上发生的每一件事都能牵动我的心弦，激起我探究一番的兴趣与欲望。而华尔街不但能满足我的这个欲望，甚至会为此付我工资，为我的兴趣买单！这简直是天作之合，华尔街是我命中注定要待的地方。

我发自内心地感谢上帝，发自内心地庆幸自己找到了这个世界上最好的工作。

在华尔街的第一份工作是做调研。一种非常简单的背景调研以及初步的趋势分析。在那之前，我真的不知道仅凭了解我无比热爱的这个世界上正在发生的事，居然就可以赚钱。

智利有什么机会，日本的情况又如何……尽管所有这些都是未知的领域，可正因未知，才勾起我强烈的好奇心和求知欲。凭借着巨大的热情，我不知疲倦地调研着奔波着，不断地寻找优质的投资对象，也不断地享受工作带给我的成就感与快乐。

>创立"量子基金">

在华尔街，我邂逅了一位对我人生而言非常重要的人物。

这个人的名字叫乔治·索罗斯。

当时我正在找工作，经过一个朋友的介绍，认识了索罗斯。正好他也在寻找一个年轻能干的分析师，而我的能力和人品给他留下了不错的印象，于是他爽快地决定录用我。

新的职场对我来说有着无穷的魅力，每一天的工作都可谓快乐至极。

做自己想做的事，让自己快乐的事，结果当然也不会太差。没过多久，我便初尝成功的滋味。

再然后，我和索罗斯的关系从老板与雇员变成了合作伙伴。而我们这对伙伴事业的巅峰之作便是共同创建了后来广为人知的"量子基金"。

仅用十年时间，量子基金的投资便赚取了42倍的惊人回报，而我本人也顺利地挖到人生中的第一桶金。

不过，在一棵树上吊死不符合我的个性，永远体验不同的人生才是我的信条。这个性格特点与我的出身有关。正因为在那样一个井口般狭小的空间里出生长大，所以无论如何都要跳出去，都要挣脱束缚、脱离舒适区，到一个更大的世界里探探险开开眼界，这样的欲望与冲动已经深深地刻进了我的DNA。

事实上，即便是五十年后，在互联网乃至移动互联网技术如此发达、如此普及的今天，在仅用一台电脑或一部智能手机便能找到全世界几乎所有领域的所有信息的当下，把我锁在电脑或手机这些网络终端设备上使我动弹不得也是不可能的事。因为对我来说"行万里路，读万卷书"是不可能也更不应该变更的世界观。所谓"百闻不如一见"，网络终端给你的东西再多，如果没有亲赴现场，没有亲眼所见、亲身体验，你的见识将依然有限，依然停留在井底，根本不会有多大长进。

不只如此，甚至还会有负作用。如果你把自己深锁一隅，仅靠互联网这一个窗口看世界，将不可避免地只去接触自己愿意相信愿意接受的东西，反之，那些你不相信不喜欢的东西你则会敬而远之，本能地予以排除。这就会让你掉进"偏听则暗"的陷阱，被许多偏颇甚至偏执的东西洗脑，从而误入歧途，深受其害。

可见，如果你想真正了解抑或深刻理解一个事物，唯一正确的办法就是收拾行囊，亲赴现场。让自己置身其中，用自己的眼睛观察，用自己的皮肤感受，用自己的脑袋思考。除此之外，别无他法。

所以，1980年，我37岁的时候，决定离开量子基金，踏上人生新的征途。

我渴望冒险，随时做好了经历更多冒险的准备。有关这些经历的细节，可以参考拙作《罗杰斯环球投资旅行》一书。

总之，离开量子基金后，我骑着摩托开始了周游世界之旅。我游历了欧洲、非洲、中国等国家和地区，亲眼见识了那里的风土人情、社会百态，学到了无数受益终身的新知识、新经验。

>与经营学相比，历史和哲学对人生更有用>

以我半世纪的职业经验，我可以非常肯定地说："如果你想成为一名真正的投资家，千万别进商学院，而要多多学习历史和哲学。"

在华尔街工作的时候，我最重视的一件事就是切实掌握我们这个世界的运行规律。而做到这一点，显然历史是最好的老师。历史不但告诉了我们世界处于永恒的变化之中这一事实，还教会了我们驱动所有这些变化的内在规律。

几百年来大英帝国的荣枯盛衰，第二次世界大战中盟军与纳粹的殊死搏斗……当每一个历史事件发生时，世界到底是如何运作的，到底是哪些因素促使了那些事件的发生，事件的发生又对其后的世界带来了什么样的影响，而这些影响和我们今天的生活之间又有什么内在联系……如此这般反复思考、探索与实践，下一步应该怎么办、往哪儿走，你就会得到许多宝贵的灵感。

说实话，除非得到高人指点，否则没人能知道到底学点什么才对自己真正有用。

当年的我也一样。尽管在耶鲁求学时酷爱历史，却做梦也没想到这门专长有朝一日会帮助我在华尔街大展身手，会和"金融"这个职业产生莫大的干系。因为彼时对华尔街，我完全是一无所知的状态，从未将其与我的人生连接在一起。

同样的道理，在我远赴牛津深造的时候，也对哲学毫无兴趣。只是因为我选择的专业中哲学是必修课，所以才不得不学。那时，我真正想修的课程是政治和经济，哲学课对我来说等同于"捆绑销售"。同样地，我做梦也没想到，正是这门当年我并不想修的课程，几乎从根本上改变了我的人生。

总之，在耶鲁学历史、在牛津修哲学的我，当年并不知道这两门学科对未来的人生将有何用。所以今天回首往事时，与其说惊讶于自己当初的先见之明，不如说感叹自己的好运气。上帝保佑，让我在迈入职场之前，阴差阳错地接触了两类极其有用的知识。

问题在于，同样的幸运未必会眷顾每一个人。所以从我这样的老一辈人的经验中获取某种灵感，也许对诸君的人生颇有助益。

那位说了："哲学与商业、金钱之间到底有什么关系？前者是阳春白雪，后者是下里巴人。两者之间难道不是风马牛不相及吗？"

在回答这个问题之前，我想先讲一个有趣的小故事。

记得在牛津上哲学课时，曾经有位同学提了这样一个问题：太阳从东方升起，你为什么知道这件事？

废话，这件事是个人都知道。我感到很无聊，觉得提问题的那个人简直就是一蠢货。

可经过一段时间的学习之后，我赫然发现真正愚蠢的是我自己。因为哲学告诉我们，这个世界上存在的每一件事都没有什么"想当然"，必须要追本溯源，参透事物的本质，你才能做到真正的"知道"。否则，就是只知其一，不知其二；只知其表，不知其里。即我常说的"知其然，而不知其所以然"。

所以，许多看似的"知道"，其实恰恰是"无知"。而从无知到有知，从有知到深知，唯一的途径就是哲学。这门学科能够极大地锻炼一个人的逻辑力、思考力、理解力和结构力。而这些能力最终将演化成一个很厉害的本事，也就是"洞察力"。拥有洞察力的人，一眼就能看穿事物的本质，瞬间就能看到别人看不到的地方。他们之所以能如此快速地反应，绝不是一朝一夕之功，而与长年哲学素养的修炼有着莫大的干系。

遗憾的是，真正明白这件事的人，实属凤毛麟角。大多数人遇到真正的高人、高见以及这些高人、高见所创造的奇迹般的成就时，往往很难往"哲学"二字上联想。而这一点，恰恰是最大的命门。

当然，哲学素养的修炼场绝不仅限于学校的教室和图书馆。不夸张地说，你人生中的每段时间、每个场所都是哲学的课堂。

还记得孔子的那句名言吗？"君子无终食之间违仁。造次必于是，颠沛必于是。"这就是哲学修养的真谛。

总之，无论是你自己，还是这个世界，都值得你去思考，不断地思考；探索，不断地探索；理解，不断地理解。这一过程本身就是你的活法，实现这一活法的工具就是哲学。从哲学中想明白你从前以及现在的人生，再用哲学去指导你未来的人生。如此这般持续实践下去，无论你从事的是何种职业，想不成功都难。

说来可笑，年轻时的我曾一度认为哲学家都是一些天天做着无用、无聊的事，从而把所有时间全部白白浪费掉的傻瓜。后来才知道我的这个想法本身是多么愚蠢、多么幼稚。因为这个世界上没有什么比哲学的使命，即对事物本质的思考更重要的事情了。这一点，活得越久感受越深。

>经历人生最大的危机>

对我而言，人生最大的危机是什么呢？

我在前面说过，在我职业投资家生涯的早期，我便曾失去过一切。问题是，由于彼时的我几乎没有什么像样的资产，所以那一次的经历到底算不算"危机"真的很难说。不过，尽管损失掉的不是什么了不起的金额，但那件事对当时的我来说也依然是个极大的打击。

毕竟，我失去的是自己拥有的一切，所以是一个非常不愉快的体验。

那是一段充满戏剧性，犹如坐过山车般的经历。

本来，由于充分的准备、精确的分析和果断的行动，我当时的投资一度收获巨大的成功，仅用五个月便令手头的资金暴增了三倍。而与此同时，由于算错行情、误判形势，我身边有不少人倒了大霉，破产的破产、自杀的自杀，景况异常凄惨。企业的状况也好不到哪里去，天天都能听到大量各类公司倒闭的消息。就是在这样的背景下，我的投资赚到了三倍的回报。

这令我倍感自豪，觉得自己天生就是干这行的料。可好景不长，仅仅两个月之后，由于一个小小的失误令我大意失荆州，我又失去了一切。不但回吐了全部收益，连本金都输得精光。

我的投资事业刚开始没多久，便坠入谷底。这令我倍感沮丧，也使我茅塞顿开。我终于意识到自己的问题所在，即我远不如自己想象得那般冰雪聪明、天赋横溢。之前的那种自我认知是有害的，让我对自己的才华与能力盲目自信，从而失去了对投资这件事的敬畏之心。

换言之，我终于明白自己是多么的无知无能，终于意识到自己的每一个成功都或多或少有运气相伴，而运气这个东西是绝不可以也不应该主动指望与依靠的，否则必将自食其果。

对我其后的整个投资生涯而言，这一次的经验教训无疑是一笔宝贵的财富，让我心里有了底，明白了下一次危机到来时到底应该怎么做。也就是说，从这一次经历中，我学会了克服危机的方法，掌握了生存下来的技能，参悟了获取成功的秘诀。总之，受益匪浅。

其中，最大的收获之一就是"忍耐"二字。这两个字也是我面对自己的孩子时，时常挂在嘴边的口头禅。

忍耐，再忍耐，绝不放弃、绝不后退、永远向前。在很大程度上，成功是忍出来的，事业是熬出来的。为了实现人生的终极目标，对我而言，没有"忍无可忍"这一回事。

SIX

世界将往何处去？

TIPS

危 机 时 代

改革开放以来中国发生的巨变，不仅从根本上改变了这个国家自身，还极大地改变了亚洲，改变了世界。所以，显然"改革开放的总设计师"邓小平先生是一个可以被载入史册的真正的智者。

现如今的中国本身，便正在书写历史。

>脱欧闹剧害惨了英国>

让我们把视线转向欧洲。

即将脱欧的英国，将面临什么样的命运？

再重复一遍，我认为"对外开放"这一点，是任何一个国家想要长期繁荣必不可少的前提。所以，如果我是英国公民，一定会毫不犹豫地在脱欧公投中投出反对票。

诚然，无论是欧盟自身，还是继续留在欧盟这一选项都有许多问题，确实难言十全十美。可即便如此，保持开放、留在欧盟对英国来说也是毋庸置疑的上策，本不应有所犹豫，更别说试图推翻了。理由很简单，经过二十年的发展，欧元已经成为仅次于美元的强势通用货币，而持续了半个多世纪的欧洲共同市场自由贸易圈，对一国经济来说也是有百利而无一害。

但是，必须承认，位于比利时布鲁塞尔的欧盟总部确实存在问题，且问题的严重程度堪称噩梦。具体表现在官僚主义盛行、信息匮乏以及信息传递不利，明显拼凑而成的行政机构臃肿怠惰、管理松散、效率低下，严重缺乏靠谱的领导力和执行力，甚至连公信力都存在问题。

关键在于，欧盟总部的官僚大人们不务正业，天天津津乐道的都是各种"如何施加限制"的话题。所以对英国人来说，如果当年能有一个投票决定是否解散欧盟总部的机会，恐怕就不会搞那个损人不利己的脱欧公投了。而且欧盟总部的解散不仅有利于英国，对整个欧洲而言都是一个莫大的福音。

即便如此，留在欧洲自由贸易圈依然是绝对的上策。英国应该选择"留欧"而不是"脱欧"。

如果从今往后欧盟内部有更多国家产生脱欧意向，试图步英国后尘，那一定与布鲁塞尔的官僚主义作风有莫大关系。所以，亡羊补牢，为时未晚，趁事态进一步恶化之前，对欧盟总部进行彻底改革，使其更精简化、务实化、效率化已成当务之急。

总之，对欧盟来说，统一的货币、自由的贸易是好东西，而官僚主义则是致命的弊病。所以对于英国的脱欧之举到底是利大还是弊大，人们各执一词、莫衷一是。而我的看法则是，即便欧盟弊病缠身，亟待改革，可无论如何离开乃至拆散它都不是一个良策。如果一定要拆的话，不要拆欧盟本身，只把它那臃肿懒散的行政机构拆掉即可。

>国家解体的可能性>

脱欧一旦成真，甚至有可能导致英国这个国家解体。

之所以这样说，是有原因的。

2016年脱欧公投时，苏格兰的留欧派势力远超脱欧派。换言之，苏格兰并不想脱欧。所以英国一旦脱欧，苏格兰的去留便会成为一个大问题。再加上苏格兰境内向来存在比较强烈的要求独立的声音，与英国的政治关系一直比较紧张，所以借这次脱欧之机，与英国彻底分道扬镳的概率急剧上升。

之所以会这样，经济要素是一大诱因。苏格兰坐拥石油储量丰富的北海油田，而这个油田被其境内的独立派视为一个主要财源，渴望着能够独享其利；而自然资源匮乏的英格兰则恰恰相反，无论如何不愿失去这条维系国民经济的生命线。

当然，英格兰与苏格兰之间的问题远不止经济纠纷这么简单。各种宗教、民族、政治、传统文化等方面的历史恩怨其来有自、源远流长。所以二者的关系即便始终若即若离，却也早已同床异梦。矛盾爆发、分道扬镳是大概率事件，脱欧导致的去留问题仅仅是一个导火索而已。

不仅是苏格兰。北爱尔兰的状况也令英国政府头痛不已。

与苏格兰一样，这片"大不列颠及北爱尔兰联合王国"土地上的人民也在2016年的脱欧公投中投了反对票，即赞成脱欧的人远少于反对脱欧的人。

说起来，北爱尔兰与位于其南部的爱尔兰虽说是两个不同的国家，可因为同时加入了欧盟，所以迄今为止在人文交流和经济往来方面异常频密、自由。但是，一旦英国脱欧，所有这些便利都将发生变数。因此对北爱尔兰来说，和英国分手，再与爱尔兰结缘是一个非常自然的选项。

曾几何时，北爱尔兰与爱尔兰之间存在着比较严重的宗教冲突。后者多数国民信奉天主教，而前者除了有一部分民众信奉天主教，还有相当一部分民众信仰新教。持有不同宗教信仰的民众之间曾经龃龉不断，甚至一度彼此憎恨。这一点，是有着深远新教信仰传统的英格兰之所以能长久统合北爱尔兰的原因之一，也是北爱尔兰与爱尔兰之间的关系长期不睦的一个因素。

换言之，宗教信仰问题对英国而言，曾是一块维系国体稳定的重要基石。但时光荏苒，岁月如梭，现时已是2020年，今天的地缘政治环境与当年不可同日而语。对北爱尔兰和爱尔兰来说，同处欧盟的两地民众经过长期的交流、融合，现如今心中的芥蒂已远不如当年严重，再加上脱欧闹剧的上演进一步拉近了两者之间的利益和价值取向，所以北爱尔兰"脱英入爱"的可能性绝对不容小觑。

不仅如此，脱欧给予英国最大的打击，恐怕是来自它的首都——伦敦。

一旦脱欧成真，欧洲大陆的人们将不会再把伦敦视为一个天然的经商据点。"英国已不属于欧盟。所以与伦敦相比,法兰克福、阿姆斯特丹、巴黎也许更适合做生意",心生这种念头的人恐怕不在少数。

于是,受到孤立的伦敦将会逐渐没落。如果此时苏格兰人再落井下石,通过独立公投离英国而去,顺便捎走英国的命根子北海油田,那么这个国家还能剩下什么呢?

当然,英国的名菜"炸鱼薯条(Fish and Chips)"会保留下来,可这份遗产对国民经济来说显然能起到的作用极其有限。

常言道:"天下大势,合久必分,分久必合。"

从历史上看,在成为所谓"联合王国"之前,英国从来不是一个真正意义上的统一国家。英格兰、苏格兰、威尔士、北爱尔兰,这几个地方从来都是单独存在的,是各自为政的独立国家。

以"大不列颠及北爱尔兰联合王国"之名被世人所知的大英帝国,实际上诞生于19世纪初,距今只有两百余年的历史。这就意味着,这个国家的历史并没有人们想象得那般悠久,根基也并没有人们以为得那般稳固。所以,如果苏格兰与英国分手,那么北爱尔兰很有可能会步其后尘、如法炮制。那时,英国的解体便是一个顺理成章的剧本了。

但是,我们必须要记住:国家的分裂对人类来说常常是一个灾难,而不是一种福音。

不妨回望历史,看看那些家国分裂的案例都给人类带来了什么。

当"捷克斯洛伐克"变成"捷克"和"斯洛伐克"时,当南斯拉夫分裂成数个不同国家时,到底发生了什么,抑或有任何好事发生呢?

历史已经给出了清晰的答案。国家的分裂,不但会导致经济的衰落、民众的仇恨与对立,甚至还会引发战争,造成国土荒废、生灵涂炭的严重后果。

当然,作为老牌资本主义强国,即便国家解体,英国也未必会发生新教教徒与天主教教徒之间互相杀戮的事件。可就算如此,作为世界经济的一个重量级成员,如果英国解体,至少经济影响力将是爆炸性的,其波及效应绝不可能仅止于英国本土，而是会瞬间传遍全世界。

因此，不仅是英国人，全世界人民都应对这件事保持高度警惕，万万不可大意。

前车之鉴何其多也。

埃塞俄比亚是一个统一的多民族国家，但各种宗教与民族矛盾曾一度深深困扰着这个国家，人民之间的关系也曾长期不睦；苏联解体后，俄罗斯与某些苏联加盟共和国之间也曾矛盾不断，问题甚至严重到偶尔会引发战火。

遗憾的是，英国的某些政客却完全无视历史教训，依然不计后果地踏上了脱欧这条不归路。

"终于成功了！"当脱欧公投结果公布时，某些英国政客喜极而泣。为这一结果欢呼雀跃的，还有无数普通民众。

冰冻三尺，非一日之寒。

显然，无论是政客还是普通人，英国人的心中淤积了太多的不满，且这种不满必须要找到一个发泄的出口。这件事一定会发生，只是早晚而已。

问题在于，他们不满的东西，愤怒的标的到底是什么，却极少有人真正知晓，包括这些人自己。总之就是要发泄，就是要做点什么，否则绝不甘心。

尽管受到英国人的种种指责，欧盟也仅仅是一个替罪羊而已。它只是在英国人的怒火不可遏制地喷发出来时，刚好站在了枪口前。这就意味着，即便成功脱欧，英国人的不满以及不满背后存在的深层原因也未必能真正化解，恰恰相反，脱欧的沉重代价甚至会进一步恶化这些不满及原因，而那时的英国人已经没有了现成的替罪羊和发泄对象，将不得不面对一个无比尴尬的局面。而同样尴尬的，还有英国之外的整个欧洲大陆。

这就是我对欧洲局势的看法，大家不妨拭目以待。

>离开欧盟的"兄弟"，英国是第一个，但不会是最后一个>

真正的风险是，欧洲大陆上还有很多国家的政客，恐怕也会萌发类似的念头，进而追随英国的脚步，试图脱离欧盟的束缚。

之所以这么说，是因为英国的成功脱欧，给欧盟"牢不可破"的局面生生地打开了一个豁口。当第一张骨牌被推倒时，后面会发生什么便可想而知。

事实上，意大利、法国、西班牙等国家已经出现不少主张脱欧的政客，并得到许多民众的响应。既然高举脱欧大旗能获得民众支持，博取政治资本，让自己在选举中得到更多选票，那么"脱欧"本身就会成为一种时髦，令无数政客趋之若鹜。

正因如此，当我们展望未来时，会发现英国是离开欧盟的第一个国家，却不大可能是最后一个。

还记得我说的那句话吗？所有我们以为的"常识"，每隔十五年大概率事件会变成"非常识"。尽管今天我们认为理所当然，可十五年后的世界也许与今天我们熟悉的样子大为不同。

今天我们无比相信的东西，许多年后也许会赫然变为一个荒谬的幻象。这才是历史的常态。

假设你生活在1930年相对富裕和平的日本，会想到1945年的日本会因为发动侵略战争而变成一片焦土吗？假设你生活在1998年受到亚洲金融危机波及的中国，又能想到2013年的中国是如此繁荣吗？

如果有时光机器，可以让人们回到十五年前，当被告知十五年后的世界是什么样子的时候，又有几个人会真正相信？可历史就是历史。短短十五年时间，足以让世界发生沧桑巨变。而探索这种巨变背后的成因，则是人类永恒的课题。

1931年，日本悍然侵占中国东北，从而亲手毁掉自己的好日子，把整个国家引向一条自我毁灭的不归路；2001年，中国成功加入世贸组织，从而走上长达十余年的"开挂"之路，不但顺利地把自己拉出金融危机的泥潭，还极大地促进了全球经济的发展。

可见，历史的戏剧性转换既是天意，也在人为；既是大自然的客观规律使然，也是人类主观动机与客观行为的产物。

人类在关键的历史节点是否能做正确的事，其结果可谓天壤之别。

今天英国的脱欧乃至特朗普发起的贸易战，就是典型的人为事件。而这些事件将会如何影响历史的进程，值得我们持续关注与深思。

>"金融中心"的地位悬了>

前面提到，一旦英国脱离欧盟，受害最深的恐怕是其首都伦敦。

英国的脱欧，可能会引发苏格兰和北爱尔兰的"脱英"，那时这个国家的状况将发生致命的混乱。由此，与伦敦相比，阿姆斯特丹或柏林等地将具备更好的营商环境，进而促使大批跨国公司将其地区或全球运营总部从伦敦转移到其他欧洲城市。

不过，伦敦证券交易所的高管们可能会有不同看法。他们也许会认为，即使脱离欧盟，伦敦作为与纽约并肩的世界顶级金融中心的地位也会屹立不摇。

但是，我却有不同看法。

我从不认为伦敦是欧洲天然的金融中心，处于不可替代的位置。理由很简单，任何金融中心的成立基础都是企业的经济活动。没有了企业的经济活动，也便没有了融资的必要；没有了融资需求，也便没有了设计、制造各种金融产品并频繁交易的必要。而所有这一切，都是一个金融中心得以存在的基本前提。

伦敦的情况则恰恰违反了这个前提。

具体地说，既然企业已经远离了英国，便完全没必要舍近求远，再费劲巴拉地跑去伦敦融资。与之相比，把涌入大量跨国公司的新城市拥立为新的金融中心，才是一个更为合理的选项。而当事国的政府，也必然会出台各种政策予以积极配合，让新的金融中心尽早步入正轨。

换言之，脱欧赶走了企业，企业带走了经济活动，也便带走了融资需求以及一系列的金融操作的必要性。再加上以欧洲大陆的整体发展水平，找几个具有良好营商环境和金融基础的城市并不难。因此，伦敦的金融中心地位何止谈不上不可替代，甚至几乎称得上岌岌可危。

没错，金融交易方面的历史、经验和人才是伦敦的财富与核心竞争力的体现。问题是，这些财富并非一成不变抑或不可转移的。常言道："人往高处走，水往低处流。"随着与欧盟之间产生一道深深的鸿沟，以伦敦为据点的海量金融机构以及这些机构中的金融人才自会选择投奔新的机遇之地。企业和人走了，经验、技能与知识也会跟着走。剩下的，无非是钢筋水泥的建筑物罢了。

所以，如果法兰克福或阿姆斯特丹有朝一日取代伦敦，成为欧洲大陆的下一个金融中心，相信这个世界上没有人会感到意外。

说起来，即便那些声称"伦敦的地位牢不可破"的伦交所官员，恐怕内心深处也未必那么有底气。只不过碍于自身立场抑或是纯为自己壮胆，不得不这么说罢了。我们听听就好，不用太当真。

雪上加霜的是，与美国一样，今天的英国经济也存在着相当严重的债务问题，财政赤字的状况不断恶化。问题在于，与美国不同，英镑没有美元那样的霸权地位，所以无法仅仅通过印钞来解决问题。这就让英国政府陷入尴尬的两难境地，难觅真正有效的经济运营手段。

不仅如此，除了英语之外，今天的英国可以向海外出口的东西早已所剩无几。曾经享誉世界的汽车和摩托品牌如今已悉数被他国收于囊中，真正拿得出手的"英国制造"已然屈指可数。

也许教育是个例外。拜英语及那些享誉世界的名校之赐,国际教育现在是英国最主要的创汇手段之一。可除此之外,真正值得一提的产业是少之又少。即使是传统的出口产业农业,其发展现状也令人忧心,更别提高科技产业了。在许多高科技领域,别说欧美日韩,即使是中国这样的新兴国家,也已逐渐令英国黯然失色、自愧不如。

遥想一百五十年前率先完成产业革命的大英帝国,其经济发展水平是何其辉煌,何等令人艳羡!

包括制造业在内,那时的英国几乎所有产业门类均具有世界顶级的竞争力。蒸汽机、火车、造船、机械、钢铁、纤维……只要是你能想得到的主要工业领域,走在世界最前端的一定是英国。"英国制造"的标签如雷贯耳,以不可阻挡之势席卷了全世界。

三十年河东,三十年河西。今日之英国已经从"日不落之国"变为"日落之国",让人不禁对历史变迁的沧海桑田唏嘘不已。

正因如此,已在落日余晖下不断呻吟的大英帝国如果再脱离欧盟自由贸易圈的庇荫,将会面临何等前景是一件不难想象的事。

就算不存在苏格兰和北爱尔兰的问题,沉重的债务包袱也足以压垮英国。更何况英国人已经没有什么可以拿来卖给世界的东西了。即使是苏格兰的原油资源,也未必可以长久指望。毕竟现如今真正时髦的交通工具是电动汽车,且欧盟已经提出2040年所有机动车完全电气化的目标。换言之,燃油车的淘汰已是大势所趋,苏格兰的北海油田为英国创造财富的能力也将被大幅限缩,英国经济的前景愈发不明朗。

金融业的未来也不容乐观。

大英帝国的商业银行及投资银行曾经是全球金融业有压倒性优势的存在,在业内具有支配性的地位,是绝对的强者乃至王者。时至今日,这个世界上却再无任何伟大的英国银行。五十年前英国金融业群雄争霸、强手如林的场面,也许再也无法重现。

>离了谷歌和亚马逊就玩不转的瑞士法郎 到底靠不靠谱>

让我们把目光转向欧洲大陆的其他国家。

前面已经提到，即使是欧洲的经济优等生德国，现如今也已债务缠身，金融体系麻烦不断。其中德意志银行的问题尤为严重，高达50万亿美金以上规模的高风险衍生品存量（注意，这个数字将近美国GDP的3倍），不仅对德国，对欧洲，甚至对整个世界来说都是一颗可怕的定时炸弹，且是定时核弹。

另一个经济优等生瑞士的情况又如何呢？

答案是"不容乐观"。

我年轻的时候，瑞士法郎的信誉不亚于黄金，是"健康""稳健""安心"的代名词。因为该国货币的价值由黄金担保，并由瑞士这个国家举世皆知、有口皆碑的诚实守信的品质及卓尔不群的智慧所支撑，因此在国际金融界拥有牢不可破的崇高地位。

遗憾的是，曾经如此权威的瑞士法郎，今时今日已经沦为美国信息产业巨头谷歌和亚马逊的附属品。

事情是这样的。

瑞士中央银行购买了海量美国股票，尤以谷歌、亚马逊、微软等IT巨头的股票为多（注：截止到2019年，瑞士中央银行购买的美国股票共计2507类，总价912亿美元。其中上述IT巨头的股票占据多数份额）。

要知道，中央银行亲自出手在公开市场上购买个别公司的股票是极其罕见的行为，而事出反常必有妖，这一冒险之举显然会埋下巨大的经济隐患。

因此，我们可以这样认为：现如今瑞士法郎的价值支柱是亚马逊等美国巨头的股票价格。这就意味着，一旦股市有个三长两短，这些巨头的股价大幅跳水，瑞士法郎便会蒙受巨大的贬值压力，甚至有可能陷入主权货币的危机状态。

除了极少数内行，这个现实及其内在逻辑鲜少被人真正意识到。可谓

"细思极恐"。

不要误会。我并没有任何质疑亚马逊等IT巨头的意思。这些企业无疑是好企业，拥有雄厚的实力和良好的信誉。我只是想说，再好的企业也无法决定股市的动向。所以拥有企业的股票这件事本身具有很高的风险。即使是央行也不例外。

对股市来说，跳水乃至崩盘都乃兵家常事，并不新鲜。这一基本规律绝不会因为个别企业的良好表现而有所改变，也不会因为股票持有者是央行而发生逆转。

所谓"皮之不存，毛将焉附"，就是这个道理。

一般认为，欧洲大陆上的经济优等生，有德国、奥地利、荷兰、瑞士这样一些国家。可正如我在前面所说，现在这些一贯表现优异的"好学生"，也开始令"班主任老师"忧心不已。

你想想，连极具权威、深受信赖、无比专业的瑞士中央银行都开始直接染指美国商业公司的股票，这是一个什么样的时代？

起码对我这个资深职业投资家来说，这简直是一个梦幻般的现实。

瑞士和德国这样的优等生尚且如此，"班里"的那些老大难"差等生"也就可想而知了。意大利、葡萄牙、西班牙这些欧洲大陆的老牌经济困难户，今天的日子均过得极其艰难，被无数严重的结构性问题深度折磨，苦不堪言。

>世界经济重心的"东移进行时">

从今往后，世界经济的重心将会转向东方。

我个人格外关注的国家是中国和俄罗斯。这两个国家有几个共同点：储量惊人的自然资源、众多的人口、卓尔不群的军事力量，且两个国家均位于世界的东方。

这并不意味着中俄两国的价值观取向与我个人完全一致，可即便如此，作为一个美国人，我看得懂世界地图，也有着丰富的外游经验，因此知道俄罗斯有规模巨大的天然资源，知道中国有广阔的国土、庞大的人口和聪明的头脑。

重复一遍，1910年的大英帝国是世界上唯一的支配性力量，也就是所谓"超级大国"。尽管彼时美国的综合国力已经逐渐赶了上来，可与拥有大量殖民地的英国相比，还是技逊一筹。但是，一百年后的2010年，大英帝国即使没有崩溃，也处于持续的衰落之中。而美国则成为唯一的超级大国。

从1910年再往前推一百年，也就是1810年时，奥地利帝国是公认的欧洲乃至世界强权。由此再往前推二百年，1610年时，西班牙是毋庸置疑的欧洲之王，其国王甚至兼任葡萄牙王国的君主。由于西葡两国是欧洲"大航海时代"的发祥地，且西班牙率先发现了美洲大陆，所以这两个国家在"抢占殖民地"方面捷足先登，几乎均分了整个世界。

受西班牙和葡萄牙的政府所托，哥伦布、麦哲伦、达·伽马……这些伟大的航海家与冒险家纷纷扬帆出海，义无反顾地踏上目标不明、前途未卜的探险之路，直到天涯海角，直到地球的尽头。他们的旅程既为西葡两国带来无数地缘政治及经济方面的利益，也永久性地改变了世界地图的面貌，或者说人类对世界地理的认知方式。

这要放今天，恐怕了解甚至知道葡萄牙这个国家的人都未必很多，可在几百年前的16世纪，葡萄牙曾一度达到繁荣的极致。那时的葡萄牙人走路带风，荷包满满，是欧洲大陆人们普遍羡慕的对象。西班牙人亦是如此，西班牙也曾一度是世界上最富裕、最强大的国家。

凭借精湛的航海技术和强大的综合国力，两国联手瓜分了世界。一直到今天，除了北美的美加两国，几乎整个美洲大陆的人们都以西语和葡语为母语。他们大多是西葡两国的后裔抑或不同程度地拥有这两个国家的血统。

由此可见，强权轮流坐庄是历史的必然；大国衰落、大国崛起、大国复兴是人类发展的常态。这是我们这个世界的基本运行规律。

无论你是否喜欢，历史就是历史，事实就是事实。

所以，今天的美国既然已经达到繁荣的顶峰，那么大概率事件从此将踏上下坡路。

接力棒将传到谁的手里？

我认为是中国。

当然，一百年后可能这根接力棒又会传到其他人手里；再过一百年，同样的事情将再发生一次。

这就是历史规律。这样的循环会永恒持续。

唯一的区别，也许将是"王道"和"霸道"之分。

奉行"王道思想"的中国，其实远在欧洲大陆的"大航海时代"揭开帷幕之前，便已经率先在航海事业上取得了卓越的成就。其典型代表就是著名的"郑和下西洋"。伟大的航海家郑和即使七下西洋，也没有为中国攫取一寸殖民地，而是为无数新大陆的原住民们带去了丝绸、瓷器和各种金银财宝。因为中国的传统文化信奉的不是"霸道"，而是"王道"；不是"武器"，而是"生意"；不是"零和"，而是"共赢"。即使今天，这亦是中国人的思维和行为方式。正因拥有这样的文化，所以几百年前的中国才能享有"万国来朝"的繁华盛世。

但是，当年的欧洲列强却截然相反。他们信奉的理念是"霸道""武器"与"零和"。当这些国家的船队借助古老中国的发明——指南针，来到一片又一片别人（原住民）的土地时，他们拿出的不是丝绸，而是枪支（顺便说一句，火药也是古老中国的发明）。"你们的地盘，从今往后就属于我们了。你们所有人都要给我们做奴隶！"他们用冰冷的枪口指着当地人的脑袋，而无表情地威胁着。尽管后者的回答是"不"，却没人能抵挡现代工业文明的淫威。

遗憾的是，也许历史与文化的影响根深蒂固，这种"零和"与"霸道"思维一直到今天依然在欧美国家的政客中占据统治地位。时至今日，他们信奉的依然是强权，是武力的高低，是"顺我者昌，逆我者亡""不是你死，就是我活"的世界观。与此同时，却没有几个政客真正了解理解抑或愿意相信中国的"王道"思想，即"共存""共赢"与"和而不同"的思维模式。

这种事物认知方式的根本差异无疑埋下了不少矛盾与冲突的种子，但历史必将给出唯一的正解。还是那句话，这是客观规律，不以人的意志为转移。

>即使施行所谓"威权体制"，不少国家也能繁荣发展>

欧美国家的人们普遍不大相信实行"威权体制"能使国家获得繁荣。

其实不然。无论是战后的日本还是德国，抑或亚洲的"小龙"新加坡，都在客观上长期存在"一党独大"的局面，且均取得了辉煌的成功。

就拿日本来说，战后七十年日本政坛一直在事实上由自民党（自由民主党）主宰，即使偶尔也会发生其他政党执政（比如社会民主党、民主党）的情况，这些政权也往往只是昙花一现无法持久，很快又被自民党政权取而代之。

德国也一样。该国政界中基民盟（基督教民主联盟）的地位稳如泰山，鲜有其他政党可以撼动。基民盟的党首会成为德国总理，而总理任期动辄长达十余年。截止到2020年，现任总理默克尔已经执政十五年之久，且有传言在2021年任期满后会再度竞选下一任总理。这在所谓"民主国家"中是颇为少见的案例。

至于亚洲的骄傲新加坡，则更无须多言。李氏父子（李光耀、李显龙）对新加坡的贡献世人皆知、有口皆碑。

可见，即便施行所谓"威权体制"，不少国家也能实现经济繁荣、社会稳定。

当然，这并不意味着"威权体制"是令社会治理取得成功的唯一方式，只是说今天西方国家强力主张的所谓"普世真理"，是一个巨大的陷阱。当你听到这四个字的时候，一定要多加小心，切不可盲信、盲从。

不错，施行"威权体制"的国家中，也有失败的案例，这是事实；但以偏概全显然有失客观，至少对新加坡国父李光耀带领这个国家所取得的辉煌业绩难说公平。

所以，无论是什么样的治理体制，只要符合一个国家的国情，且能拥有睿智、开明的领导人，便一定会取得成功，反之亦然。

一党独大的新加坡，因为有高效、务实的行政机构，并被李光耀这样的智者领导，所以会如此鹤立鸡群、卓尔不凡；相反，自称"民主堡垒"的美国，因为机构臃肿、官僚横行，再加上选出特朗普这样的傻瓜做总统，所以国运才会如此不堪。

再来说说俄罗斯。

这也是一个对投资家来说充满魅力的国家。

坦白说，曾几何时我也曾对俄罗斯持悲观态度，不太看好这个国家的未来，可现在却完全改变了看法。

从历史上看，沙俄帝国的君主曾对杀戮和掠夺的统治手段深信不疑。即便是后来的苏联，也曾一度推行帝国主义价值观，一度走上穷兵黩武、强取豪夺的邪路。1980年入侵阿富汗就是一个典型的例子。

总之，得不到的东西就靠抢，一切靠拳头说话。这个国家始终不能明白平等、公正、诚信与安全感对于经济社会发展的重要性，始终不能正确对待自己的商业伙伴，无法构建真正健全、高效的市场经济体制。

但是，从若干年前开始，情况有了变化。

自从普京总统执政后，俄罗斯逐渐明白对国内外的资本要一视同仁、公平对待，如此才能让国家走上健康发展的道路。

显然，普京总统是一个真正的智者，一个开明的领导人。在他的引领下，俄罗斯必将拥有一个乐观光明的未来。而这一点，对投资家来说无比重要。

除了领导力之外，俄罗斯还有不少其他优势。比如说较低的负债水平，庞大的自然资源储量，等等，所有这些因素都意味着投资俄罗斯的潜在机会。

不错，由于种种原因，欧美国家对俄罗斯实施了大量制裁，而这些制裁也确实给俄罗斯经济制造了不少麻烦。可所幸的是，中俄关系堪称莫逆，有中国的庞大市场与丰沛资金支持，俄罗斯走出经济困境应该不成问题。再加上特朗普的神助攻，欧美关系已经处于二战结束以来的最差水平，所谓牢不可破的"大西洋联盟"已然充满裂痕，摇摇欲坠。在这种地缘政治背景下，俄罗斯只需合理运筹、见机行事，成功地给自己"解套"是大概率事件。

别忘了，在国际象棋这个领域，俄罗斯向来不乏世界级的高手。而在地缘政治的博弈上面，欧美的表现也向来谈不上技高一筹，来来去去都是那几句意识形态的口号而已。

>为什么说俄罗斯的农民要感谢特朗普>

尽管美国冲在了制裁俄罗斯的最前沿，俄罗斯的广大农民却会在每天清晨起床时，把手放在胸口虔诚地感谢特朗普。

正是因为受到特朗普政府的制裁，俄罗斯的农业才得以充满活力，大放异彩。

拜制裁之赐，俄罗斯终于摆脱了对农产品的进口依赖，开始大力发展本国农业。在普京总统的强力领导下，俄罗斯的农业迅速得到振兴，小麦、大麦及玉米等主要农作物均实现了大幅增产。今天的俄罗斯已经从农作物的纯进口国摇身一变，一举成为纯出口国。特别是小麦，现如今这个国家的小麦出口量已然雄居世界之首。

说起来，拥有广袤土地与无尽良田的俄罗斯本不应该在农作物领域依赖进口，完全可以自给自足甚至有所富余。可是，苏联遗留下的僵化思想与生产体制在很长一段时间里限制了俄罗斯的农业发展，让这个国家白白浪费了大好的天然资源。讽刺的是，即便在美苏冷战最高潮的20世纪七八十年代，苏联居然还要从美国这个敌国进口很大一部分粮食。

解体前尚且如此，解体后的状况也便可想而知。苏联解体后，无论是农业还是畜牧业均遭到毁灭性打击。且随着经济全面崩盘，国家外汇储备耗尽，卢布巨幅贬值，连从国外进口农产品的能力也消失殆尽。这个自然条件无比优越的国家，其人民的生活竟一度达到食不果腹的境地，令人不禁唏嘘。

好在今日的俄罗斯已经在很大程度上实现了复兴。至少在农业和畜牧业等领域，这种复兴的调子异常显著。

今天，俄罗斯不仅粮食产量惊人，畜牧业的发展也异常亮眼。与农作物一样，今天的俄罗斯在鸡肉和猪肉等肉类生产方面也已彻底做到自给自足，并有不少余力用于出口。

所以我才会说，俄罗斯的农民一定会感激特朗普，因为正是拜这位美国总统的制裁所赐，今天的俄罗斯农民才发了大财。

中国的科技产业也是如此。随着特朗普政府对中国大型科技公司的疯狂制裁，后者将不得不改变在核心部件方面长年养成的对美国公司的依赖心理，转而走向自行研发的道路。

我认为，以中国人自力更生的传统和吃苦耐劳的精神，这条路一定走得通。事实上，历史也一再证明了这一点。半个多世纪以来，往往越是美国制裁的领域，中国人便越会取得更大的成功。原子弹、氢弹、超级计算机、高端武器、航空航天……这样的案例不胜枚举。因此，没有理由怀疑在目前的中美科技战中，中国不会再一次杀出重围，取得突破。

那时，中国的大型科技公司将不仅解决自身的问题，能够在关键零部件方面自给自足，或许还会引领世界，向他国出口这些尖端产品以赚取巨额外汇。

这就意味着，不仅是俄罗斯的农民，就连中国科技公司的老板也应感谢特朗普。感谢这位美国总统通过反向激励的手段，刺激了他们的斗志，让他们发了大财。

所以，特朗普的制裁大棒指向哪里，也许对投资家来说，哪里便会有更多的投资机会，而不是相反。

至少对中俄两国，我是这么认为的。

说回俄罗斯。

一言以蔽之，这个国家资产多，负债少，物价低，人聪明。重点是，俄罗斯与世界第二大经济体的关系正处于史上最佳状态。

这几年，走在莫斯科市中心著名的红场上，经常可以见到成群结队的中国观光客。现今的俄罗斯中文热盛行，许多人都能说流利的汉语。

总之，今日之中俄两国有着高度亲密的关系，正付出巨大的热情和精力推进各领域的商业合作。这对美国当然不是一个好消息。可对中俄两国来说，两个强大的国家深度合作意味着无尽的发展潜力。

因此，即便是依然有许多人不看好甚或不喜欢俄罗斯，我却坚持认为这个国家是一个优质的投资对象，对投资家而言有着极大的魅力。

曾几何时，住在东柏林的人们羡慕西柏林人的生活；住在中国内地的人们向往香港人的日子。

可以理解。渴望美好的生活既是人类的本性，也是驱动社会进步的动力，这一点无可非议。

但是，这并不意味着获得美好日子的途径是固定的、唯一的，也并不意味着在国家治理这件事上存在着什么"普世价值"。

换言之，治理方式本身不是重点，经济发展是否成功，人民生活是否幸福才真正重要。只要能达成目的，任何治理方式都是合理的、成功的。这是一个小孩子都懂的常识。

不错，当年的西方国家在治理方面确实普遍优于东方，可现在东方世界已经觉醒并崛起，反而是西方世界面临着衰落的窘境。

所以，"只有实行西方式的民主制度才能换取经济的成功"这一说法已经被历史证伪，无须再执迷下去。

与之相比，一国经济发展环境的开放才是真正的关键。

中国和新加坡的经济成功源于此，英美两国今后的衰落也将由此引发。

越是国门封闭的国家，境况就越悲惨。迄今为止，历史已经无数次地证明了这一点。

19世纪以来的中日两国，就是一个鲜明的对比。大清皇朝的闭关锁国以及明治维新的励精图治，让这两个亚洲国家的命运发生了根本性逆转，并影响了其后一百多年的国运走向。而1978年的"改革开放"，仅用区区四十余年时间便彻底重塑了中国经济，让整个世界震惊不已。与此同时，日本经济却愈发内向、保守，呈现出一片不祥的暮气。

真是"三十年河东，三十年河西"。这就是历史的神奇之处。

所谓"中等收入陷阱"，也与国门是否开放有着莫大的关系。

南美的巴西就是典型的例子。该国之所以始终无法从"陷阱"中走出来，就是因为采取了进口替代政策，通过排斥外资的手段来扶持本国企业。这种做法虽然能够在一定程度上保护本国工业，却也惯坏了自己的企业，令其成本高企、效率低下，完全没有任何竞争力。因此企业无法为国家创造充裕的税收和外汇收入，也无法为自己获得足够的再投资资金。这便导致手头紧张的政府和企业只能向西方国家的金融机构伸手借钱，而能够借来的钱也大多是短期套利资金（一来，由于对该国经济缺乏信心，外国金融机构没有长期投资的兴趣；二来，进口替代政策也在事实上隔绝了设立工厂等商业行为所伴随的长期投资。所以巴西能够借到的钱大多是短期套利资金）。

短期资金的问题在于，来得快去得也快；借来容易，跑掉也容易。只要巴西经济稍有风吹草动，资金便会大举流出该国，从而引发金融危机。

一个危机频发的国家，经济想不掉入"中等收入陷阱"都难。

可见，国门是开放还是封闭，是搞外向型还是内向型经济，才是真正决定一国命运的基石。脱离这个视角观察世界，不可能成为真正成功的投资家。

>中国在非洲的影响力大增是必然的>

非洲发生的事情也十分令人瞩目。这也是一片日新月异、不断变化的大陆。换言之，非洲已不再是长久以来人们所普遍认为的那片"旧大陆"，而是逐渐演变成了一块"新大陆"。

这就意味着，对于非洲的看法，也需与时俱进、跟上节奏。

当然，非洲大陆有五十多个国家，即使今天各国的发展状况也各不相同，很难一概而论。可至少有一个事实已经突现出来，那就是这片土地上无所不在的"中国影响力"。

每年，中国都会举办规模盛大的"中非合作论坛北京峰会"。几乎所有非洲国家的首脑都会会聚北京，共襄盛举。

不仅如此，与其他主要国家相比，中国的领导人和外交部部长恐怕是这个世界上访问非洲次数最多、最频繁的政治家。

中国政府对非洲的重视由此可见一斑。

在政府的大力推动下，由中国企业主导的无数经济项目在非洲大陆落地。这种高度务实的作风令这块大陆曾经的主要殖民者英法两国相形见绌。

今天的非洲，中国人的身影可谓无处不在。尽管那里储量惊人的天然资源令不少国家眼热，但已然捷足先登，成功拔得头筹的无疑是中国。

对景色优美壮观、充满异域风情的非洲来说，拥有极高消费力的中国观光客也是未来的一个重大商机。问题在于，非洲之行的安全感是吸引大批观光客奔赴这块大陆旅游的决定性因素。因此，如果有谁能成功地解决安全问题，让旅客真正放心，那显然非洲旅游项目将是个绝佳的赚钱良机。

中国是举世闻名的"基建狂魔"。这一点不仅体现在其境内，也体现在境外，特别是非洲大陆。

我们知道，中国人正在非洲大举推进基础设施建设。不仅铺公路、修铁路、建港口、架桥梁，甚至连足球场、会议中心这些设施也一手包办。而与此同时，曾经的殖民者欧美国家又对非洲做了什么呢？美国没有给非洲留下铁道，英国在基建方面的作为也乏善可陈。

没错，非洲大陆最早的铁路确实出自英国人之手，可那已经是一百多年前的事了。而这些古老、破旧的基础设施，一直到不久之前，即中国人到来之前还是非洲各国赖以生存的唯一依靠。想来真是令人不胜感慨。

还有一个事实颇为耐人寻味，那就是非洲国家的国境线。鲜少有人意识到非洲各国的国境线有着异常奇妙的形状——直来直去、棱角分明。仿佛被人为地切割过一般，完全没有任何"自然形成"的痕迹。

不错，事实正是如此。非洲各国的国境线绝非自然形成，而是人为切割的产物。

话说1884年时，西方列强在德国首都柏林召开了一个会议。会议的一个重要议题就是决定非洲大陆的命运。

与会的是十四个欧洲主要国家。会上，英国、法国、德国、比利时等国家的代表聚集在一张非洲地图前，对图上密密麻麻的地理标记指指点点。

"见者有份，大家一起平分吧！"一位代表说道，"这块地盘归我，那块地盘归你。"

"可以。没问题。就这么着了。"另一位代表一边应和着，一边在地图上比比画画，"在这里画一条线，还有那里，也应该画一条。这边是苏丹，那边是安哥拉……这条线旁边是刚果。"

…………

就这样，欧洲列强联手瓜分了非洲大陆。而每个非洲国家的国境线都成了冰冷的、棱角分明的直线。

显然，这是一种典型的帝国主义行径。而这种行径最恶劣的地方在于，列强在瓜分非洲大陆时，完全不知道自己在干什么，完全不明白那片大陆上的原住民有着不同的种族、语言、信仰和文化。事实上，所有这些他们根本就不在乎。

但是，列强们这种粗暴的行为给非洲大陆留下的种种祸患却一直贻害至今。时至今日，源于种族冲突的内部杀戮依然时不时地在这片土地上演，留下了无数人间悲剧。

遥想一百多年前，这片土地的命运将由远在千里之外的柏林以及聚集在那里开会的白人所决定，这件事对那些非洲大陆的原住民来说，恐怕做梦也没想到吧！

>由外国人任性决定的"国境线">

第一次世界大战中的1916年，同样的事情也发生在中东。

那一年，英国、法国和俄罗斯帝国共谋分割奥斯曼帝国的领土，并签署了一项秘密协定，即《赛克斯-皮科协定》（注：协定签署不久，俄国便爆发了十月革命。沙俄政权被推翻，苏联成立。苏维埃政府不仅退出了该协定，并将其公布于世，揭露了英法瓜分中东的阴谋）。

与当年瓜分非洲大陆的柏林会议一样，在中东地区的原住民完全不知情的情况下，远隔千里的欧洲列强擅自决定了这块土地的命运。

"这个部分归伊拉克，是我的势力范围；那个地方归叙利亚，就交给你了。"站在地图前的列强们再一次仅凭自己的意志画出中东各国的国境线，联手瓜分了这块土地。

其后果是严重的。这种划分势力范围的方式依然完全没有考虑当年中东地区的原住民部落在宗教、种族和文化方面千差万别的现实，因此为这块土地留下了无数潜在冲突的祸端。

在这一点上，伊拉克人的遭遇便极具代表性。在欧洲列强强行规定的这个国家的国土上，生活着彼此龃龉甚至相互憎恨的不同部族。而这样一种简单粗暴的国境线划分方式，又进一步恶化了民族和宗教矛盾，导致这个国家始终不能摆脱内乱乃至内战的隐患。一直到今天，这些历史遗留问题依然深深地折磨着这片土地上的人民以及当年的殖民者自己。

由此可见，一百年前英法殖民者损人利己自私冷酷的瓜分行为其实是害人害己、得不偿失的蠢行。

居住地和活动领域横跨伊拉克、土耳其与叙利亚三个国家领土的库尔德人的遭遇也是一个典型的例子。现如今，中东地区围绕着库尔德人的无尽地缘政治纷争，便是英法《赛克斯-皮科协定》最大的贻害之一。

英国人给这片土地留下的祸患还不止于此。

一方面，为了唆使阿拉伯人从背后攻击奥斯曼帝国，1915年，英国与阿拉伯之间签署了《侯赛因-麦克马洪协定》。在协定中，英国许诺战后作为回报，帮助阿拉伯人在中东地区建立一个独立的国家。另一方面，一战结束前的1917年11月，英国又发表了允许犹太人战后在巴勒斯坦修建定居点的《贝尔福宣言》。这份宣言以及稍早前英法两国珠胎暗结的《赛克斯-皮科协定》公然违反了《侯赛因-麦克马洪协定》所规定的义务，无耻地背叛了阿拉伯伙伴。

英国人这种两面三刀、背信弃义的外交手段一手酿成了著名的巴勒斯坦问题。时至今日，该问题依然是全世界范围内最棘手的地缘政治难题，棘手到几乎无解的程度，时常会引发暴力和流血事件，甚至是大规模地区战争。即便是欧美国家也对此一筹莫展、倍感头痛，为调停巴以矛盾耗费无数资源却鲜有进展。

凡此种种，真是"早知今日，何必当初"！

尽管非洲大陆上的国家今天已经完全独立，不必再蒙受殖民主义的摧残和压迫，可那些冰冷、僵硬的国境线却依然如昨，几乎没有丝毫变化。

对当地人来说，这些完全与己无关，纯粹由白人画出的线条时至今日仍然是某种无形的束缚，深深地影响着每一个人的生活和命运。

>与欧洲之间的纽带愈发淡薄>

但是，今天的非洲毕竟已经开始改变，而且速度还不慢。

正如前面提到的那样，这种变化的源头和动力来自中国。

现如今，在非洲大地上，中国人的能量几乎覆盖了所有经济领域。无论是家电还是日用品，无论是汽车还是机械设备，中国商人的触角无所不在，只有你想不到，没有你见不到。更不用说遍布非洲各地的大型基础设施建设工地了。

尽管遭到欧美国家的种种非议，我却对中国人的行为颇为赞赏。

中国人建设的铁路，至少能为当地留下宝贵的生产性资产。没错，铁路建设资金大多来自贷款，而非洲国家的还款能力有限。但解决方案也并不难，可以通过让渡一定的铁路经营权或采取"易货贸易"的方式搞定这个问题，毕竟非洲大陆有取之不尽用之不竭的自然资源。

退一万步讲，即使中国人收不回这些基础设施建设资金，也能成功地为自己换回一个宝贵的财富，那就是非洲大陆的广阔市场以及对这个市场的优先进入权。

理由很简单。基础设施可以促进经济发展，经济发展可以培育庞大市场，而庞大市场将为中国规模巨大的制造业提供一个绝佳去处，从而有力地推动中国自身的经济发展。

另一方面，即使对于今天牢骚不断的欧美诸国，非洲的经济成长也是一个巨大福音，可以在供需两个方面为这些国家过剩的资金和商品创造无数机会。

这就是所谓"双赢"乃至"共赢"的道理。

由此可见，今天中国人在非洲所做的事，对世界上的每个国家和每个人而言都是有百利而无一害的好事，本应得到所有人的喝彩，而不是非议。

总之，现今欧美国家所"担忧"的"若干年后非洲将成为中国的殖民地"这件事纯属无稽之谈。

这样的念头，与其说是"担忧"，不如说是"嫉妒"罢了。嫉妒别人做到了自己做不到的事，更何况这种事发生在自己曾经的殖民地。

不过，中国在非洲的存在感和影响力大增却是客观事实。无论欧美国家是否喜欢，这件事已经发生，且会继续发生下去。

毕竟对非洲人来说，中国有钱有实力，而且在提供帮助时不像曾经的殖民宗主国那样总是附加一大堆极为苛刻的条件；不仅如此，中国人还对非洲人彬彬有礼、态度谦和，总是邀请非洲各国首脑去北京共商国是、筹划未来，所以中国人的话他们爱听，与中国人在一起的时光总是那么惬意、舒适。

由此，我认为，若干年后，与英、法、美等国家相比，会有更多非洲大陆的原住民对中国更感兴趣。这一历史性转变颇具戏剧性。二十五年前，我本人曾游历西非诸国，在这些国家见到的一个现象令我至今记忆犹新。我发现，在西非国家的政府中，白人的身影绝不鲜见。即便某位政府部长是当地的黑人，他的办公室里也总会有一位法国白人。这些白人对外的公开身份是政府顾问或者是官员的私人助理。比如说，某国卫生保健部长的旁边，会站着一位法国白人，以专业医生或医疗顾问的身份为部长提供服务。

之所以这样，与西非国家大多是法国的前殖民地有关。然而岁月荏苒、时过境迁，今天这样的场面已经完全是过去时，在非洲大陆难觅踪影。现如今，中国人已经取代了法国人，成为非洲各国政府的座上宾。

重点在于，中国人的到来不是为了发号施令，而是倾力相帮。这一点对非洲人来说至关重要。毕竟他们需要的是朋友，是同事，而不是上司和主宰。

所以我认为中国人才是真正的聪明人。与英法等前宗主国不同，中国人与非洲打交道的方式不是凭借绝对的实力强制支配，而是以和平平等的方式共谋发展。

孰优孰劣，一目了然。

现在，包括非洲在内，中国政府正在全球范围内大力推进"一带一路"合作项目。而他们的做法，却与数百年前的西葡两国不同，并没有在别人的土地上攻城略地，进而从根本上改变世界地理的版图。

说到地理版图，就不得不提一提铁路的作用。与殖民主义不同，二百年前铁路的诞生对世界地理版图的改变却是正面的，甚至是革命性的。

美国有一个叫芝加哥的城市。这座城市就是典型的"被火车运来"的城市。如果没有铁路，今天的国际大都会芝加哥恐怕就不会存在。像这样随着铁路运输业的发展、发达应运而生、因运而兴的大城市，世界各地都有不少。

就像当年的铁路一样，现在中国的"一带一路"倡议也将极大地改变世界地理的版图。

随着大规模基础设施建设热潮出现在世界各地，特别是那些相对欠发达的国家和地区，人们的交通出行方式及生活样态将发生革命性变化。我们这个世界的整体面貌也将与从前截然不同。

这种变化的性质将是结构性、根本性的，规模将是史诗级的，在人类历史上也非常罕见。

当然，即便是那些被"一带一路"倡议所遗漏的角落，人们依然可以生存下去，但那些搭上"一带一路"便车的地方，将成片出现像19世纪的芝加哥那样的城市。

如今，连接亚欧大陆的运输手段已经被极大地改变抑或丰富。随着"一带一路"倡议的推行，不只是海路运输，陆路运输的发展也异常迅速。截止到2019年10月，由中国各地开往欧洲各陆路口岸的中欧班列已累计开行20 000多列次，成为名不虚传的亚欧大陆"新动脉"。

还有一点很重要。现在中欧班列的使用者不仅限于中国本地的工厂主和商人，以韩日为代表的亚洲其他国家的贸易商也在积极利用这种新的运输方式抑或正在认真探讨该方式的可行性。

迟早有一天，欧洲输往日韩的货物也将深受其惠。那时，这条线路将在国际贸易中占据主导性地位。

还是那句话，中国不仅有钱，还有明确的愿景，清晰地知道自己想要的是什么，想做的是什么，以及到底应该怎么做。这样的国家及其发展战略不可能不取得成功。迄今的历史已经证明了这一点。

当然，当年的芝加哥不同。它的出现具有某种偶然性，而非政府明确愿景的产物。只是因为铁路偶尔经过了那里，所以它才有了诞生的机运。

重点在于，铁路与城市发展的内在关系一旦被探明，便可以人为利用，主动施策，而不必被动等待偶然事件的发生。

"一带一路"倡议就是这么做的。

现如今，这面大旗下已经聚拢了许多志同道合的伙伴。不少国家愿意积极配合该合作倡议的实施，积极接受中国的经济支援，愿与中国共同描绘一个更好的未来图景。

总之，和中国相比，这个世界与欧美国家之间的纽带已然愈发淡薄。这种结果既是天意，也是人为。值得欧美国家反躬自省，而不是怨天尤人，时不常地做一些使绊子、穿小鞋、说风凉话之类的不光彩举动。

>即便衰退也能满血复活的"例外大国">

除了中国以外，现如今我们这个星球上已经不存在像当年的英美那样能够以绝对实力称雄世界的国家。

换言之，像16世纪的西班牙那样，以较少的人口和国土面积也能称霸世界的国家不再可能出现了。这句话也许某些日本人会觉得很不入耳，或许他们依然幻想着日本这样的中等国家还有机会重拾昔日的辉煌。可我认为，这是不可能的。严重的债务和少子化、高龄化问题已经深深地牵绊了日本发展的脚步，让这个国家的未来不再充满光明。

事实上，中国是一个很棒的国家，非常厉害。

这是一个即便一度陷入衰落的深渊也能再度强力崛起，重新获得巨大能量的国家。这样的国家在历史上还从未出现过。

所以，以史为鉴，我们可以确信一件事，即古老的中央王国必将重回世界之巅，重新掌握支配性的力量。

当然，今天的美国依然具有绝对的实力，在许多领域仍然是支配性的存在。不仅是军事这样的硬实力，文化这样的软实力美国也能做到独树一帜、独步全球。影视制作方面，好莱坞鲜有竞争对手；流行音乐方面，美国歌手决定了全球音乐市场的风向；体育方面，无论是篮球、棒球还是冰球、橄榄球，美国都是公认的体坛霸主。尽管在足球方面表现稍弱，那也是因为该运动在美国国内并非主流。

经济金融领域亦是如此。

时至今日，美国依然拥有美元霸权，华尔街的一举一动仍然能够在很大程度上决定世界经济的走向；美国的IT产业以及信息技术巨头依旧在世界上具有支配性的地位。

表面上看，美国的强大似乎稳如泰山、不可动摇。可事实上，与西方所有老牌资本主义强国一样，这种"强大"的背后，"吃老本"的因素不可小觑。

今天的美国，无论是教育还是科研，都已渐渐失去昔日的那种激情与动力，联邦政府在不断扩增军费的同时，却不断地削减教育和科研预算，致使美国的大学教育和产业研究愈发依赖外国的人才和资金。而特朗普政府又打着"美国第一""国家安全"的旗号不断地排斥外籍学生与研究人员，令美国的教育与科研事业愈发危机四伏、前景堪忧。

产业领域的状况也好不到哪里去。

长年的去工业化进程以及垄断经营的结果，让美国的工业部门极为畸形。一方面，美国能制造波音飞机，可另一方面，在面临紧急情况时，美国却做不好一枚小小的口罩。

IT产业的发展也是如此。今天的硅谷人身上已经鲜见当年前辈们的狼性，转而充斥着不祥的投机色彩。许多年轻人投身硅谷搞项目的目的不是为了改变世界，而是为了被某家巨头收购，从而一夜名利双收。

所有这些都预示着，一个"老大帝国"已垂垂老矣，正缓步走向其生命周期的尽头。

中国的情况则截然不同。

这个古老而年轻的国家现在正处于蒸蒸日上、意气风发的黄金时期。

在青少年的教育水平上，用任意一个国际标准衡量，中国都处于世界顶级之列。教育与科研经费方面，以购买力平价计算，中国也早已超越美国，稳居世界第一，且依然处于高速增长之中。

产业领域的状况则更无须多言。

以工业体系完整度来说，中国以41个大类、207个中类以及666个小类的现代工业体系，成为全世界唯一拥有联合国产业分类中全部工业门类的国家。

这种工业成就相信世界上所有国家的每一个公民都会感同身受。不信的话可以做一个简单的游戏：看看你自己以及你的家人、朋友抑或邻居们正在使用的日常用品中有多少"中国制造"的标签。

这就是所谓"压倒性"的实力。无论你是否喜欢抑或是否愿意承认，事实就是事实。

不仅如此，即便在至关重要的IT和创新产业领域，中国也有令人瞠目的表现。现如今，全世界每售出10台工业机器人，就有3台去了中国；每卖出10美元的微芯片，就有6美元的芯片去了中国；每10台商用无人机，就有7台来自中国；每10部智能手机，就有9部来自中国……

今天中国的年轻人中，有无数的创业者。他们身上的许多品质，比如说改变世界的雄心壮志、拼死一搏的狼性精神，都与当年的乔布斯和比尔·盖茨相仿，而这些品质却在美国的年轻人中愈发鲜见。

所有这些都预示着，一个新兴大国正不可遏止地强力崛起，重新找回其历史中曾有的地位。

当然，这不是说中国的表现已经完美无缺、无懈可击。事实上，这个国家的经济存在着不少短板和漏洞，许多问题甚至是结构性的，非常严重，解决起来也异常艰难。这就意味着，中国的发展绝不会一帆风顺，一定会经历不少的危机和磕磕绊绊。

然而，我坚持认为，尽管过程也许充满曲折，中国的未来却依旧光明。别忘了，当年美国在崛起的过程中也曾经历无数危机与磕绊，可最终还是成功登顶，站在了世界之巅。

如果只有数百年历史的美国都能做到这一点，拥有数千年历史的中国便没有理由做不到。

由此，我们可以断定，尽管俄罗斯与印度也走在复兴的道路上，但21世纪的世界，能够与美国比肩甚至超越美国支配性力量的，只有中国。

>为什么说我不看好印度的未来>

再来看看印度的情况。

坦白说，对这个国家的未来我曾抱有很大期待，可现在却只剩下悲观与失望。

印度经济的固有问题就是限制太多，这是长期阻碍印度经济社会发展最大的绊脚石之一。

土地问题就是典型的例子。

为了保护绝大多数农民的利益，印度政府颁布了许多土地使用方面的限制性措施，例如"每户农民不可拥有5公顷以上的土地"。

尽管地域不同具体细则也会有些许差异，但印度几乎每一个邦都有类似规定。这项规定严重妨碍了土地的自由流转和规模化、效率化应用，成为经济发展的一个明显阻点。

尽管作为一个典型的农业国家，农民的安定对印度政府来说至关重要，可如此苛刻的土地使用限制，真的有利于农民的发展吗？

显然，答案是否定的。拥有最多不超过5公顷土地的印度农民，就算再不吝辛劳、埋头苦干，又如何能与动辄持有10万公顷以上广袤土地的澳大利亚农民竞争呢？

这是不可能的。

顺便说一句。据日本日生基础研究所于2019年发布的一项调查报告显示，印度全国85%以上的农家为拥有土地不足2公顷的小型农户。在广大农村地区，每个独立农业经营体占有的平均农地面积只有区区1.08公顷（2015年度），甚至比日本2.98公顷（2018年度）的数据还要低。

如此少、如此零碎的土地，是不可能引进高科技农业机械进行现代化、规模化作业的。因此只能依靠人力耕作，劳动效率就会很低；再加上土地很少，产量有限，农民的生活水平便很难得到量的改善，更别提质的提升了。

这就是印度农民普遍如此贫困，自杀率如此之高，社会问题如此严重的根本性原因。

农民的负债问题也是印度社会的一个固有顽疾。

因为农地的劳作无法赚到钱，遇到问题时农民们便只能求助于银行贷款；与此同时，内心默默祈祷来年的收成能好一点，使他们有能力还清这些债务。

然而天不遂人愿。第二年的收成依然无法令他们手头宽裕，于是只能继续借钱，继续祈祷。周而复始，没有穷尽。

这就是一个典型的恶性循环。其直接后果是负债规模无限膨胀，越来越无法控制，越来越无力偿还，进而导致农民越来越贫穷，越来越艰困，直至被逼上破产的绝路。

之所以印度的农民自杀率如此之高，其原因就在这里。

也许说起来有一些冷酷、残忍，可这就是印度社会的现实。

起码对我来说，现在完全没有投资印度的打算。实际上迄今为止，我曾做过几次尝试，可每次都铩羽而归、颗粒无收。

当然，也许未来的某一天，这个国家会有不错的投资机会。不过，至少印度股市的平均价格已经虚高了很久，不再是个值得投资的市场。

实事求是地说，我本人不是莫迪总理的粉丝。我认为这位印度领导人的执政表现名不副实。尽管在国内外莫迪总理总是能得到极高的评价，可事实上，他几乎什么也没做，或者说"说得多，做得少"。

平心而论，印度政府的宣传工作还是相当不错的。比如说，"莫迪总理让这个国家的厕所变得更干净了"，这个新闻在印度国内可谓无人不知、无人不晓。可另一方面，印度的经济、金融领域依然是一团糟。时至今日，印度卢比与外汇的兑换仍然无比艰难，整个汇兑市场被严格控管、异常封闭。而这一点，对外资来说几乎是致命的。

除此之外，官僚主义和腐败的问题也极其严重。表面上看，印度似乎是一个民主与法制的国家，可事实上各级行政管理部门效率低下、腐败横行，对商人的消极怠慢乃至敲诈勒索几乎是一种公开行为，由此导致营商环境异常恶劣，令世界各地的投资者心生畏惧、望而却步。

为遏制腐败，莫迪总理祭出了终极撒手锏。他于2016年11月8日，突然宣布了一道"废钞令"。即废除该国经济循环中最常见的两种大额钞票：500卢比现钞和1000卢比现钞。

一般来说，一种法定货币能够井然有序地退出市场，至少需要一年，有的需要数年时间。而这道废钞令给出的缓冲期居然只有区区一个月左右！

消息一出，举世皆惊。

要知道，彼时500和1000的卢比大钞合计占印度市场流通中货币总量的近九成之多，彻底废除这两种货币等于让整个印度的实体经济瞬间失去血液，几乎没有了任何货币化交易手段。由此导致印度经济的休克反应，经济增长速度急速下降，某些领域的发展几乎陷入停滞状态。

关键是，所有这一切都发生在印度经济疲惫不堪、弊病丛生、亟待振兴的时刻，不知莫迪总理在这个节骨眼上放出这样一个大招是出于什么样的考虑。也许他认为只有猛药治疴、刮骨疗伤，对臃肿腐败的行政体制和市场机制进行大刀阔斧的改革，印度经济才能轻装上阵，重塑辉煌，可尽管思路不错，方法却值得商榷。至少从实际效果看，这一招并没有从根本上改变印度的官僚主义作风以及腐败盛行的现状，相反却极大地恶化了这个国家本就萎靡不振的经济和财政状况，重创了本就难说富裕的印度百姓的生活。真可谓"得不偿失"。

时至今日，印度国内对"废钞令"的效果及其利弊也是争议不断、怨声载道。可见，这道命令的后遗症依然在折磨着印度，是许多印度人烦恼的根源。

说起官僚主义，就不得不提一下美国零售巨头沃尔玛在印度的遭遇。

众所周知，沃尔玛在中国大陆有数百家门店，并一再宣称门店扩张的脚步不会停止。可有意思的是，在世界人口第二大国印度，这家美国巨头却连一家门店也没有。

之所以这样，是因为印度政府认为外资的进入会严重威胁本地零售商的生存，所以在这个领域对外国资本关上了大门。

在21世纪的今天，印度政府依然持有如此保守、如此陈旧的观点，居然将外资视作洪水猛兽，真是不可思议！

顺便说一句。据最新消息，印度已经决定正式退出RCEP（区域全面经济伙伴关系。其目的是以此为框架，通过大幅降低域内国家和地区的关税水平，刺激区域内自由贸易的发展。除印度外，该关系框架几乎囊括了亚太地区所有主要国家）的谈判，理由是"保护本国产业"。换言之，外国人、外国资本和外国商品对这个国家来说，依然是一种威胁，而不是助益。

正如我在前面反复提到的那样，一个国家是否能够兴旺发达，与治理方式无关，只与是否开放有关。

新加坡和中国大陆的发展历程，便有力地证明了这一点。

反之，关起国门搞经济，不会有什么好结果。这方面的案例也不胜枚举。

因此，对印度这样的国家来说，我认为投资的价值非常之小。遑论人家也未必欢迎更何况是允许你去投资。

>朝鲜半岛绝对蕴藏着机会>

由于我是美国人，所以现在暂时还无法投资朝鲜。

但是，当今的朝鲜领导人金正恩总书记非常年轻有为，已经下定决心改变国家的面貌，所以我认为，未来的某一天，一定会出现投资这个国家的绝佳机会。

金总书记就任以后，已经数次访问北京。他对中国的经济发展成就赞赏有加，并一再表示愿意借鉴这个强大邻国的发展经验。

与此同时，平壤敞开大门，迎来越来越多的中国观光客。后者的吃穿用度、言行举止也给许多朝鲜民众留下深刻印象，让他们进一步知晓了几十年的改革开放给中国老百姓的日常生活带来的显著变化，并由此产生大幅改善自身生活水平的强烈动机。

因此，无论是领导人的意志，还是普通百姓的心愿都将促使这个国家走上一条属于自己的改革开放之路。而一旦朝鲜发生这样的变化，国家的面貌必将在非常短的时间内焕然一新。

对这一前景，我深信不疑。

别忘了，朝鲜民族是非常优秀的民族，且与中日韩一样同属儒家文化圈。所以重视教育、勤勉自律、富有牺牲精神等等东亚文化的种种美德，朝鲜人民一样不缺。这样的国家一旦觉醒，前途不可限量。

先行一步的中日韩三国，便是鲜明的例子。

半岛南方的韩国也一样。现在，文在寅总统在对北关系方面采取了积极的对话政策，并对将来朝鲜半岛的统一抱有极强的信念与巨大的热情。

当然，统一这件事在短期内确实不大现实，有着较高的门槛。但从中长期看，至少在我们的有生之年，半岛统一事宜被有关国家正式摆上桌面进行讨论的可能性绝对不可小觑。

对此，人们不妨拭目以待。

对朝鲜半岛来说，真正的问题是美国。

包括陆军和空军在内，美国在韩国的驻军总数达3万人之多。考虑到韩国作为军事据点的重要性，美军想必是不愿离开的。所以尽管特朗普政府这两年不断在军费负担比例方面吐槽韩国，并时不时地以撤军相要挟，但内心深处却丝毫没有离开的意思。这个软肋似乎已被韩方看破，因此就算美国政府不断威逼利诱、软磨硬泡，逼着韩国多拿钱，至今韩国人依然是牙关紧咬，绝不松口。

　　鉴于韩国的战略重要性，美军在半岛确实还会存在很长一段时间。只要美军不走，半岛的统一就会遇到不少麻烦。可即使如此，只要北南双方的领导人和普通百姓对国家统一这一终极目标的信念与热情始终不变，始终矢志不渝、初心不改，机会便总会到来。我们完全可以乐观以待。

　　只要开放分割南北几十年之久的38度线，让南北两地的民众在适度的管理机制下能够较为自由地来往，那么今后十到二十年之内，这里将发生许多令人兴奋的故事，从而让半岛成为一片生机勃勃、蒸蒸日上的热土。

　　如此一来，在经济社会发展方面，南北双方的问题均迎刃而解：北边的朝鲜将迎来革命性的改革开放时刻，进而彻底改变经济社会的发展面貌；南边的韩国将找到经济发展新的突破口，从而一扫景气低迷的阴霾，迎来又一个高速发展的黄金时期。

　　更重要的是，这种经济社会的发展将进一步促进南北融合，为将来的统一打下坚实基础。

　　这样的前景让人想想都倍感兴奋。

　　南北朝鲜统一后，将是一个拥有近8000万人口的国家。这个数字远超英法两国，几乎与德国相当。

　　这就意味着，统一后的半岛将是一个实力非常强劲、民主独立的国家。这样一个国家无论对东亚、亚洲还是全世界，都必将有更多的担当，做出更大的贡献。

　　再把视线转向半岛的北边。

　　俄罗斯远东地区毗邻朝鲜半岛。这里有一个核心城市叫符拉迪沃斯托克（海参崴），这座城市也是一片令人兴奋的热土。

　　鉴于欧美的不友好及不合作态度，俄罗斯的经济发展战略已经逐渐"向东转"，把对未来的期望押注于亚洲地区。所以普京总统十分重视远东地区的发展，正在符拉迪沃斯托克大兴土木，修建铁路等基础设施。

　　不只是经济领域，教育方面普京总统也着墨颇深。他打算把这座城市打造成俄罗斯乃至世界上屈指可数的大学城、高教中心，并为此投入了可观的资金。

今天，大量中国人、韩国人和日本人涌入符拉迪沃斯托克，在那里观光旅游、求学、做生意。这样的场面放在三十年前是不可想象的。前苏联时期，对世界上大多数国家的人来说，这座城市充满了神秘色彩，无法让人一探究竟。因为彼时除了俄罗斯本地人，其他国家的公民没人可以到访这里。然而今天，这块土地已经完全对世界开放，任何人都可以自由进出。这对俄罗斯来说，无疑是个革命性的变化。

还是那句话，一个国家能否发展，不在体制，而在开放。只要俄罗斯的国门能够继续开放下去，这个国家的未来将不可限量。

不错，中俄两国也许未必会招西方国家的喜欢，可我却毫不在乎，已然认定那里存在着巨大的机会，并下定决心积极投资这两个国家。

亚洲的其他国家，大多也前景乐观。

缅甸的情况正在好转，乌兹别克斯坦也在发生戏剧性变化。尽管局势改善的规模与当年的韩国和越南尚无法相提并论，可毕竟好事正在发生。

至于伊朗，即便近些年遇到不少麻烦（比如美国悍然撕毁"伊核协议"，并重新启动制裁措施），但只要特朗普政府下台，前途依旧一片光明。

总之，对投资家来说，与持续关注美国一样，持续关注亚洲总不会有错。如果你不想错失良机的话。

正如我一再强调的那样，只要发生危机，股价大跌，便是入场的机会。

这就是直到最近我都无意染指美国股票的原因。因为美股价格已经过分虚高，泡沫化现象太严重了。日本也一样，日经指数已经在高点持续了很久，投资的价值微乎其微。

但是，现在情况有所变化。受到新冠危机的暴击，也许日美股市会有一波明显的熊市，那时便是出手的良机。反之，如果新冠危机都刺不破日美股市的泡沫，我对它们的预期非但不会更乐观，反而会更悲观。因为那将意味着一场规模更大、烈度更强的危机要到来。不过，如果那样的事情真的发生，对投资家来说则更是千载难逢的机会。

总之，对日美两家的股市而言，现在唯一正确的做法就是四个字：静观其变。

当然，我承认这个世界上有一种投资家，他们非常善于买在高点并卖在更高点，从而攫取可观的利润。但是，这样的投资方式我既不擅长，也不感兴趣。所以我几乎从来不做类似的尝试。

换言之，我的投资之道始终不变，那就是在变化，特别是剧烈变化发生时，找到一个本质不错却价格暴跌的标的予以投资。

这个理念也可以反过来理解：当一种不错的商品忽然经历无厘头般的价格暴跌时，往往意味着一个潜在的巨大变化即将发生。这时你要绷紧神经，高度留意，因为赚钱的机会就要来了。

>日本到底应该怎么办>

现在问题来了。对亚洲地区唯一的老牌资本主义发达国家日本来说，未来又会如何呢？

也许很多日本人听起来会觉得很不入耳，可我依然要做如下建议：为子女的人生及幸福着想，现在居住在日本这个国家的人，不妨认真考虑一下移居海外的可能性。

当然，移民的目的地绝不是美国。因为美国政府及其公民现在对移民的态度绝对谈不上友好。而拒绝向外部世界开放国门的国家必然会衰败——正如我一再强调的那样。

现在的日本深受少子化、高龄化之苦。缺乏新生儿将使日本的总人口越来越少。事实上，这件事正在发生。可另一方面，即便人口不断减少，国家负债却在不断飙升。而日本政府对这种状况显然处于束手无策的状态。表面上似乎实施了不少对策（比如安倍首相著名的"三支箭"以及由此衍生的经济学术语"安倍经济学"），却鲜有能真正落地、真正生效的好办法。这一点与印度的莫迪总理及其施政特点颇有异曲同工之处。

所以，不仅我个人对这个国家的未来颇感悲观，日本民众自身也对其前途甚是迷茫。整个日本现在都被笼罩在一片士气低迷、萎靡不振的氛围中。

那么，深陷困境的日本到底应该怎么办，应该如何解决自己的问题呢？

我认为方法有两个。

其一，无论如何，也要扼制政府负债不断攀升的势头。哪怕在一段时间内导致较深程度的经济衰退也在所不惜。反正借了这么多钱效果也并不明显，日本的经济景气照样是不好不坏、不死不活。既然如此，不如破釜沉舟，放手一搏，以壮士断腕的决心彻底割除经济弊病中最大的病灶，以图绝处重生、凤凰涅槃的效果。

其二，放开移民政策，允许大批外国人来日本定居、工作。只不过，在引进移民时一定要目光长远，注意章法和节奏，对所谓"人道主义移民"方式保持足够警惕，切勿重蹈欧洲的覆辙。要秉持引进、消化，再引进、再消化的原则，保持耐心，持久施策，切忌急功近利、仓促冒进，以便让所有移民尽可能地融入日本社会，成为诚实守法的合格公民。当然，这个融入的过程既需要政府发力，也需要国民配合，颇为考验日本的国家意志与国民素质。但是，只要态度坚定、目标明确，稳扎稳打、步步为营，即便在实施的过程中遇到一些小摩擦与小挫折也不打紧，大方向不错，最后的结果总差不到哪儿去。

显然，做这件事，从留学生入手是个不错的主意。毕竟这个群体年轻、有学问，且已经在日本滞留了一段时间，在一定程度上掌握了本国语言，适应了本国文化，所以是个天然的合格移民潜在来源。

当然，我也明白日本人内心深处的排外情结，以及日本是个单一民族国家这一客观现实。可在国家现状已到如此境地的情况下，大义必须压倒小节，理智必须战胜情绪，否则这个国家将没有希望。

必须强调一点，以上诸项并非我的个人建议，而是一个基于数字与现实的简单事实。现如今的日本女性生育意愿如此低迷尽管是诸多因素造成的，可归根结底还是与金钱（高昂的育儿成本）有关、与景气有关。而景气又与人口有关。所以这是一个典型的死循环，而打破循环唯一的办法，只能从人口入手，从移民入手。非如此没有其他的解决之道。

人口增加了，景气好转了，就业形势与薪资状况便会得到明显改善。而这种局面的形成不但会让人们对恋爱结婚、生儿育女更为积极，而且也能从根本上解决政府的高负债问题，扭转日本极其畸形的财政现状。毕竟景气的好转可以带来税源的增加，政府手里有了钱便无须借那么多债，搞那么多赤字。

这才是一个典型的良性循环。这样的国家才有希望，才有未来。

顺便说一句。不仅是日本，许多欧洲发达国家以及亚洲的韩国、新加坡、中国等工业化程度较高的国家，也都存在着相当严重的少子化、高龄化问题。其原因也颇为近似：钱和时间。特别是前者，是根本性因素。

许多人都说受过教育的职场女性之所以对婚姻及生育态度消极，是因为怕影响自身的职场前途和人生抱负，殊不知这种看法是对女性的莫大误解。

理由很简单。如果工作机会遍地都是，挣钱越来越容易、越来越多，试问有哪个女性不想为人妻、为人母？

这一人类的天性又有谁忍心轻易放弃？

至少，在那些衣着光鲜、意气风发的社会名媛及贵妇群体中，"育儿、工作两不误"的案例绝不少见。这也是客观事实。

所以，归根结底还是经济问题。对上述国家来说，开放移民即便不是解决问题的唯一出路,也至少值得认真考虑。

开放移民还有一个好处。那就是能够极大地丰富一个国家的多样性,并由此极大地刺激这个国家的创新动机与创新能力。

不错,技术革新向来源于多样性。只有更多的人拥有更疯狂、更与众不同的想法,一块土地上才更容易诞生特殊的创意以及特殊的技术。

当来自世界各地,拥有多种多样不同背景的人聚集在一起时,头脑风暴便会骤然卷起,天马行空的点子也便会自然发生。这是尽人皆知的道理。

美国的跨国公司就是这么做的。而这一点也是这些跨国公司能够如此强大,如此长时间地称雄世界市场至关重要的原因。事实上,现在美国一流的科技企业中相当多的CEO、高管及研发部门的骨干人才都是移民,特别是亚洲国家的移民。重点是,这些高级人才并不是美国从现成的国际人才市场中挖角过来的,而是通过长期的移民政策,一点一滴、一步一步地自己培养出来的。

"苹果"之父乔布斯的经历,就是一个典型的例子。这位美国的"创新之王",便是叙利亚移民的后代。

显然,这一点不仅适用于经营公司,也适用于运营国家。

我认为,创新这个东西在很大程度上源于职场乃至日常生活。也就是说,需要人们在实践中以及人际关系的交往与碰撞中去诱发创新,把握创新,并让创新成功落地、开花结果。

这就意味着,在大学教室中讲授创新往往效果不佳。因为创新这个东西是不太可能从课堂上学到的,而必须从不断地实践、冒险与试错中得来。

当然,引入大量移民并不意味着必然会发生惊人的创新。不可否认成功的创新是一个小概率事件。可即使如此,大量移民的涌入也会在很大程度上提升高品质创新发生的可能性,所以因噎废食的想法不足取。在这件事上,美国曾经的经验颇具启发性,即便现在的美国已经逐渐变成反面教材。

想起了一个小花絮。

若干年前，我曾参加过日本电视台的一个访谈节目。节目中主持人对我说："日本是一个婴儿与移民都很少的国家。"

我答："这是因为日本人不大喜欢外国人。"

没想到，他立刻反驳道："谁说的？日本女性一向喜欢外国人的！与外国人结合的日本女人一直都不少啊！"

我承认他说的是事实。日本民众中确实有不少不排斥外国人的人，可这毕竟是相对少数，更多的人并非如此。

事实胜于雄辩。

即使今天，日本的ATM机上也很难使用外国发行的银行卡或信用卡。也许为了筹备2020年东京奥运会，这种情况现在有所改观。可奥运会之后日本是否能将对外国人总体友好的环境长期维持下去，我个人并不抱太大期望。

>农业，绝对有机会>

当然，今天的日本也并非一无是处，完全没有投资机会。

也许出乎许多人的意料，我认为今日之日本，具有潜在投资价值的领域是农业。

现如今，日本农业从业人口的平均年龄已达67岁（2018年统计数据），高龄化趋势非常明显。这就意味着农业在日本经济中是一个被相对遗忘、相对忽视的角落。此现象非日本所独有。即便从世界角度来看，无论是那些工业化程度较高、较为富裕的国家和地区还是一些相对欠发达的传统农业国家，都不同程度地存在着相同或类似的情况。

在美国，许多年轻人宁可学习公共关系专业，也不愿学习农业方面的知识与技能；在英国，人们也普遍对农业缺乏兴趣，且该领域务工者较高的自杀率已经逐渐演变成一个社会问题；在印度，沉重的债务负担导致的财务破产现象令农民的自杀率居高不下，以致印度政府不得不对该国的部分农民群体推出"债务减免"政策，以图问题的解决，至少是局部解决。

说了这么多农业的事，并不代表我本人有收购农场做农家的打算。因为我自认生性懒惰，不大适合做职业农民，且平生习惯了行游四海，过闲云野鹤般的日子，所以也不大可能被专业的田地劳作所束缚。

问题在于，一个国家或地区的人口老龄化趋势越是显著，农业领域的务工人员便越会不足。日本就是典型的例子。由于务农人口过少，迄今日本政府推出了不少政策试图改变局面。最著名的政策就是所谓"农业技能研修生"制度了。这项制度允许日本的农家和农业企业从国外，特别是亚洲发展中国家引入大批年轻人，以研修生的名义去日本打工，以解决人手不足的问题。

但是，该制度的实际效果依然非常有限，且在实行过程中麻烦不断，颇受争议（比如雇主强迫劳动、克扣工资，以及受雇研修生擅自离岗、违规滞留打工等现象，都已引发舆论界和有关方面的广泛关注），因此解决问题的办法还是要从内部来考虑。

说起来，机器人和自动化技术是日本产业的传统强项，日本人完全可以活用这方面的优势，为本国的农业生产带来革命性的变革。

比如利用无人机、农业机器人和AI人工智能技术，在农业领域掀起一场广泛的技术革新与技术升级运动，一定会收到奇效。这样一来，不仅能从根本上解决人手不足的问题，还能大幅度提高农业生产率，进一步提升农产品的产量以及农民的个人收入。重点是，大量新科技、新玩意儿的登场可以有效刺激年轻人的兴趣，让农业不再与这个生机勃勃的群体无缘。而年轻人的大量涌入也有利于进一步解决农业人口不足以及农民老龄化的问题，让日本农业彻底重生，焕发勃勃生机。可谓"一举多得"。

如果能如此的话，对日本这个国家来说，农业领域和农村地区将是一块充满投资潜力的热土。

在这一方面，真正的先驱是中国。

没错，也许很多西方国家的人会觉得有些不可思议，可是上述场景现在确实真实地发生在中国广袤的农村地区。

在很长一段时间里，中国的农业人口也存在着颇为严重的老龄化问题。

随着经济的迅猛发展，老百姓生活水平大幅提高，大量中国农村地带的年轻人纷纷涌入城市打工、定居，导致留在农村和农田里继续务农的，大多是上了年纪的人，即著名的"留守老人"。

这个问题曾经一度深深困扰中国的农业发展，成为所谓"三农问题"（农业、农村、农民问题）的核心要素。然而时至今日，该问题的解决已经逐渐有了眉目。

中国人的办法，就是我在前面提到的"科技创新"。

现如今，最尖端的现代科技已经在中国的农业领域大面积普及，许多成果甚至在世界上都居于领先地位。而中国之所以能做到这一点，与其在5G领域的绝对主导权和北斗导航系统方面的重大突破有着莫大的关系。

这恰恰是中国人的强项：也许很多最基础的科技创新并非来自中国，但是大规模应用并在实践中不断改进、提高这些创新技术的能力，中国人要说第二，则无人敢领第一。

现如今，在中国的农田里，到处都能看见喷洒农药的无人机，自动驾驶的播种机、收割机、耕田机，无数监控摄像头，全自动滴灌系统……中国人将其硬件与软件的强项发挥到了极致。

由于这些新科技、新玩意儿的大量登场激发了年轻人的强烈兴趣，许多年轻人重新回到家乡，成为"新时代的新农民"。其中不乏高学历者，甚至农业或IT专业的博士也并不罕见。

这就是一个典型的良性循环：最新科技找到了用武之地，有了不断地试错、改错，不断地成熟、发挥更大效力的机会。那么有朝一日，这些已然成熟的技术必将跨越农业，造福各行各业；农业不再是一个"陈旧"产业，而成为一种"时髦"现象，从而吸引更多年轻人奔赴农校学习农业专门知识，学成之后又能扎根农村发挥专长。这样一来，既解决了农村人手不足的问题，也提升了农业产业的科技含量和生产效率，极大地有利于农民的脱贫致富；大量年轻人返回乡下创业，既能有效刺激农民群体年轻化趋势，又能从整体上提升农业经济的规模和质量，使农业从国民经济的"拖油瓶"变成"发动机"；最后，也是最重要的一点，农民手里有了钱便可刺激消费，从而让国家的经济发展更具内生动力，更可持续。

所以，趁现在中国农村地区发生的革命性变革还没有在世界上广为人知，趁许多人依然秉持偏见，不愿更新信息，固执地认为"贫富差距""城乡差距"问题一如既往地深深困扰着中国经济，是经济发展的阻力而不是动力，进而对中国的农业不屑一顾的时候，聪明的投资家应该有所行动了。

还是那句话，我的投资之道是：多角度观察、独立思考、深刻地解读这个世界；在第一时间发现巨变的迹象，并迅速锁定变化的发生地；然后在那个巨大变化将要发生的时候抑或发生的初期，果断地投入真金白银。

>不向外国人开放的国家必然会衰落>

从古至今，真正强大乃至伟大的国家，都是那种"海纳百川，有容乃大"的国家。这样的国家永远都会敞开怀抱欢迎四方来客，并在广大移民的支撑下发展繁荣。

罗马帝国就是一个典型的例子。那时的罗马帝国，外国人可以很容易地得到公民权，甚至有资格成为元老院（古罗马的行政机关）的议员。这个古老帝国之所以强大，与这种多元化、开放包容的发展思路有莫大的干系。

即便是古代中国，也不乏开明的皇帝主动利用外国出身的人才为国家的发展与治理做贡献的案例。

一个非常朴素的问题：吸收大量移民的国家会发生什么？

简单。远离自己的国土，千里移民而来的人们会拼死劳作，想尽办法为自己和家人创造更为富裕美好的生活。这件事一定会发生，否则，抛弃早已习惯的舒适区，孤注一掷地投入一个完全陌生的环境也便没有了任何意义。

为了养儿育女，并让子女受到更好的教育，拥有更好的未来，每个移民都会拼命挣钱，幻想着有朝一日能发家致富。除了子女教育，他们还渴望享受生活，会用自己的血汗钱购买汽车、洋服、家用电器……当然，以自己的储蓄做首付，从银行贷款买房，好在新的土地上安一个家，拥有一个属于自己的栖身之所也自是必不可少。

把上述种种场景联结起来，就是一本生动的经济学教科书。

换言之，移民们的勤勉、消费与欲望，将成为一个国家或地区强大的经济发动机，这本身就是一种优质生产力的体现。

说起来，除了某些个别案例，纯粹出于个人爱好上赶着移民的人并不多见。理由很简单。如果在自己的母国拥有不错的工作和生活，又有几个人会甘愿抛弃一切跑去移民？

显然，会选择移民这条路的人，大多拥有相同或相近的想法，即在那片新的土地上，自己有可能变得更富裕、更幸福。

反之亦然。

如果某个国家或地区有大量的人已经抑或正试图移民国外，那这个地方很可能会走向衰落。

除了这一点，行将衰落的国家还有其他一些相似之处。

比如国民愈发怠惰，厌恶劳作、贪图享乐。天天幻想着不切实际的奢华生活，于是乎天天过着月光乃至寅吃卯粮的日子。钱不够花时便随意地染指银行贷款，直至债务缠身、财务破产。

正如我在前面所说，没有一个国家的繁荣会永远持续。不管这个国家曾经强大到何种地步，亦是如此。

所以，尽管迄今为止美国是世界上最大的移民目的地，无数来自世界各地的移民怀揣"美国梦"奔赴北美大陆上的那片热土，幻想着有朝一日过上美国中产阶级甚至美国富人的日子；但随着这个国家愈发老朽没落、萎靡不振，且对移民越来越仇视、排斥，也许未来的某一天形势会发生逆转。美国将从净移民引进国沦为净移民输出国也未可知。

自古以来，帝国兴衰的历史就是这样写就的。从无例外。

前面已经提到，罗马帝国的兴盛，便与移民有莫大关系：大量移民的涌入促进了帝国的繁荣，而帝国的繁荣又吸引了更多移民投奔罗马。这就是一个典型的良性循环，与曾经的美利坚合众国毫无二致。

当然，古罗马时期既没有互联网也没有民航客机，罗马帝国是凭借当时相对发达的道路网络，促进了不同地区之间人员和信息的流动以及文化与贸易的交往，进而一手缔造了永载史册的盛世荣景。

所以说，无论时代如何变化，令移民向往的国家，愿意抛弃一切前往的国家，一定会繁荣昌盛。历史无数次地证明了这一点。

去更富裕的地方打工赚钱、安家立业，此乃人性使然，从无例外。这不是我的个人主张，而是客观规律、历史规律，不以人的意志为转移。

非洲国家埃塞俄比亚，也是一个曾经因为移民而一度繁荣富裕的绝佳案例。

这段历史也许知道的人没有那么多，可却是千真万确的事实。

两千年前，埃塞俄比亚的前身阿克苏姆王国就是由移民（祖先是曾生活在阿拉伯半岛南部的含米特人）创建的国家。正因如此，这个国家对外国人的态度极为开放，又吸引了更多的新移民前来。一时人流如织、货流畅通，创造了该国史上罕见的繁荣局面。

阿克苏姆王国的人们主要以罗马帝国和古印度为贸易对象。他们出口象牙、黄金、绿宝石等物资，进口丝绸和香料等货物。他们不仅敞开国门吸纳移民、与外国做生意，还主动走出去开疆拓土、扩大事业版图。其足迹不仅遍布非洲大陆，甚至远达祖先的居住地阿拉伯半岛。

在国力最鼎盛的时候，阿克苏姆王国甚至一度具有铸造金币和银币的能力，而这一点则意味着在金融和贸易领域有绝对的话语权。

遗憾的是，进入公元7世纪以后，这个王国逐渐失去了昔日的生气，开始走向衰落。而且这一衰，就足足衰了上千年。

我认为，埃塞俄比亚之所以会陷入如此漫长的衰退期，与当年的阿克苏姆王国将基督教定位为国教的举动有莫大的关系。

本来，由于移民众多，人们来自五湖四海，这个国家的宗教信仰是非常多元化的。除了传统的多神教以外，基督教、犹太教、佛教在阿克苏姆王国都有为数不少的信徒。

因此，对拥有其他信仰的人们来说，基督教的国教化政策显然是不受欢迎的，会让他们产生明显的被排斥感，而这种感觉等于无形中对新移民关上了大门。

说起来，宗教统一确实有利于执政者的统治。问题是，只有文化与信仰的多元化才能造就适宜移民的肥沃土壤，而只有引进大量移民，一个国家才可维持长久繁荣。没有深刻意识到这个规律的阿克苏姆王国显然是短视的。而其后漫长的衰退期、无尽的蹉跎岁月，也有力地证明了这一点。

>靠移民的力量繁荣至今的美国，到底发生了什么>

说起移民的贡献，美国也许最有发言权。

这个唯一的超级大国，当年就是依靠来自全世界的移民发展繁荣起来的。

这个历史事实世人皆知。

曾经的美国，对外国移民极其友好，甚至可以将大块的土地相赠，允许他们在这片热土上安家立业、创新致富。但是，特朗普政府却扭转了这个国家的方向，让美国民众失去了对外国人的宽容，甚至开始敌视外国移民。

著名的"美墨边境墙闹剧"就是一个明证。

不只如此，仿佛还嫌事态不够糟，如今的美国已经被新冠危机击垮，经济社会一片混乱。而景气越差，拿外国人出气的现象便会越严重。所以排外风气日盛的美国已然不再是全世界移民向往的乐土。

不仅是美国，歧视抑或差别化对待外国人向来是人类社会的通病。

即便是以开明著称的新加坡，也就是我现在居住的地方，尽管不存在明显的排外现象，但对外国人的态度也难说一视同仁。最起码，来自发达国家的人和来自发展中国家的人，在这个国家的待遇天差地远。后者连工作机会甚至居住地都有明确的限制，更不要说薪资水平了。显然，这些来自贫穷国家的外国人在新加坡是事实上的"二等"甚至"三等"公民。

美国又是怎么做的呢？

曾经的美国大肆宣传自己拥有伟大的自由民主制度和广袤丰饶的国土，令无数外国人对这个国家趋之若鹜。当他们怀揣理想，远涉重洋来到美国时，想必对这片热土充满了玫瑰色的幻想。

但是，19世纪的美国，无论是女性、黑人还是黄色人种均受到严重的差别化对待乃至赤裸裸的歧视。他们甚至连选举时的投票权都没有，更别说参政议政的权利了。

在这种背景下，1882年，美国国会通过了臭名昭著的《排华法案》，并由时任总统切斯特·艾伦·阿瑟签署成法。

这是一部禁止中国劳动者移居美国的法律。对曾经用辛劳与血汗，甚至不惜牺牲生命为美国铺设了无数铁路干线，进而奠定了这个国家繁荣基础的中国劳工来说，这种做法显然是卑鄙无耻、始乱终弃的背叛行为，而这一背信弃义的事件也成为美国自身历史的一大污点。

最初，这一典型的恶法还有十年的限定期，而1902年，这部恶法则变成永久性的法律，一直到四十一年后的1943年才被时任总统富兰克林·罗斯福废止。

在19世纪所谓"淘金热"时代，美国出现了严重的劳动力不足问题。由此，美国开始大量接受中国人赴美务工。可随着经济景气逐渐恶化，美国人却突然变脸，开始打"驱逐中国劳工"的主意。他们给出的借口是，黄色人种与美国社会格格不入，从不试图主动融入社会，而且无论多低的工资都愿意接受，因此严重地影响了美国本地人的就业机会，并极大地压低了美国劳工市场的平均工资水平，削弱了美国工人在劳动报酬方面的议价能力。所以，黄种人是"祸水"，伤害了美国人的利益，必须把他们从这个国家驱逐出去。

就这样，曾经为近代美国的经济繁荣做出巨大贡献的华工群体，成了美国人面对经济衰退与社会弊病时肆意甩锅的对象。

抚今追昔，此行为与今日特朗普总统的某些作为以及美国社会某些民众的心态何其相似！

不可否认，美国的华人群体向来具有相对封闭保守的倾向，确实不太善于与其他种族的社群交流、融合。问题是，这种倾向显然是一种自我保护意识的自然结果，是一种试图取暖的天然反应。试想，如果美国真像它自己鼓吹的那样自由公正、重视人权，完全没有任何歧视现象抑或差别化思维，让所有种族的移民均能产生强烈的归属感和安全感，均能享受完全平等的社会机会，进而能够真实彻底地以此地为家，又有什么人不想敞开心扉，完全融入呢？

这是一个显而易见的道理。

>以史为镜，可以知兴替>

我在前面介绍过，古老的中国有句格言，叫作"以史为镜，可以知兴替"。而这句话精确地概括了我如此喜爱历史的原因。

无论世界如何变化，人类的本性永恒不变。既然人性不变，那么人类在身处某种环境、面对某个事物时的心理动机和具体行为也将大体保持一致，进而导致行为结果的相同或相似性。

所以通过观察历史上的人物都是怎么做的，并由此最终导致了什么结果，我们就可以有的放矢、扬长避短，通过主动作为让好的结果尽量发生，同时尽量避免坏的结果。

我认为，20世纪最伟大的政治家是中国已故的前最高领导人邓小平先生。

他在"改变世界"这件事上，比谁做的都多。

相信任何西方国家的人，都知道改革开放之前的中国是什么样子的。在我小时候，大人劝孩子好好吃饭不要浪费粮食时最常用的说辞就是："别忘了，中国的孩子们还在饿肚子。"

但是，改革开放以来中国发生的巨变，不仅从根本上改变了这个国家自身，还极大地改变了亚洲，改变了世界。所以，显然"改革开放的总设计师"邓小平先生是一个可以被载入史册的真正的智者。

现如今的中国本身，便正在书写历史。

这个国家正处于其近现代史上的黄金时代，在世界舞台上的存在感空前高涨。今天，全球市值最高的十家公司的排行榜中，已经不乏中国公司的身影。特别是电商巨头阿里巴巴和通信技术领域的王者腾讯，更是这份榜单里的常客。

科技创新有一个好处。那就是每当一种高科技产品诞生时，总会刺激人们的好奇心和兴奋度，从而让人们甘愿为这种产品打开荷包。哪怕这意味着需要比消费那些低科技产品花更多的钱也在所不惜。

对美国来说，一百年前的收音机和固定电话，半个世纪前的电视机以及十几年前的智能手机，就是这方面的典型例子。这些新科技、新产品的问世，极大地刺激了人们的兴趣和购买欲，从而有力地扩大了内需，提振了经济。

因此，与那些传统产业相比，在世界经济的发展史上，高科技领域的企业经常会成为市场中的领导者，拥有相对较高的股价估值。

由此，我们可以断言：无论是从前、现在还是未来，人们对新科技的狂热不会改变。此乃人性使然，也是历史的必然。

甭管未来的科技潮流是什么，抑或这些新科技、新玩意儿有多么花哨、耀眼，只有那些能够真正将其落地，并与普通老百姓的日常生活紧密衔接起来的人和企业，才有存活下来的可能，乃至发展壮大的机会。而这样的企业家和企业，就是投资家必须锁定的标的。

任何新科技的最高使命，都是改变世界。而不具备这种潜力的科技成果不会有生命力，不可能长久。

就拿固定电话来说，也许今天的人们甚至都不觉得这个东西有任何"科技"的色彩，可在一百到一百五十年之前，也就是固定电话诞生的那个年代，能够让远在天边、相隔两地的人们彼此听到对方的声音，绝对是一种革命性的创新，具有石破天惊般的震撼力。

今天，最令世界感到兴奋的高新技术之一恐怕就是区块链了。

尽管许多人对区块链的认识还停留在"比特币"的层面上，但这只是这项技术在应用领域的一个方面而已。简而言之，所谓"区块链"技术，就是用一种被称为"分布式记账法"的数学手段，再加上无限随机的加密技术，通过让每一个参与者均拥有所有交易的所有信息，实现"去中心化"的目的，从而让篡改信息的可能性无限接近于零。换言之，就是利用纯数学方式实现真正意义上的"绝对信用"。让两个陌生人之间的一对一交易在没有第三方参与或监督的情况下成为可能，不会产生任何风险。其最大价值在于省去了无比烦琐的"征信"过程，且具有高效、可追溯等特点，因此是一项具有划时代意义的伟大技术发明。

由此可见，不仅是金融领域，即使是医疗、零售、房地产等行业，均可利用区块链技术对既有的产业机制进行改造，从而大幅度提升行业效率，创造海量的新价值、新产品和新机遇。

即便今天这一前景还不甚明朗，未来的某一天，区块链技术的潜在能量一定会被无数新变化、新现实所证明。

环保科技方面也有不少值得注意的新发现。对投资家来说，这个领域正在发生的科技创新现象也不可小觑。

再来就是现在热度正高的AI人工智能技术领域。这方面的初创公司也是投资家的最爱，正在吸引数以十亿计的庞大资金。

AI人工智能技术最大的魅力在于，它能通过大数据和云计算等手段，高精度地仿制人类的行为甚至是思维。这一点对人们来说实在是很新鲜、很刺激，具有很强的颠覆性乃至革命性。其震撼效果几乎不亚于一百多年前的固定电话。

还是那句话，任何具有这种效果的科技创新都有改变世界的潜力，值得高度关注。

除此之外，无人机行业的发展也正方兴未艾。现如今，该行业的发展重点已经从单纯的"技术升级"逐渐向"技术升级"与"应用场景扩展"双轨道并行的模式转移。由于应用场景越来越多，越来越新鲜、刺激，这个行业的发展前景将不亚于人工智能，甚至能与后者深度融合，创造出更多的惊喜与奇迹。

总之，并不是所有的高科技都能成功吸引投资家的注意。是否具有真实可期的未来，是否值得投入真金白银，与这种科技是否足够新、足够刺激以及是否拥有足够靠谱、足够接地气、足够可持续的现实应用场景有关。

如果你实在无法对此做出判断，简单，从历史中寻找灵感即可。因为"以史为镜，可以知兴替"。

>下一场战争，将在哪里爆发>

中东地区是现在的一个热点，也许下一场战争会在那里发生。

我认为，不仅是那里的阿拉伯人和以色列人，许多域外势力（如美国和其他北约国家）也在该地区做了不少动作，犯了不少错误。换言之，那是一片许多人都在犯错的土地。

在人类的近现代史上，中东地区是一个有名的"火药库"，其破坏力不亚于曾经的"欧洲火药库"——巴尔干半岛。

必须强调的是，从根本上来说，任何战争都是对人类利益的严重伤害。许多战争的潜在火苗开始时也许并不起眼，可一旦战端骤起，战火往往会迅速蔓延，一直发展到连战争发起者都无法控制的程度。

战争的这种不可控性，值得人类高度警惕，切勿重蹈覆辙，害人害己。

第一次世界大战就是一个典型的例子。

当初，所有人都认为这场战事只是巴尔干半岛上的一个小冲突，很快就会结束，不必太在意。没承想，短短数月之后，这个"小冲突"便迅速演变成一场蔓延至整个欧洲大陆甚至席卷了全世界的大规模战争。其残酷和惨烈程度直到今天都令人不寒而栗。

现在，中东地区明显处于一种不安定状态，其程度几乎不亚于第一次世界大战前的巴尔干半岛。

当年，随着奥匈帝国的皇储斐迪南公爵倒在了一位塞尔维亚青年的枪口下，奥匈帝国旋即对塞尔维亚宣战。（顺便说一句，吞并塞尔维亚本来就是奥匈帝国的既定国策，而这一点也是诱发其皇储被刺杀的主要原因。奥匈帝国正好以此为由对塞尔维亚开战，从而"名正言顺"地实现并吞后者的目的。）本来，强大的奥匈帝国以为打败孱弱的对手轻而易举，因此认为战事会很快结束，没承想，沙俄、德国、法国、英国甚至是远隔重洋的美国和日本也纷纷加入战局，使战火迅速蔓延，转眼间演变成一场世界大战。

当年，巴尔干半岛上一个叫作"萨拉热窝"的城市名不见经传，许多人甚至从未听说过这个地方。可就是在这样一个默默无闻的小城，酿成了一场惨绝人寰的世纪战祸。

同样的道理，在今天的中东地区，尽管许多发生冲突的地方是鲜为人知的小城，可那里发生的事并非与我等无关。如果每一个人都置身事外、漠不关心的话，迟早有一天所有人的利益都将被不期而至的战火所深深伤害。

关于中东这片土地，卡塔尔、迪拜之类的地方想必知道的人有很多，可又有多少人知道一个叫作"也门"的国家呢？

这是一个位于沙特阿拉伯南边的小国。今天，这个国家正在发生真刀实枪的战争。沙特领导的联军空袭也门，而后者则在伊朗的支援下向沙特境内发射导弹。如果这场战争不能很快平息下来，甚至引来许多域外势力进行军事干预，那后果将不堪设想。

这与当年的"萨拉热窝事件"何其相似？一个本来与己无关的地方，发生的一件本来与己无关的事情，最终却把所有人都卷了进去，让所有人都备受伤害、懊悔不已。

正如当年的第一次世界大战。战争爆发六个月后，所有的参战国均后悔不已，没想到事态会演变到这个地步。可到底如何收场，如何结束这场战争，却没有人知道。

西方世界有这样一个古老的谚语："不要轻易挥拳相向。"因为拳头这个东西，举起来容易，放下来难。

诚如此言。

>21世纪的"萨拉热窝事件"，未必不会出现>

今天中东的某个地方，未必不会变成21世纪的"萨拉热窝"。

因为有太多的人在这片土地上犯错，而且还知错不改，持续犯错。

我这样说，并不是为了吓唬大家，抑或为自己博取一两个廉价的噱头，而是希望强调一个被历史反复证明的事实，那就是"前事不忘，后事之师"。

享受了太多年的和平，过了太多年安稳日子的人们，很容易犯一个低级错误，那就是轻易地认为"和平"这个东西是理所当然的，甚至是天上掉下来的馅饼，完全可以坐享其成，完全可以不以为意。

越是这样的人，便越会若无其事地看待战争，他们甚至还会或轻描淡写或兴高采烈地讨论战争，仿佛那是一件永远与己无关，只与他人有关的事。自己只需做个或淡定或兴奋的看客即可。

这种对"和平"与"战争"的麻木不仁非常有害，值得高度警惕。

今天的中东，因为富产石油，引各方势力垂涎，且存在着阿以之间根深蒂固的矛盾，因此是名副其实的"火药桶"。

这一点与朝鲜半岛截然不同。那里的形势由于有地区大国打底，尚处于一种总体稳定、总体可控的局面，应该不会出太大的乱子。所以下一个"萨拉热窝"，大概率事件会出现在中东地区。

也许有一天，一个不知名的中东小城会随着一声枪响突然间名声大噪、世人皆知。而这样的事最好永远也不要发生。

SEVEN

洞察未来的正确方式——越是"社会常识",越要持怀疑的态度

TIPS

危 机 时 代

中国的历史可谓多灾多难，但无论经历多大的灾难，中国人也总能不惧牺牲、顽强拼搏，依仗坚韧不拔的毅力和坚持不懈的努力成功地力挽狂澜、扭转乾坤，不但能恢复元气，还能迈向更高的巅峰。

所以我才会说，跌至谷底后还能重返巅峰这件事，在人类历史上只有中国这一个国家做得到。

从今时今日中国的勃勃生机和如虹气势来看，这一次也不会是例外。

>"奥运救国"这种事，从未发生过>

直到不久之前，日本还沉浸在2020年夏季奥运会即将举行的亢奋氛围中。结果受新冠病毒疫情影响，本届奥运会不得不延期。

对日本人来说，这里有一点需要特别注意。那就是不要对奥运会这件事抱有过高的期望，不要指望这个全球最大规模体育盛事的召开能够为日本解决太多问题。

回望过去一百年的历史，即便"奥运兴国"的案例曾经有过（比如1964年的东京奥运会、1988年的首尔奥运会以及2008年的北京奥运会。这几次奥运虽然均具有"锦上添花"的特征，但当时都是在经济社会发展本就气势如虹的国运上升期举行，从而能有力地提升国运），可"奥运救国"（亦即通过举办奥运会把经济从景气停滞或景气下降的泥潭中拉出来）这种事却从未发生过。事实上，许多国家都举办过奥运，但这场人类盛宴却并没有从根本上改变这些国家。如果一定要说有所变化，那么也大多是负资产。比如主办国和主办城市庞大的负债，纳税人沉重的负担，以及赛事场馆后续处理的无尽麻烦，等等。

围绕着这场体坛盛事，在长达数月的时间里，举办奥运的国家和城市都将被一种狂热的气氛所包围，无论是普通国民还是政府官员都会喜悦异常、兴奋莫名。

不错，实体经济领域确实会出现所谓"奥运效果"。为了迎接奥运，大量基础设施需要上马，会创造不少投资机会。可与此同时，这种基建项目的投资往往金额极大，也会带来沉重的债务负担。

也许对旅馆业者或航空公司来说，举办奥运会是一个绝佳的赚钱机会。可并非所有实体经济部门都能享有这样的幸运。事实上，奥运会的举办对一个国家或一座城市的总体经济来说，往往弊大于利。与有限的经济效果相比，庞大的债务以及一系列后续问题（比如比赛场馆的高昂维护费用等）所造成的弊端更为明显。

不久之前举办过奥运会的希腊（2004年雅典奥运会）和巴西（2016年里约奥运会）就是典型的例子。这两个国家在奥运盛宴结束后，均陷入了严重的经济低迷状态，直到今天也没有完全恢复元气。

在百年奥运史上，这样的案例并不鲜见。反之，能够真正为主办国盈利或留下坚实经济和社会遗产的奥运盛事少之又少（我的记忆中，除了上述三次在亚洲举办的奥运会极大地提升了这几个国家的国运之外，只有1984年的洛杉矶奥运由于做到了收支大体平衡而且具有经济方面的意义）。

不可否认，奥运会的举办确实会在一段相对集中的时间里产生极大的宣传效果，并让经济部门中的一部分人受惠。但这种类似于狂欢派对般的高亢情绪在盛会结束后会很快散去，而留下的遗产往往更多的是麻烦，而不是成果。

因此，至少对我个人来说，绝不会因为某个国家或城市要举办奥运，便去投资所谓"奥运成分股"。

没错，奥运会具有极大的全球性影响，世界上的每个人都知道奥运会。可正因为无人不知无人不晓，奥运会反而没有投资价值。如果你想赚钱，尽量不要投资那些尽人皆知的热门标的，而要想办法寻找鲜为人知，却深具潜在价值的冷门对象。

比如说，政府开始向某个领域投入大量资金，也许意味着那个领域里有不错的投资机会。反之，每个人都开始狂热地购买某个标的时，也许恰恰是卖掉那个标的的好时机。

总之，"在别人贪婪时恐惧，在别人恐惧时贪婪"是投资界永恒不变的法则。这便意味着，被所有人看好与喜爱的东西往往并不会带来好运。当你碰到这种东西的时候，一定要多加小心。

>"独角兽热"已然泡沫化>

由于投资中国的阿里巴巴集团而大获成功的日本软银公司，近些年来将所谓"独角兽（市场估价超过10亿美元的初创高科技企业）"作为投资重点，并已经注入了大量资金。

但是，这些"独角兽"是否真的像市场预期的那样，具有如此高的投资价值呢?

对此，我个人持怀疑态度。

美国的共享办公空间公司"众创空间"（WeWork）、网约车公司"优步科技"（Uber Technologies）……这些所谓"独角兽公司"在我看来大多大同小异，没有什么明显的区别。

过去也曾有过类似的事情。

比如说，当我们回望21世纪80年代中后期的日本"泡沫经济"时，会发现一个在今天看来颇为奇怪的现象：那时，往往受到市场力捧，得到极高估值的都是同一类型企业。而投资者给出的理由是"这里是日本（潜台词是，不能以一般化的视角来看待日本企业）"。

仅仅因为是"日本"企业，便会受到市场的无差别化追捧。这与今天市场对"独角兽"企业的态度何其相似!

"因为是独角兽，所以就应该投资。"这句在逻辑上怎么看怎么别扭的话，却成了市场中的"常识"。几乎无人质疑。

犹记得当年在我的某次演讲中发生的一幕。

当时，站在讲台上的我对着台下的观众说："我认为市场对日本股票的评价有虚高的迹象。换言之，日股有泡沫化的风险。"

话音未落，便有人举手发言："日本人不一样（亦即不能以常理看待日本）。"

我答："日本人穿裤子的时候，也是一条腿穿进去之后再穿另一条腿，而不是两条腿同时穿。换句话说，日本人穿裤子的方法和美国人没什么两样。"

这段小插曲令我颇为感慨，由此认识到了人性中的一个弱点：当人们陷入疯狂的时候，永远都会用一句口头禅替自己辩解，即"这次不一样"。

这句话反过来说也成立：当许多人心照不宣地说出同一句话，也就是"这次不一样"的时候，那么很有可能人们已经陷入某种疯狂状态。

所以对我来说，每当有人在我面前试图用"这次不一样"为自己的疯狂举动辩解时，我的脑海中浮现的永远都是同样的人、同样的事、同样的想法、同样的行为和同样的下场。因为这样的画面我见过的实在是太多了。

1999年，美国最大的财经报纸《华尔街日报》曾经开辟过一个专栏，题目叫"新经济（NEW ECONOMY）"。为显重视，报社编辑特意将"新（NEW）"和"经济（ECONOMY）"这两个英文单词的所有字母均用大写标识。

"所有一切都是新的，都与从前截然不同"，想必编辑们希望通过这样一种语境以及氛围的渲染，尽可能地突出专栏中的内容，即所谓"新经济"将是"革命性的""你绝对没想到的"。

说到这里，恐怕聪明的读者已经猜到了这份财经大报所鼓吹的所谓"新经济"指的到底是什么。

没错，就是20世纪90年代红极一时的"互联网经济"。

那时，令无数人趋之若鹜的互联网企业正在股市中大显神威，谁买到这些公司的股票，简直就跟捡到黄金一样，几乎注定会发财。

《华尔街日报》的那个专栏，就是在这种背景下华丽登场的。

然而，短短一年之后，也就是2000年，"互联网泡沫"破裂，整个行业一片萧条、哀鸿遍野。而《华尔街日报》的编辑们，再也没使用过"新经济"这样的字眼……

这就是历史上曾真实发生过的事。

遗憾的是，"好了伤疤忘了疼"是人类的本性。当脑门上的伤养好后，人们永远都会再一次被相同的石头绊倒。可今天的我，已经不再同情这一人性的弱点。因为即便同情了也没用，人类永远都会醉心于那些完全没有根据的狂热。

我所等待的，只是这种狂热必然会带来的结果，以及那些结果可能会带给我的机会。

>投资阿里巴巴的股票，不是好主意>

与"独角兽"现象相仿，区块链技术现在也是一个被市场追捧的热点，且热度也有虚高的迹象。

现如今，这项技术已经在市场中有了某种"通用货币"或"通关暗语"的色彩，仿佛只要投资与其沾边的企业，便注定大有前途其或稳赚不赔。

尽管我承认区块链确实是一项具有划时代意义的革命性技术，且未来在实体经济的应用场景方面也相当可观。可即便如此，一旦涉及真金白银的投资，我还是奉劝大家能够冷静一些，切忌轻信他人，盲目出手。

至少在现阶段，和区块链有关的技术绝大多数来源于谷歌、亚马逊、微软和索尼等世界级的行业巨头。而这些巨头的股价本身已明显泡沫化，投资的机会并不大。

所以迄今为止，至少对我个人来说，在区块链这一块还没有发现一个能够彻底说服自己的投资对象。因为我认为，真正值得投资的区块链企业，一定是那种拥有独立经营权和高质量知识产权的中小型企业。换言之，"独立经营""拥有自己开发的业界公认的领先技术""中小型企业"这几个要素缺一不可。除此之外，别无良选。

由此，可以得出这样一个结论：为了投资区块链而购买阿里巴巴集团的股票不是一个好主意。

即便这家中国IT巨头的麾下有不少出色的区块链技术开发企业，也不值得投资。因为这些企业最大的命门在于：它们寄人篱下，缺乏独立性。所以就算未来的某一天随着区块链技术的普及，这些企业也有可能变强、变大，这种量变与质变的价值却未必能准确地体现在阿里巴巴集团的股价变化中。理由很简单，这家IT巨头的触角实在是伸得太长，覆盖面也实在是太广了。所以即便某个领域的价值能爆发出来，也很有可能被其他领域的价值暴跌所遮盖。

还是那句话：不熟不做。要做就要聚焦，就要专注。如果你自认非常了解区块链，也非常看好这项技术的未来，并执意投资这项技术的话，那么最好接受我的建议，用我在前面提到的那三个要素去寻找潜在的投资标的，而不要被某些行业巨头的光芒迷住双眼。

重复一遍，我坚信区块链技术将从根本上改变人类的未来。这就意味着，迄今为止我们所熟知的所有常识，都有可能因为这项技术的问世与普及而被彻底颠覆。事实上，就在我们的身边，这样的动向已经可以被感知到。可即便如此，在下定决心投入真金白银之前，还是需要冷静与三思。

那么，总体而言，当某种东西受到市场热捧，并已出现泡沫化迹象的时候，我们到底应该怎么做呢？

换句话说，作为一个投资者，到底该如何与"泡沫"打交道？

这是一个好问题，非常经典。不妨从职业投资家的角度，来介绍一下我的个人想法。

一般来说,当某个标的出现泡沫的时候,即便你买了它也很难赚到钱。换言之,"买在高点卖在更高点"这件事情是不折不扣的小概率事件,几乎与赌博无异。

比如说,如果1989年,你在日本地产泡沫的最高点买入东京的不动产,而且期望通过长期持有挺过"泡沫经济"破裂后漫长的萧条期,并能最终出手获利的话,你如愿的概率应该非常低。因为日本经济的问题是本质性、结构性的问题,只要少子化、高龄化的趋势不从根本上被逆转,只要大规模移民不能被日本社会所广泛接受,那么即便房产价值能够随着经济的温和复苏有所反弹,彻底回到乃至超过20世纪80年代末的泡沫水平也几乎是不可能的。

换句话说,你在1989年高价买下的东京地产,基本上已经没有"解套"的可能。

有人可能会说:"如果在泡沫发生前买进,泡沫发生后卖出,岂不就能大赚特赚了吗?"

答案是肯定的。但能够真正做到这一点的人少之又少。重点在于,"在泡沫发生前买进"尽管不容易,却也不是最难的环节,真正难上加难的,是"在泡沫发生后卖出"。你想啊,能够买在泡沫发生前的人,在泡沫发生后一定会大赚其钱。而人一旦赚到了钱,特别是大钱,又有谁甘于轻易收手?反之,当泡沫已开始破裂,曾经的血赚变成血赔,又有谁肯善罢甘休?所以一般来说,和"泡沫"较劲的人最终的结果只能有一个,那就是"卖在泡沫破裂后的最低点"。

这便是人性,抑或是某种赌徒心理。解决这个问题与其说需要投资方面的知识与技巧,不如说更需要哲学方面的坚实素养。这就是许多投资领域的大师级人物亦会犯错,甚至犯大错的根本原因之一。

所以我一向认为,投资界真正的高手其实操作技巧未必有多高深,他们真正的本事是都有着深厚的哲学素养。

总之,在"泡沫"这件事上,一定要秉持"敬畏心理",千万不可轻浮、怠慢,整天幻想着能够买在泡沫的谷底,卖在泡沫的巅峰。一言以蔽之，就是千万不能在泡沫面前产生"抄底"或"逃顶"的念头。试想，世界上如果真的有这种人，每次在泡沫发生的时候都能成功地"抄底"并"逃顶"，那全世界的钱岂不是都被他一个人赚走了？

这怎么可能？

驾驭人性，而不是金钱，是投资家所要学的第一堂课。

>美国的教育水准，没你想得那么高>

对所有国家来说，最重要的事情是教育。而美国的教育水准一直受到全世界的高度评价，其许多名校经常在权威评级机构的高等教育排行榜上名列前茅，是无数海外学子心目中向往的留学圣地。

但是，近些年来情况有了微妙变化。人们偶尔会在各种媒体上读到类似这样的新闻："据某家权威调查机构的研究结果显示，50%的美国大学毕业生无法读懂报纸的社论。"

一般来说，无法读懂报纸社论的人，有很大可能也读不懂信用卡的申请书。所以这个问题不容小觑，它会对美国这个国家的现在和未来产生深远影响。

也许，对现在的美国大学生来说，"接受过高等教育"这一事实本身所具有的PR效果（"个人品牌或身份"的宣传效果），要远远大于在大学生涯中学到了真本事、真知识这件事的意义。

换言之，"大学"这个场所，已经不再是学习知识的象牙塔，而沦为了一个"镀金"之地。

前面已经说过，我本人的大学时代是在美国极具代表性的顶级名校耶鲁的校园里度过的。由于是自己的亲身经历，所以我知道那所名校不仅有壮观的外表，还有提供优质教育的超强能力。在那里，我沉浸于书本的海洋，如饥似渴地吸收着知识，度过了寒窗苦读、收获满满的四年时光。而今天的美国，许多大学提供的教育，其品质早已不复当年。

现在的美国大学，教授们的课堂往往是例行公事。管你是否感兴趣，管你是否能听懂，反正是我讲我的，你听你的，讲完我就拍屁股走人，至于你有什么收获抑或是否有收获都与我无关。作为教授，我只用上我的课，挣我的钱，写我的论文，出我的研究成果即可。至于自己的学生能受到什么样的教育或达到什么样的学术水准，那就完全要看他们自己的造化了。

所以，相当多的美国人即便"上过"大学，也并不意味着具有同等水准的知识素养。仅仅是到大学里"走了一遭"而已。

显然，这种现象是一个很严重的问题。

另一方面，我一再强调，中国一定会成为下一个世界级的伟大国家。而伟大的国家必然会有伟大的教育。这句话反过来说也成立：正因为有伟大的教育，所以才会有伟大的国家。

现如今，无论是量还是质，中国的大学和大学生均已不逊美国，许多方面已经赶上甚至远超美国。世界权威机构每年发布的高等教育排行榜里，来自中国的大学越来越多，排名也越来越高。

不夸张地说，与中国的大学生在学习方面的认真度与刻苦度相比，许多美国大学生在校园里的表现无异于"度假""开PARTY"。

正因如此，我才会说，伟大的教育必将造就伟大的国家。中国人在世界舞台上的存在感会愈来愈强，中国也将重拾其昔日的辉煌。

反之，当伟大的教育逐渐褪色、渐行渐远时，曾经伟大的国家也会走上衰落之路。正如今日之美国。

这是历史的必然。

今天的人们恐怕从未听说过16世纪的某所世界顶级高校位于欧洲的葡萄牙，这所高校的名字叫科英布拉大学。现在，这所大学尽管已被列入世界文化遗产名录，可在全球教育界已经没有什么知名度，许多有志留学的海外学子甚至完全都不知道它的存在。

一千多年前，在伊斯兰文化的鼎盛期，摩洛哥的加鲁因大学也曾是当时世界顶级的高等教育机构。据联合国教科文组织的研究结果显示，该大学是世界现存的从未中断过教育活动的最古老高校。时至今日，该校依然活跃着近2000名学生。

许多人认为，意大利的博洛尼亚大学是世界上最古老的大学，其实不然，这个殊荣应该属于摩洛哥。而前者只能在"欧洲历史悠久的大学"排名中拔得头筹。

令人十分可惜的是，还是那句话，这些曾经伟大过的高等学府，时至今日大多已经名不见经传，而中国将与此形成鲜明对照。随着综合国力愈发强大，不久的将来，也许中国学生纷纷远赴欧美留学的形势会被逆转，变成全世界的学子纷至沓来，涌向中国各地的高等院校。

事实上，这一趋势已经初显苗头。随着欧美在本次抗疫中的拙劣表现，未来这一形势必会进一步加速。对此，我有充分的信心。

总之，经济的繁荣与高等教育的发展密切相关。两者相辅相成，互为因果。所以能够代表中国综合国力的顶级大学，有朝一日一定会成为全世界范围内的顶级大学。正如从前和现在的美国一样。

中国国内的两大名校，清华大学和北京大学就是典型的例子。

据美国US NEWS全球大学排名结果显示，中国的清华大学已经超越了美国的麻省理工学院（MIT），成为工程学研究领域的世界王者。

曾几何时，我认为英国的牛津大学和剑桥大学也不亚于我的母校耶鲁大学，是世界顶级高等学府。事实上，我本人也曾考上牛津大学，在那里度过了两年充实而难忘的留学时光。

但是，现在想来，也许与牛津相比，当年的我更应该前往北京，去报考清华大学或北京大学。果能如此，今天我的人生也许会更上一层楼。起码除了专业知识之外，流利的汉语将对我的投资事业极为有利。

只可惜，当年的我只有21岁，人生阅历尚浅，没有看到中国的未来。只能把弥补这一遗憾的希望，寄托在下一代身上了。

>濒临危机的美国大学>

前面提到,现今美国的高等教育可谓弊病缠身、问题丛生,远不如大家想象得那么厉害。与世界给予美国教育产业的崇高地位相比,其真实水准远远名不副实。

在美国的大学校园里,正式教员的任期非常之久,学校几乎不可能解雇他们,等于事实上的"铁饭碗"甚至"金饭碗"。从结论上讲,通常美国的大学拥有非常僵硬、固化的成本结构,薪资水平高得不合常理,且几乎没有任何调整或改革的空间与可能。

这就造成了一个举世皆知的恶果——对绝大多数学子来说过于高昂的高等教育成本。

没错,今天,美国大学的学费之昂贵已经独步世界,达到了一种匪夷所思、令人震惊的程度。

为何大学教育的成本门槛会如此之高?

一个很重要的原因在于,美国的大学校园里养了许多"尊贵"的闲人。因为事实上享受着终身雇佣的待遇,几乎完全没有失业之忧;再加上拥有丰厚的薪资报酬,生活条件优渥,所以美国的大学里充斥着不少不求上进、碌碌无为的教授。在他们身上看不到那种源于危机感的拼劲与狼性,相反,"得过且过""混日子"的色彩却异常浓厚。

可悲的是,为这些无所事事的"上流社会精英"优哉游哉、锦衣玉食的日子买单的,正是那些囊中羞涩的寒门学子。

一方面,他们付出了高昂的代价才勉强迈进校门;可另一方面,他们在大学校园里受到的教育,无论数量还是质量却完全无法匹配自己付出的高昂代价。

这种极其扭曲的现状既是今天美国高等教育的一个缩影,也是美国社会乃至整个国家的悲剧。

总之,如今的美国,大学教员一职已然成了社会公认的"美差"和"肥差"，只要得到了这份肥差，没有人会轻易放手，做出"辞职"这种蠢事。这便导致了美国校园机构臃肿、人浮于事、成本结构僵化、学费负担高昂等系统性弊病，从而严重地制约了美国高等教育的潜在活力，让美国曾经引以为豪的教育产业走上一条自我毁灭的不归路。

可见，这种高昂、僵化的成本结构是脆弱的，不可持续。如不痛下决心予以根本性的改革，迟早有一天，美国的高教体系将会面临崩盘的危机。

显然，在那场真正的变革发生之前，不仅是广大海外学子，即便是美国自己的学生，在面临高考择校的时候，都应该把目光移到美国之外，去寻找更广泛的可能性。而那样的选择在性价比方面一定远胜美国的高校。

至于美国自己的高校，现在可谓是危机四伏。

正如我一再强调的那样，今天美国经济存在的问题多如牛毛，且许多都是那种极其严重的结构性问题。所以一旦有个风吹草动，大环境发生变化，许多美国的大学将立刻原形毕露、陷入困境、濒临难以为继的局面。

诚然，诸如哈佛、耶鲁等常春藤名校抑或斯坦福、麻省理工之类的顶级大学，也许会成为例外（顺便说一句，即使是这些所谓"名校"，现如今也与我当年熟悉的样子大相径庭），但总体而言，美国的大学体系将面临严重的瓶颈，许多学校甚至有可能破产倒闭、关门歇业。

据美联储（FRB，美国中央银行）统计，美国高校中有多达54%的大学生因为支付不起高昂的学费而不得不求助于学贷（助学贷款）。但是，还不起学贷的学生也非常之多，平均每5个人里面，便有1人发生过还款逾期的现象。

在这种情况下，如果经济景气再进一步恶化，工作越来越难找，薪资越来越低，对广大在校生抑或毕业生来说，学贷的负担便会愈发沉重，还不起贷款的人也会越来越多。

事实上，如今在美国的金融领域里，学生贷款的不良债权比率位于最高者之列，达到11%之多。这意味着银行每发出10份学生贷款，便会有1份收不回来，最终成为呆账、坏账。

这就意味着,如果美国经济出现危机状况,学贷的不良债权比率再攀新高的话,不仅教育系统岌岌可危,银行体系也将深受打击。

今天,如果你想报考美国高教名门(也是著名的常春藤盟校之一)普林斯顿大学,会赫然发现其学费高到离谱。即便是普通专业,一般来说四年的学费总额也会轻松突破30万美元(近210万元人民币)。这仅是学费一项的金额。除此之外,还有高昂的课本费、交通费和房租,如果你不是走读生,还要支付不菲的宿舍费。

问题是,上个大学真的需要花那么多钱吗?或者说,这些钱是否花得值呢?

也许有人说,如果是普林斯顿,那就值。可我却不这么想。越是名校,越担负着为国家培养精英人才的义务。如果只有富人的孩子能上这些学校,而穷人的孩子则被拒之门外;抑或穷人的孩子即便也能考上这些名校,却因为整天忙于筹措昂贵的费用而被搞得精疲力竭、无心学业的话,那么所谓"名校"又有什么存在的意义与价值呢?所谓"教育公平""机会均等""人权平等"之类的"美国价值观"岂不是掩耳盗铃、自欺欺人?

更何况,现如今的美国不止是那些一流名校价格昂贵,即便许多不入流的大学,费用也照样不菲。这种情况已经成为美国高等教育领域的一个恶性肿瘤。

还是那句话,如此畸形僵化的成本结构是难以为继的。一旦有个三长两短,比如特朗普政府的排外政策导致大批源于海外学子的学费资源化为乌有,美国大学系统的财政破产便是分分钟的事。

当财政吃紧难以为继的时候,美国的大学便只好解雇那些过惯了好日子的教授。他们中的强者,比如那些"著名"教授,依然可以轻松地找到新东家,在其他校园里继续过养尊处优、备受尊敬乃至推崇的好日子。可我认为,真正有这种本事的大学教授应该为数不多。因为长期"混日子"的生活已经惯坏了他们,令他们中的许多人在业务能力方面乏善可陈、毫无竞争力。所以,当景气恶化、肥差减少时,这些人必然会被市场淘汰,最终为自己曾经的碌碌无为买单。

>"网上教育"是大势所趋>

现在看来，教育产业的互联网化、在线化将会是未来的一个主要发展方向。

不夸张地说，今时今日，普林斯顿大学课堂上的教学内容，你可以在一个远隔千里的地方，以极其低廉的费用，足不出户地享受到。

前提是，你要有一台台式电脑、笔记本电脑、平板电脑或者一部智能手机。

因此，我相信迟早有一天，在美国数千家高校上学的大学生以及留学生们，会真正理解这件事的意义。

比如说，如果仅仅为了学习西班牙语，千里迢迢地奔赴美国的大学将毫无意义，留在家中用自己的电脑便能轻松搞定。

会计学也一样。如果你想学这门学科，完全不必亲赴大学校园，用家里的电脑或手机就能达到目的。

这样一来，随着线下教育的成本愈发高涨，而在线讲座的费用愈发低廉，越来越多的大学恐怕会陷入困境、苦恼不堪。

据权威调查结果显示，美国名校的大学教授，平均薪资水平（年薪）已经超过20万美元（近140万元人民币）大关。如果能升任校长的职位，每年的薪酬将超过100万美元（近700万元人民币）。

是的，你没看错。这就是美国教授的市场价格。

为了让大家进一步增加实感，我再说一个数字：同样以高薪著称的日本教育界，其名校教授的平均薪资水平只有美国的二分之一。

但是，这种程度的高薪绝非什么好事，必将导致美国大学的最终没落。

现在，随着教育网络化的发展，学生们可以通过线上课堂的学习，掌握他们感兴趣的所有专业门类的知识。

那么线下教育机构，也就是那些实体大学的功用又将如何呢？

我认为,大学校园将会变成这样一种场所:学生们聚集在那里谈天说地、头脑风暴,尽享近距离交流的快乐和成果。

事实上,在我个人的大学时代,与课堂上学到的东西相比,从其他同学的身上学到的东西更多,也更有价值。

那真是一段无比美好的时光。

想想看,一群18岁到21岁的年轻人会聚一堂,尽情交流,还有什么比这更快乐、更有意义的事情呢?

年轻就是资本,年轻就是能量。当年轻人聚在一起的时候,无所不能。无论是棒球、篮球,还是唱歌、跳舞;无论是讨论、争论,还是发明、创造,他们有无限多喜欢做也可以做的事。

在我脑海中,这便是未来大学校园所呈现出的美好图景。

不过,即便如此,教育在线化的风潮也将倒逼所有实体大学进行痛苦而深刻的改革。最起码,用2万名教员去大学里教授西班牙语将变得毫无必要。

理由很简单,通过线上课堂,仅需1名出色的西班牙语老师,便足以向无数学生提供高质量的教学内容,又为何要准备2万个教员名额去做同样的事,这完全不合逻辑。

西班牙语如此,会计学亦如此。既然1名教员就可以教2万名学生,那么保留2万名教员去学校里讲授会计学的课程就显得格外荒谬。

前面提到,许多大学教授都在追求事实上的"终身雇佣"效果。这是一种确保经济安全、降低失业风险的本能反应。

一般说来,只要能在大学校园里平安地度过最初的七年,就能顺利取得Tenure(一种长期劳务合同,近似于"终身在职权")的权利。只要走到这一步,除非有正当的理由或发生什么特别的事情,学校将无权解雇教职员工。

从一个商人、经济人的角度来看,Tenure制度显然缺乏必要的逻辑性与合理性。

一个奉行自由市场经济体制的国家,如何容得下这种"铁饭碗"般的劳动模式?

要知道，如果是普通企业，无论是雇佣还是解雇都是顺理成章的事，是市场机制正常运行的自然反应，也是一个健康的经济社会必不可少的游戏规则。而大学又怎么能成为一块"法外之地"，公然破坏这种游戏规则呢?

只要没犯下杀人放火般的大罪，一直到退休都不可以被解雇。这就是美国高教体系中正教授的待遇。尽管无比愚蠢，可这就是铁一般的事实。

作为职业投资家，我知道"会计学"是一种什么样的学问。讲授这门课程的教员可以享受终身雇佣的权利，且绝不能被解雇，这件事的逻辑我想破脑袋也想不通。

>剧变的时代需要什么样的教育>

当今时代，究竟什么样的人才能成为一个真正优秀的教授呢?

简单。这样的人一定要有真本事，而且一定要与时俱进，能够在诸如区块链这种广受关注的尖端科技领域有较高的造诣。重点是，还能高质量地将自己知道的东西教给学生。

换言之，光自己厉害没有用，还必须让学生也厉害。如果不能把自己的所长高效率高质量地和盘托出，让自己的学生也能充分地消化、吸收，那么他便不是一个合格的老师，顶多算一个合格的科研人员而已。

一个真正优秀的大学教授，完全可以在线上授课。他们的课，有无数学生会听。所以，教室将成为多余之物，听课人数的限制也会被彻底废除。

正因如此，线上教育最大的妙处之一是：让教育产业重归市场化的正轨，让"多劳多得，少劳少得""优胜劣汰"等良性竞争的规则再一次成为可能。

具体地说，能够提供高质量教学内容的真正优秀的教授，其在线课程的市场声誉会越来越高，从而吸引越来越多的学生选听他的课；反之亦然。那些滥竽充数、敷衍了事的教授，其线上课程的口碑会越来越差，导致听课的人越来越少，直至最后无人问津。

显然，前者的知名度和收入都会大幅提高，甚至有可能与社会名流媲美；而后者则正相反，很有可能彻底失去吃"教育"这碗饭的资格。

可见，线上教育模式是一面"照妖镜"，可以把那些在大学校园里"混饭吃"的教职人员甄别出来并剔除出去。

还有一点很重要：由于线上教育模式更具市场化色彩，因此能够比传统的线下方式更高效地配置教育资源。

比如说，区块链是一个极具战略性的热点科技领域，所以，如果你是这方面的人才，且能高质量地教授区块链知识，那么显然现在的市场需求几近无限大，正是你大展身手的好时机。

农业也一样。也许出乎许多人的意料，这个行业不是所谓"夕阳产业"，也谈不上"朝阳产业"，而是一个不折不扣的"未来产业"。包括区块链、人工智能、自动驾驶在内，现如今你能想到的所有高新科技，几乎都能在未来的农业领域找到大量用武之地。

所以，如果有谁能在这一点上破题，真正勾起年轻人的兴趣，那么在线教育模式一定会给他带来巨大商机。

这实在是一件利国利民也利自己的好事。

总之，市场经济的一个基本特征就是要"赚钱"。这一点，教育产业也不例外。

老师们要讲的课，是能让他们赚到钱的课；学生们要学的课，也是能让他们赚到钱的课。

对学生们来说，学什么专业能让他们在未来的职场生涯中赚更多的钱，是选择大学时的一个重要参照标准。

换言之，"致富"这个念头，对大多数学生来说在迈入大学校门之前便已开始萌芽。几乎所有学生或多或少都会以金钱的标尺去衡量自身的大学生活。

就我个人来说，20世纪60年代中期在牛津大学求学时，我学的专业是政治和哲学。记得有一天，一位教授忽然问我："吉姆，股市与你在学校选修的专业毫无关联，为什么你还会如此痴迷于股市？"

彼时，我每个暑假均前往华尔街实习，教授故有此一问。也许在他看来，我的举动有"不务正业"之嫌。好在我最后的成绩不错，保住了一个"合格学生"甚至"优秀学生"应有的尊严。

然而，今天美国的高等院校，比如说普林斯顿大学这样的顶级名校，对学生"渴望致富"的心理已经没有那么保守、那么抵触，甚至开始出现鼓励的苗头。

就拿普林斯顿大学来说，现如今已经有不少学生在宿舍里开展对冲基金的业务，为未来挑战华尔街积极地试错、热身。

当然，"致富"不只金融这一条路，而是有千万条路。

就拿中国来说，鼓励大学毕业生甚至在校大学生创新创业，允许并包容他们的失败，为他们加油喝彩，提供积极的协助，已然在今天的中国高教领域蔚为风潮。作为"双创战略（大众创业、万众创新）"的一部分，大学生创业当老板，甚至做大亨在中国都不再是一个禁忌性的话题，而是某种时尚、某种光荣。

这一点，想必会让依然相对保守的美国高教界都倍感吃惊。

但是，甭管怎么说，时代的风潮变了，和我们当年完全不一样了。

记得半个多世纪前，我在母校耶鲁学习的时候，大学校园基本上是一个与"赚钱"这个话题无关的地方。鲜少有学生会在大学生涯中有意识地培养自身的金钱观，更别提为自己设立某种明确的经济目标了。

然而，毕竟时过境迁，对现在的年轻学生来说，未来赚钱机会最大的专业将对他们产生莫大的吸引力。而如果恰巧你就是这个专业领域里最好的老师，那么显然庞大的市场需求将令你更容易获取教职生涯的成功。而这种机会，大概率事件会发生在线上。

>MBA根本没啥用>

今天，MBA（工商管理硕士）学位证书仿佛已经成了一张获取高薪职业的通行证，令人们趋之若鹜。可在我看来，这张通行证几乎没啥用，在多数情况下也与所谓"高薪职业"没有什么直接瓜葛（即便取得MBA证书，也未必能得到高薪职位）。相反，反倒是那些已经位于高薪职位的人，会试图通过进一步取得MBA资历给自己脸上贴金，而并不太在乎这个东西到底有多少真实的"含金量（真才实学）"。

实话实说，鉴于MBA的课程往往要价颇高、耗资不菲，所以我的观点一向是"MBA等于时间和金钱的浪费"；再说得直白一点：学习MBA，等于把大把的时间和无数的金钱白白地扔掉，实在谈不上是明智的选择。

1958年，美国每年取得MBA证书的人大概在5000人。但是，到了2018年，仅美国一个国家就有数十万人取得了MBA证书。

当然，除了美国之外，欧洲、日本、中国等国家和地区也有大量商学院，在那些学校获得MBA资历的人，数量上绝不亚于美国，甚至有过之而无不及。

这便意味着，在我们生活的这个星球上每年都会增加近百万拥有MBA证书的人。MBA这块所谓"金字招牌"显然处于一种严重的供给过剩状态。

既然搞定了MBA，当然想找更好的工作，挣更多的钱，而他们中的许多人则不约而同地把视线锁定在金融行业。因为直觉告诉他们金融的世界是最有可能提供高薪岗位的地方。

不过，正如我在前面提到的那样，区块链的登场必将令金融行业发生戏剧性乃至革命性的变化。最低限度，理论上区块链技术几乎完全废除了"征信"环节的必要性，仅凭此一点便可从根本上重塑金融行业的基本面貌。这就意味着，金融机构或证券公司将不再需要太多人力资源，大量岗位将被削减。那时，别说大量新人来找工作，恐怕无数老人都得卷铺盖回家，另谋生路。

不仅如此，今天的金融市场，已经经历了太长时间的好景气，而纵观历史，好日子持续的时间过长往往意味着剧变即将发生。最明显的爆点之一就是高额的负债。曾几何时，金融机构是最不缺钱的地方（说起来也合情合理，毕竟这里是借钱给别人，而不是向别人借钱的地方），可现如今这种情况已经一去不复返。大多数金融机构现在都极其缺钱，且为了弥补巨大的资金缺口债台高筑。

所有这一切都意味着，"金融"这条大船已然过度超载，过剩的从业人员以及沉重的债务包袱令这条大船不堪重负，随时都有浸水沉没的危险，随时都有可能酿成船毁人亡、人财两失的惨剧。

对每年几十万乃至上百万觊觎金融行业的MBA学子来说，这样一种前景显然过于残酷，令人难以接受。可事实就是事实，不以人的意志为转移。正所谓"理想很丰满，现实很骨感"，这句话用来形容现今穷途末路的金融业以及MBA庞大、臃肿的教育产业链实在是再贴切不过了。

遗憾的是，MBA课程体系所教授的东西，令人绝望地，完全、彻底地错了。

学校课堂上所讲授的经营学知识，与现实世界之间严重脱节，是不折不扣的"纸上谈兵"，误人子弟。由于我本人曾有过在美国常春藤名校哥伦比亚大学的商学院任教的经历，所以对这一点有切肤的痛感。

事实上，由于学生们被灌输了错误的知识（意味着这些知识在走上工作岗位后毫无用武之地），再加上相关学位严重供给过剩，MBA这块教育行业曾经的"金字招牌"现如今已经蒙上了一层厚厚的灰。

所以，后来者们无须再步前辈的后尘，重蹈这潭泥水了。

这是我的肺腑之言。

不妨听我一句劝，如果有那么多闲钱和整整两年的闲暇，与其去读MBA，不如去周游世界。我保证你的收获与见识将远远超过读MBA所获得的。更何况如果那些钱和时间并不"闲"，而是你硬挤出来、生借出来的话，就更不值得拿这些来之不易的宝贵资源去做那件毫无意义的事了。

除了周游世界，还有一个更好的主意。

无论是"闲置"的，还是挤来、借来的，只要有了足够的钱和时间，与其浪费在MBA上面，不如将这些宝贵的资源拿来创业，自己尝试当老板。这样一来，无论成败你的收获都将远超MBA。起码你把钱和时间花在了真实的生意上面，长了真本事，学了真经验，摔了真跟头，得了真教训，悟了真知识；总之，是朝着你"发财致富""成就事业"的终极目标跨出了真实的一步。既然如此，你又何必多此一举，非要劳民伤财地在商学院MBA的课堂里"空转"一圈呢？显然毫无必要。

那位说了：坏了，我已经上了贼船，花费重金开始读MBA的课程了。这可怎么办？

我的回答是：尽管也许不简单，但我依然建议你果断退出。

退出MBA，并忘记它。然后把剩下的钱小心分配好，开始你自己的创业之路。还是那句话，尽管你的创业有可能失败，可这个失败的价值非常之高，怎么形容都不过分。因为它源自实践，而实践是实现所有目标的必经之路甚至唯一道路。最低限度也比脱离实际的"纸上谈兵"强。

也许你会忌讳创业的风险，不愿品尝失败的滋味。我能理解你的心情。但是别忘了，选择MBA就等于白白扔掉你的时间和金钱，既然如此，拿这些金钱和时间去对赌一次创业的成败，岂不是一件更有意义的事？总比白白扔掉强，对吗？

>除了"经营"，该学的东西还很多>

我知道亚洲的教育水准位于世界顶级行列。与此同时，我也深刻地理解包括亚洲在内，世界范围内的教育问题有多么严重。

就拿我的两个孩子来说，尽管她们每天的课业异常繁重，可我还是认为她们把大量时间都浪费在毫无必要甚至完全错误的事情上了。

首先，家庭作业太多。有太多的"作业"其实完全应该在课堂上搞定，而不是拿回家中处理。这就意味着，课堂上的时间需要做的事情太多，孩子们的负担太重，几乎不可能高效、顺利地消化所有这些学习内容。

所谓"物极必反"。如果学到的东西不能消化吸收自如运用，这样的知识将会成为死知识，而不是活知识，是不可能在孩子们的脑海中持久存留的。如果过段时间，孩子们把学到的东西再重新还给老师，这样的教育还有什么意义呢？

可见，尽管新加坡的教育水准举世公认，却也难说完美。许多严重的问题依然亟待解决。

对大学生群体来说，我认为在校园里学习经营学是极其不明智的选择。因为这个东西只能在工作中学，从实践中学，而课本和教室不可能让你学到任何真正有意义的经营学知识，甚至是常识。

即便不考虑课本与现实往往严重脱节，彼此毫不搭界，就算课本上的东西与现实严丝合缝，每一句话都是对的，都是无数前辈总结的宝贵经验和肺腑之言，通过课本学习经营学也依然是无比荒谬的行为。

理由很简单。前辈们的经验来自宝贵实践，而这些实践本身恰恰是学生们最欠缺的东西。因此，别人做过的事情你没做过，所以别人的经验对你来说功效无限接近于零。为了这么一点点功效白白耗费好几年的大学时光以及大把父母或自己辛苦挣来的血汗钱，这绝对谈不上是明智的选择。

不错，我承认学习"间接知识"的必要性与重要性。实事求是地讲，并不是所有知识都必须亲身经历才能获得，通过他人的经历间接学习知识既是可行的，也是必要的。

正因如此，"学校"才有了存在的价值与可能。

不过，在挑选"间接知识"的学习标的时，"功效"如何依然是一个无比重要的衡量标准。显然，功效大、收获多的标的，才是真正明智的选择。

按照这个标准衡量，经营学专业的功效无限接近于零，绝非上佳的选择。与之相比，哲学、历史、数学这些专业，才能实现真正意义上的功效最大化。说白了，就是几乎拿来就能用，用上就好使。

当然，可以实现功效最大化的专业还有很多，大多数理工科专业、农科专业、医学类专业以及艺术类专业均具备这个特点。即学了就能长本事，长了本事就能用，前提是如果你能找到用场的话。

但是，无论是什么专业，哲学、历史、数学这些基础门类的知识也是必修课，绝对不可或缺。

对我来说，大学时期选择历史专业令我终身受益匪浅。所以学习历史这件事是我这一生中做过的最正确的选择之一。直到今天，每当意识到这一点的时候，我都会深感欣慰、倍觉幸运。

正如我在前面所说，世界每隔十五年必会发生颠覆性的变化。这个认识不是从学校学来的，而是从我自身掌握的历史规律中总结出来的。仅凭这一点，我的人生和事业便获益无数，因为它曾无数次地在人生的重要节点上影响甚至左右了我的关键决策。

哲学也一样。在牛津选修哲学亦是我人生中最成功的决定之一。

哲学对我来说最重大的意义在于教会了我如何思考。

没错，是"如何思考"。不要小看"思考"这两个字，真正"会"思考的人在这个世界上屈指可数、凤毛麟角。

其实，牛津时代的我对哲学既不那么感冒也不怎么擅长（我在那里偶遇哲学完全是天意。详情请参考前面的文字），所以许多知识都是死记硬背下来的，并没有经过真正的消化与吸收。戏剧性的是，那些靠填鸭式教育得来的死知识，居然在后来的人生中全部被激活，让我真正尝到了哲学的甜头。

顺便说一句，我本人拥有韩国著名的国立大学之一——釜山大学的名誉博士学位。当初，他们曾经想授予我经营学的学位，而我的回答是"NO"。我跟他们说："如果我有这份荣幸获得贵校学位的话，请授予我哲学学位。"

还是那句话，我一向认为哲学是一门真正优质也真正管用的学问，绝非纸上谈兵、闭门造车，更不是什么夸夸其谈。

说白了，哲学事关思考。不懂哲学的人便不会思考。事实上，我们这个世界上绝不乏没有独立思考能力的人，绝不乏人云亦云，随大溜、赶大潮，依赖他人的人。这些人就是典型的不会思考的人，其根本原因就是不学哲学、不懂哲学。

因此，如果你直到现在还认为，电视或网络上专家的话是可信的，并决定按照他们说的去做，那么你要多加小心。我的建议是，在你付诸行动之前，最好拿出一点时间和精力学学哲学。

这不是说专家的话必然是错的，而是说即便他们完全正确，你也不应该盲信盲从，盲目地付诸行动。理由很简单，因为你付诸行动前没有经过独立思考的过程，所以很可能会失败。

重复一遍。独立思考，用自己的大脑思考，不要被他人的意志所左右，不要依赖任何人、指望任何人。做到这一点才叫"会思考"，且办法只有一个：学哲学。

中国阿里巴巴集团的创始人马云非常有名，而这位创始人既没有获得MBA学位，也不是什么优等生，他初中和高中时代的成绩并不怎么理想，大学也是考了好几次才考上。据说在第一次高考失败后，他曾当过一段时间的车夫，每天踩着三轮车帮人送货。

经过三次尝试，马云终于考上杭州的一所极普通的师范大学，毕业后做了一名极普通的英语教师。

可就是这样一个"极普通"的人，一个与华丽的MBA学位八竿子打不着的人，亲手创立了大名鼎鼎的阿里巴巴集团，以"不破不立""大破大立"的气势彻底重塑了中国的零售业，成为世界领域的电商王者。

这一令人瞠目的成就表面上看似乎有些不合常理，可好好想想却异常地理所当然。至少，这位伟大的创业者用自己的亲身经历证明了一个简单的哲学逻辑，那就是"实践出真知"。

>诺贝尔经济学奖其实没啥价值>

诺贝尔经济学奖,到底有什么意义呢?

1969年才创立的这个诺贝尔奖项,得奖者迄今为止几乎全都是欧美人士。而1969年以来,亚洲也取得了举世皆惊的经济奇迹,成功地改善了无数人的生活水平;只用了区区几十年,其综合经济成就便远超欧美几百年的发展成果,在这样一种历史背景下,诺贝尔经济学奖这个号称经济学领域最高、最权威的奖项却居然从未花落亚洲。

可见,这个奖项何止没有意义,简直愚蠢至极,是欧美文化中根深蒂固的妄自尊大乃至狂妄自大DNA的典型表现。

作为一个职业投资家,作为一个美国人,对此我感到非常羞愧。

中国的"改革开放"之父,已故的前最高领导人邓小平带领这个国家创造了举世瞩目的经济奇迹,却居然没有获得诺贝尔经济学奖,在我看来,这样一个事实简直令人难以置信。

无论从哪个角度来说,邓小平都是一个伟大的奇迹般的劳动者,是中国经济能有今天这般成就最重要的奠基人。换言之,如果这样一个创造了现实世界中真实伟业的人都不能得到诺贝尔经济学奖,我不知道其他什么人有资格染指这个奖项。

为什么会这样?

理由很简单。因为诺贝尔经济学奖有一个特殊的游戏规则——迄今为止所有的得奖者做评委,来选择下一个潜在的获奖者。这便导致了"小圈子游戏"的结果。也就是说,评委们只能从自己熟悉且关系不错的各种小圈子里去寻找候选人,或者接受他人的推荐。

当然,这些小圈子里并不全都是男性。尽管为数不多,但也有一些女性"圈友"存在。可甭管怎么说,圈子就是圈子。任何圈子都有两个鲜明特征:其一,相对来说范围较小、人数较少;其二,人脉即正义,即话语权。

大多数"圈友"彼此关系不错，在生活和事业的各个方面都有着千丝万缕的联系。

于是，当新一届诺贝尔经济学奖评奖活动开始时，那些圈友彼此之间便会开始频繁的电话往来。"喂，乔治，你觉得珍妮怎么样？""我跟你说过多少遍了，汉克，我觉得和珍妮相比，詹姆斯的业务能力要强得多，实际贡献也要大得多。"就是这样一种感觉。总之，他们青睐的潜在候选人，都是一些自己熟知的"小伙伴"，换言之，都是所谓"自己人"。

如果以日本为例，诺贝尔经济学奖有点类似于只能从北海道这个孤立的小岛上推选候选人。其他地区的人则无权染指，无福消受。

这就意味着，那些从各类小圈子中脱颖而出，成功摘得诺贝尔奖的经济学家，极有可能不懂中文，不通日语、韩语或东南亚国家的语言，抑或即便懂一些外语，也顶多是英语、德语或法语这些本就属于"圈子内部"的语种。

在这种情况下，硬说诺贝尔经济学奖是一个"属于全世界乃至全人类"的奖项，会对"全世界乃至全人类"的发展起到莫大的促进作用，实在是牵强至极、荒谬之至。

事实上，诺贝尔经济学奖几乎排除了亚洲人的获奖资格。迄今为止，得到这个奖项的亚洲人屈指可数，且是一种"例外"般的尴尬存在。其中，2019年诺贝尔经济学奖的获奖者阿比吉特·班纳吉是一位印度裔美国学者。再强调一遍，是"印度裔美国学者"，而不是土生土长的印度学者。

另一位于1998年获得诺贝尔经济学奖的经济学家阿马蒂亚·森尽管是一位印度籍学者，其人生的大半也都是在西方国家度过的。

1953年，年仅20岁的森便远渡重洋来到英国，进入剑桥大学深造。六年后，获得博士学位的森走出剑桥校门，成了一名职业教师。他曾在伦敦大学、牛津大学、哈佛大学等英美名校执掌教鞭，教授经济学，因此基本上是一个比较典型的"西方经济学家"，而不是一个土生土长的亚洲学者。

换言之，除了外貌之外，森已经是一位不折不扣的西方人。即便偶尔回到新德里，也就是自己母国的首都，恐怕也没多少人认识这位在西方大名鼎鼎的经济学家，更别提知道他的诺贝尔获奖者身份了。

甭管怎么说，既然是"诺贝尔奖"，便自有它的"光环"。每年诺贝尔经济学奖官宣得奖者名单时，获奖的人都会兴奋莫名，幸福之至。因为这不但意味着一笔巨额奖金，更重要的是，它代表了一种巨大的职业声誉，对获奖者其后的职场人生将有莫大的助益。所以，不仅得奖人兴高采烈，他们所属的大学也会欢呼雀跃，庆祝自己的招牌又多了一抹亮丽的金色。今后在获取政府财政补贴以及吸引世界各地的青年才俊时有了更强大的说服力和竞争力。

既然如此，显然"肥水不流外人田"才是最佳的运营方式。

大家不妨上网搜一下迄今为止所有获奖者的履历。你会愕然发现，他们中的绝大多数人要不就是校友，要不就是曾经或现在的工作伙伴。

相信这个事实一定会让你悟到点什么。

总之，还是那句话，诺贝尔经济学奖是一个小圈子的产物；是欧美名校校友之间互相推荐、彼此提拔的社交和事业平台。因此，绝谈不上公平、公正，更无资格奢谈促进"全世界、全人类"的福祉。

这就是我个人对诺贝尔经济学奖的看法。

这就意味着，这个奖项没什么了不起，没必要高看它一眼。换言之，得不到这个奖也说明不了什么，不代表着你所在的国家或地区没有经济学方面的高人和牛人。如果你是一个亚洲人，便更是如此。

坦白说，几乎所有诺贝尔奖的分项，或多或少都有着"小圈子"的色彩，都在某种程度上代表了西方传统的价值观，因此都或多或少地有所偏颇，或多或少地欠缺了广泛的代表性甚至公平公正性。可在诺贝尔奖所有的分项中，经济学奖是走得最远、做得最极端的一个，因此完全不足为据，没必要过分介意。

>为什么邓小平没能获奖>

我认为，邓小平之所以没能获得诺贝尔经济学奖，一个很大的原因是他没有毕业于类似普林斯顿、哈佛这样的欧美名校。

事实上，这位中国伟人青年时期也曾有过"留洋"的经历。在十几岁时他便孤身一人远涉重洋，前往法国求学。但是，由于生活的艰难，不到半年时间他便暂时中止了学校的学业，想尽一切办法打零工，赚取生活费。轻活重活、临时杂工，为了求生存，他什么活都干过，什么苦都吃过。后来，他来到苏联的大学继续学习，却并没有取得硕士或博士之类的高学位。

换言之，他的丰富知识，大多是在校园外获得的；他的卓越见识，大多是在实践中培养的，因此也便更扎实、更务实、更有穿透力。

起先，在普林斯顿大学经济学系取得学士学位；然后，在哥伦比亚大学经济学系取得硕士和博士学位；最后，在斯坦福大学经济学系执掌教鞭——这是绝大多数诺贝尔经济学奖获得者典型的事业之路。

显然，对当年的邓小平来说，这条路完全不在选项之中。可即便如此，他依然做出了拯救中国的丰功伟业。而这一伟业也同时拯救了世界经济，并最终永久性地改变了我们生活的这个世界。

仅仅因为这个成就不是出自一个西方人之手，且没有西方名校的背书，便让这个经济学殿堂的最高奖项与最应该得到它的人失之交臂，诺贝尔经济学奖的可靠性、专业性与权威性到底是什么成色也便可想而知。

顺便提一句，2019年诺贝尔经济学奖的获得者阿比吉特·班纳吉之所以能够获奖，是由于评奖委员会因其在"减轻全球贫困的实验性做法"方面有所贡献而做出的决定。而他的许多实验数据来自母国印度。不可思议的是，在大规模减贫这件事上做得最成功的国家不是印度，而恰恰是中国。中国政府仅用区区几十年时间便让近八亿人口成功脱贫，走上了小康之路，创造了人类减贫史上最伟大的奇迹（与此同时，绝大多数印度民众却依然深陷令人绝望的贫困之中无力自拔）。而这一彪炳史册的功绩却被诺贝尔经济学奖评奖委员会"完美"错过。这一事实本身便十分耐人寻味。

除了"虚伪"二字，我想不出更好的词形容那些自命不凡、高高在上的评委。

诺贝尔经济学奖诞生的1969年，不仅是中、韩两国，甚至包括日本在内的整个亚洲，在世界经济中的存在感也非常之小，远不如今时今日。

就拿亚洲的骄傲新加坡来说，这个小小的城市国家在第一届诺贝尔经济学奖正式颁发的四年前，也就是1965年，才刚刚脱离马来西亚的版图宣布独立。四年后，也就是诺贝尔经济学奖诞生的那一年，英国海军撤离了这块大英帝国曾经的殖民地，其海军将领在临走前对这块贫瘠的土地表达了悲观的看法。

戏剧性的是，在建国十年后的1976年，新加坡经济脱胎换骨、突飞猛进，成为举世闻名的"亚洲四小龙"之一；而另一方面，曾经的殖民宗主国大英帝国，经济陷入严重的危机状态，以致到了不得不接受IMF（国际货币基金组织）救助的地步。

这真是一个莫大的讽刺：自诺贝尔经济学奖诞生以来，有好几名英国学者获得过该奖项，而中国与新加坡却一个获奖者也没有；但是，自1969年以来，英国经济一路衰退，而中、新两国则创造了举世皆惊的经济奇迹。

如果即便如此，依然有人试图为诺贝尔经济学奖的价值强行辩护的话，那么我不得不合理怀疑这个人的动机抑或专业知识的真实水平。

不仅是中国和新加坡这样的新兴国家，诺贝尔经济学奖对亚洲的老牌资本主义大国日本的态度也难说公平。

没错，1969年的日本经济虽说已经进入了高速发展的轨道，GDP超过联邦德国（西德）成为世界第二，可其影响力与话语权却远不如今日的世界第二大经济体中国。彼时，位居GDP全球第一的美利坚合众国在综合国力方面的优势依然是压倒性的，在美国强大实力的阴影下，日本这个老二的角色几乎形同鸡肋，没有什么实际意义。

不过，区区十年后，日本便向美国证明了自己的实力。1980年前后，日本经济气势如虹、势不可当，已经变成全世界公认的"经济超级大国"，足以和美国叫板。可即便如此，在那之前以及那之后，诺贝尔经济学奖依然不断地颁给美国人，而从未授予过任何一个日本人。

试问，天下还有什么比这更荒唐的事情吗？

所以，我从来不信诺贝尔经济学奖能有什么真正的"价值"。

换言之，那些获奖者的研究成果是否真的对发展经济有益，是否真的能促进某个国家或地区的经济成长，真实地改善那里人民的生活水平，值得高度怀疑，起码我个人是这种态度。

当然，这不是说经济学作为一门学科完全没有意义。当然不是这样。经济学是非常重要的人文科学，确实值得学习，值得研究，值得发扬光大。事实上，不论男女，世界各地的大学校园里以经济学为专业的大学生不计其数。因此可以肯定地说，这是一门兴旺的、有前途的学科。

所以问题不在经济学这门学科本身，而在为这门学科量身定制的诺贝尔奖项上面。

我的结论很简单，一言以蔽之：诺贝尔经济学奖应该大幅拓宽授奖范围，让更多国家和地区的学者有得奖的机会。

归根结底，这个奖项需要做到两个字：公平。

为达此目的，评委大人们就需要让自己的视野越过哈佛、普林斯顿、剑桥或牛津，望向更远、更广阔的地方；望向那些实打实地在经济发展实践中获得巨大成功的国家和地区，以及那里的大专院校和专家学者。

非如此，谈不上公平。而失去了公平，也就失去了价值。

2002年诺贝尔经济学奖的获得者丹尼尔·卡内曼虽说是一位以色列学者，却同时拥有美国国籍。而且这位学者曾在加州大学伯克利分校取得经济学博士学位，并长年任教于普林斯顿大学，因此也是一个不折不扣的"西方人"。

换言之,这位亚洲获奖者依然没有跳出那个"小圈子"。而生活在这个小圈子里的人,是那种彼此之间经常见面,勾肩搭背、把酒言欢的关系。

这种关系真是令人既尴尬,又难堪。

经济学领域最权威的奖项居然奠基于这样一张特殊的关系网,实在是一件疯狂的事。如果有人对此大呼"不公"或干脆嗤之以鼻,完全可以理解。

所以时不我待,某些重大的、革命性的改变必须发生,越快越好。哪怕为了诺贝尔奖自身的声誉,也要这么做。

我认为,在这件事上西方主流媒体的记者们也应积极配合,多写写文章,多敲敲边鼓,为了让我们共同生活的这个世界变得更公平、更美好,尽一点自己的绵薄之力。

>MMT是"免费的午餐",不会有前途>

现如今,关于MMT(Modern Monetary Theory,现代货币理论)的话题讨论在经济学界脱颖而出,吸引了大量关注的目光。

该理论的大概逻辑框架是这样的:在使用本币的前提下,由于国家机器本身控制着主权货币的发行权,所以即便政府大幅增加财政赤字,并通过发债的方式从民间金融机构或央行那里吸纳海量资金为此买单,只要不引发恶性通货膨胀便没有问题,是一种合理的政策选项。

说白了就是:钱是我印的,所以不要担心我借了太多的钱而还不上账。只要不引发通胀,大不了到时候我印钱还债就行。

显然,至少从目前来看,这一理论是为工业发达的先进国家量身定制的。因为很难想象发展中国家或新兴国家能够在如此大规模印钱的情况下不引发恶性通货膨胀或严重的本币汇率崩盘现象。

但是，即便是发达国家，这一理论就毫无问题了吗？

答案是否定的。

就算发达国家有着雄厚的工业基础，且发行的货币是所谓"硬通货"，肆无忌惮地印钞、无所顾忌地借钱、随心所欲地增加财政赤字的想法也是疯狂的。

最起码，这会导致所谓"道德风险"，进而使一国的经济活动从根本上陷入崩溃的危机。

换句话说，MMT就好像"免费的午餐"，既然有此等好事，谁还愿意费劲地去工作、去挣钱？而当所有人都坐享其成的时候，经济活动就会停止，"免费的午餐"的美丽肥皂泡本身也会破灭。

没错，"免费的午餐"确实看起来很棒。一定会大受欢迎。政府也会因此得到可观的政治利益，享受国民广泛的支持。因此，至少在执行初期，所有人都会认为MMT是正确的，甚至是英明的。这就会让该政策至少在一段时间内看起来"运转正常"且起到了预期的效果。但是，迟早有一天，会有人为此付出代价。

这是客观规律使然，不以人的意志为转移。

总之，归根结底，总得有人创造真实的财富，而不能仅仅玩弄金钱（数字）游戏。为了得到午餐，总得有人生产大米，因为大米本身不会从天而降；总得有人生产肉类和蔬菜，因为这些东西也不可能从地里自己冒出来。

可见，MMT作为一个理论确实堪称无敌，让所有人都能享受美味的免费午餐也是一个极有魅力的想法，但毕竟免费午餐不会奇迹般地自己现身，并自动来到每个人的饭桌上，它总需要有人生产实物商品、提供真实服务，才能真正实现。

反之，如果每个人都不用上班，却能每晚去夜总会尽情玩乐，结交异性，大把花钱，随心所欲地喝最高品质的日本产威士忌……我们的世界如何能扛得住？

犹记得2008年雷曼危机爆发时，美联储高官曾说过这样的话："我们不仅要拯救美国，还要拯救全世界。"于是，美联储联手美国财政部立马付诸了行动，他们印刷了无数的钞票，借了无数的钱（后者印刷国债，前者印刷钞票；然后用前者的钞票买后者的国债。这便是著名的QE——量化宽松政策）。

幸运的是，这项政策在危机爆发后，几乎"完美"地运作了十年之久。

量化宽松政策的理论基础，就是典型的MMT，即现代货币理论。至少从表面上看，美国的经验似乎证明"免费的午餐"政策是可行的。因此，也许有一天，某个西方人或至少接受过西式教育的某个非西方国家的人，会因为在MMT理论的研究方面"表现出色"而获得诺贝尔经济学奖的奖励——前提是，如果这个人获奖时，世界经济没有崩溃的话。

在MMT理论的狂热支持者中，纽约州立大学的斯蒂芬妮·凯尔顿教授是比较有名的人物。我认为，这位女性学者也许在经济学研究的本业上面并没有留下太多值得称道的成就，却肯定会在那些大力提倡"直升机撒钱"政策的政客中间颇受欢迎。

>"基本收入"的想法简直是疯了>

遗憾的是，人类的贪婪与疯狂，从未辜负过我的想象力，甚至有过之而无不及。

比MMT更为激进、走得更远的政策，即所谓"基本收入（Basic Income）"政策，近些年来也备受世界舆论的关注。

事实上，"基本收入"这个词前面还有一个词，叫作"无条件（Unconditional）"。也就是"无条件地给国民发钱"。这样的说法相信即使没有经济学知识基础的人，也会倍觉诧异、倍感疯狂。

先来说说这个概念产生的背景。

现如今，AI技术不断取得突破，迟早有一天会从人类手中接管（夺走）所有工作，这样一种想法已经逐渐成为社会上的主流观点。有些专家甚至认为，到2050年，由于无人驾驶技术的彻底成熟，人类将完全失去驾驶汽车的必要。由此，人们认为未来的社会将是一个从根本上"脱离劳动的社会"，所以有必要未雨绸缪，提前为即将到来的"无须工作时代（意味着人类大量失业的时代）"做准备，给予国民最低额度的所得补偿。这就是所谓"（无条件）基本收入"。

我不是AI技术的专家，也不知道所谓"脱离劳动的社会"抑或"无须工作的时代"是否会出现，只是心中有一个抹不掉的疑问：如果人们普遍失去了劳动的动机，人类社会到底会更进步还是更退步呢？

把这句话反过来说也成立：如果人类普遍失去了劳动的动机，那么"无须工作的时代"出现的概率是更大还是更小，抑或是否真的会出现呢？

答案是秃子头上的虱子——明摆着的：如果每个人都能得到免费的午餐，就不会有人再有做饭的动机，最后所有人只能喝西北风或者活活饿死，总之是一起完蛋。

说起来，市场经济理论的诞生本身就与一条艰难的探索之路有关。纵观人类历史，成百上千年以来，无数政治家、哲学家甚至神学家最关心的核心议题就是如何消除贫困，让尽可能多的人过上好日子。至少截止到目前，人们的共识是只有市场经济才能最大限度地刺激人们的劳动动机，最大限度地高效分配经济和社会资源，因此是唯一有效的发展经济提高人民生活水平的办法。

这个逻辑也可以通过博弈理论来解释。

人类通过成百上千年的探索，终于明白了一个深刻的道理：博弈（游戏）=竞争。换言之，在游戏（竞争）中必须有人获胜，并得到奖励；也必须有人失败，并受到惩罚，这个游戏本身才玩得下去。这就意味着，没有任何人获胜抑或全员都能获胜的游戏是不可能成立的。

可见,竞争是一个社会得以成立并能持续良性发展不可或缺的前提。这才是符合进化论的思维模式。不只是人类社会,"物竞天择"的原理适用于一切生物界,植物和动物的世界也概莫能外。何况是人类世界。

总之,竞争和动机必不可少。如果你想拥有三辆车,而且知道只要有钱便能达到目的,相信你一定会拼命工作、努力赚钱。反过来说,如果无论怎么努力也得不到那三辆车,抑或完全不用努力也能得到那三辆车,你将立刻失去拼死工作的动机,变得消极懈怠起来。

当每一个人都消极懈怠的时候,如何指望更美好的时代与更美好的生活?

令我深感痛心的是,现在的西方世界,已经进入了所谓"后工业化时代"。人们热衷于议论的话题,早已不是如何"拼命",如何"努力",而是如何"佛系",如何享受"小确幸";换言之,人们不再追求自己尚未得到的东西,而开始潜心研究如何享受自己已经得到的东西。

不能说这种价值观完全错误,但过犹不及则会适得其反,会带来"不进则退""坐吃山空"的后果。

理由很简单。现在的许多人讨厌竞争、恐惧辛劳,只想过安稳的小日子,殊不知令他们能够苟且偷生的"安稳的小日子",正是无数前辈通过拼死竞争、辛苦劳作换来的成果。而这些成果是需要后来者继续拼死竞争、辛苦劳作才能长久维持下去的。反之,如果每个后来者都"佛系"起来,放弃竞争、回避辛劳,最后前辈们拼死打造的家底一定会被败光,"安稳的小日子"的美好时光也将烟消云散、不复存在。

这还不是最糟糕的局面。更糟糕的情况是,那些依然有心竞争、依然愿意拼死劳作的人看到他们的劳动果实被"小确幸"们轻易享受时,会有什么感觉?不出意料的话,大概率事件他们也会逐渐变得"佛系"起来,无心竞争、无意劳作。那时的世界会变成什么样子,简直不可想象。最起码,那样的世界绝对称不上"公平",更谈不上什么"美好"。

体育的世界也一样。

想象一下，如果棒球比赛取消胜负关系，只强调享受"过程"的快乐、"参与"比赛的意义，会发生什么事?

简单。如果没有了胜负关系，那么"过程"与"参与"这些环节本身也便失去了快乐和意义。比赛会变得极其无聊，人们也会对这项运动敬而远之。最后的结果就是，不只棒球比赛，连棒球这项运动本身也会从人间消失。

可见，竞争与胜负关系是人类千年智慧的结晶，它体现的是人性，是社会运行的基本规律。因此，消灭竞争与胜负，让所有人均能轻易获胜的观点表面上看似乎极度人性化，其实却是不折不扣地扭曲人性甚至泯灭人性。而"基本收入"理论的本质，就是这样一个东西，实在是蠢不可及。

>硅谷已不再是创新的圣地>

曾几何时，革命性的技术创新大多来自美国硅谷，是一个举世皆知的常识。在我看来，十年抑或二十年之前，这一条是说得通的，可今时今日却未必说得通了。

今天，中国首发的创新科技层出不穷，而广东省的深圳市则已成长为中国乃至世界的创新重镇。如果你去过深圳，一定会发现这是一座充满刺激的未来都市。在那里，你也许会体验到在自己的国家或地区无法体验，甚至无法想象的许多新科技、新事物，进而令你大开眼界、大呼过瘾。

说起来，这也是理所当然的现象。别忘了，中国每年培养的工程师比全世界任何国家都多，甚至达到超级大国美国的10倍。

当然，并不是说中国所有的工程师都极其优秀，正如并非所有美国的工程师都卓尔不群一样。但是,压倒性的数字本身就意味着,他们中的优秀分子在绝对数量方面也具有压倒性的优势。

重点在于,这些优秀分子中的许多人正在从事那些前人从未涉足过的,令人兴奋的创新工作。正因如此,我才会无比看好这个国家的未来,也才会让自己的两个孩子从小便学习中文,直至达到母语的程度。

总之,既然中国拥有远比美国多得多的工程师,那么假以时日,必然会产生远比美国多得多的创新科技。这是一个无比简单的逻辑。也正因如此,迄今为止被称作"创新圣地"的美国硅谷,迟早有一天会成为明日黄花,从一个领先者变为追赶者。

还记得那句话吗?今天,你认为是常识的许多东西,十五年之后将变成不折不扣的非常识。牢记这一点,永远保持富有弹性的思维能力,而不是抱残守缺、拒绝变化,对你的人生将大有裨益。

如果你依然不认可我对硅谷的看法,那不妨让我们做个小游戏。

现在是2020年,十五年之后,也就是2035年,让我们一起来看看那时的硅谷是什么样子,是否发生了某种戏剧性的变化。

我赌我会赢。

在我看来,取代硅谷成为下一个"创新圣地"的,大概率事件是中国深圳这座城市。我认为,在创新的领域里,深圳的存在感必将突飞猛进,直到它成为全球公认的"创新圣地"。

当然,这不是说深圳的地位已被100%锁定,不会发生任何意外。但只要这座城市将目前的势头保持下去,或早或晚,历史一定会给它一个公平的定位。

说到未来的创新中心,特别是亚洲的创新中心,许多人还会提到印度班加罗尔的名字。

不错,班加罗尔也是一座很棒的城市,拥有许多印度顶级的高科技公司。可如果必须"二选一",我还是会选深圳。

因为与美国硅谷和以色列特拉维夫相比，班加罗尔显然还有很大的差距，而深圳则已经展现出"后发先至"的势头，开始执世界创新科技之牛耳。

特别考虑到四十年前，今天名扬世界的深圳还仅仅是一个小渔村，只能远眺对岸香港的摩天大楼"望洋兴叹"时，这座中国城市所蕴藏的潜在能量与爆发力也便愈发令人敬畏。

欢迎来到人类未来的"创新之都"，深圳。

>既有软件，也有硬件的"新圣地"在哪里>

与硅谷不同，深圳不仅拥有卓越的软件环境，还具有传统的制造业优势，即无与伦比的硬件环境。

换句话说，这里软硬俱全，是科技创新的绝佳场所。

曾几何时，硅谷的工程师和科研人员开发出的新科技、新玩意儿，要千里迢迢拿到深圳来制作硬件实物，即将科技成果变为现实（iPhone手机就是个典型的例子）。而今天，事情就简单多了。无论是开发新技术，还是将其变现，深圳都可以一手包办，而不用远赴硅谷。既然如此，硅谷的饭碗被深圳抢走，便也是一件合乎逻辑的事情。

总体来说，美国培养的工程师数量远逊于中国，且美国的学生大多并不喜欢学习工程学；即便是正儿八经的理工科学生，他们中的多数人也难说优秀。

作为一个土生土长的美国人，这一现实对我而言并不是一件令人愉悦的事。可事实就是事实，无论是否乐见，你都无法否认。

除了中国以外，印度也培养了大量的工程师，可无论软硬件环境，印度都与中国相去甚远。以色列的特拉维夫尽管也是优秀工程师扎堆的地方,不过出于地缘政治因素的考虑,这里并不适合做全世界的创新基地,至少谈不上最优选择。理由很简单,如果你有一个好点子或好项目,正在寻找一个理想的孵化变现基地,那么当你站在世界地图前寻找合适的场所时,想必一定会避开具有战争风险的地方。

此乃人之常情。

当然,这不是说战争很快会到来抑或必然会到来,只是说如果人们对世界局势以及世界的发展趋势有最起码的了解,那么大概率他们会选择中国深圳。

因为放眼当今世界,最具未来感且能憧憬更辽阔未来的城市,只有深圳。

如果你和我一样,也有自己的孩子,且希望他能够学习掌握引领当今世界的最新科技,那么你会把他送到哪里学习呢?

想必不会是非洲和南美。因为全世界的人都认为美国才是创新科技的故乡。但是,今天的现实告诉我们,在许多领域中国已经开始领先美国,成为创业者和科技爱好者心目中最理想的乐园。所以换了是我,如果一定要赌中美两国的未来,那么仅从工程学的潜在能量这一点出发,便足以令我毫不犹豫地押注中国。

让我们看看中国通信设备制造巨头华为的遭遇吧!

华为仅凭一家公司之力,便令全球唯一的超级大国恐惧之,倾举国之力讨伐之,不惜耗尽外交老本,胁迫所有盟国一同围剿之。

一家公司对抗一个国家,且后者是全世界唯一的超级大国。这是何等遭遇,又是何等不公?

那么,这场极端不对等的对抗,到底从何而来,美国政府又为何如此惧怕华为呢?

先来看看美国政客给出的理由。他们的说辞是:使用华为的硬件设备,存在安全风险。问题在于,无论如何指控,政客们始终拿不出半点有力的证据。所以不少人如此揶揄：因为在华为的终端设备上，美国没法安装后门机关，进而导致无法监听乃至偷盗他国的重要情报，所以华为才会遭此厄运。

当然，这一点只是坊间的猜测，并非最终定案，姑且不谈；可另外一个理由却已经广为人知、昭然若揭，全世界的人都对此心照不宣。

这个理由便是：在最尖端的通信技术方面，即大家熟知的5G领域，华为是全球公认的王者，美国人则远远落在后面。甚至让美国人深以为傲的伟大公司APPLE（苹果公司），在5G方面也难望华为的项背。这一事实深深地刺激了美国，令美国政客本能地伸出了黑手，几乎不假思索地准备了一个潦草的借口便匆匆上阵，试图用拳头的硬度而不是逻辑的强度威逼全世界与其一起疯狂地围攻华为。

不仅如此，美国政客还把黑手伸向了这家中国科技巨头创始人的女儿，同时也是华为公司副董事长兼CFO（首席财务官）的孟晚舟女士。他们用强制手段胁迫自己的小跟班加拿大人在孟女士过境该国时非法逮捕了她。而其理由也非常牵强，居然声称华为为了与受美国制裁的伊朗做生意，向美国的金融机构做了伪证。

姑且不论美国制裁伊朗是否正义，也姑且不说有多少跨国公司包括美国自己的公司都在暗地里偷偷和伊朗做生意，且显然得到了美国政府的默许乃至庇护，更重要的是，美国以其国内法针对一个外国公民是否符合国际法这一明显的疑问也暂且不提；换言之，美国政客在孟女士事件中的经典"双标"做法（亦即选择性执法）是多么虚伪这一点我们姑且不谈，仅从"逮捕事件"本身来说，"维护法律的正义"云云显然是一个幌子，因为全世界的人都明白，在5G领域"玩不起""输不起"才是真正的原因。

说白了，这种行为与在棋局中输了棋便恼羞成怒，掀翻桌子扬长而去没什么两样。一点技术含量都没有，一点遮掩都没有，实在是上不了台面。

>别太相信欧美媒体的见解>

我承认,如果你仅从欧美的视角观世界,那么对中国的印象一定是极为负面的。理由很简单,因为至少迄今为止,拥有强大全球性影响力的主流媒体大多在欧美国家,特别是BBC(英国广播公司)和CNN(美国有线电视新闻网)这样一些具有垄断性的媒体平台,几乎能从根本上左右我们这个星球上除中国人外所有人的世界观。

比如说,如果你是美国主流媒体《新闻周刊》的订户,那么大概率事件中国给你的印象是"压抑"以及"缺乏人身自由"。最好的例证便是"遍布中国各地每个角落的监控摄像头"。在欧美媒体看来,这些摄像头的用途在于"监视人们的日常生活"。殊不知恰恰是英美两国自己,在监控摄像头的设置密度方面绝不亚于中国。只不过他们给出的理由是"为了保护民众的安全"。这就意味着某件事你自己做,是为了"保护",而别人做则是为了"监视"。这是多么露骨、多么可笑的双标!

换言之,在中国,哪怕是最合法、最合理、最普通不过的治理或管理手段,西方媒体也会刻意地抹黑,将其妖魔化,全然不顾这些治理手段恰恰是他们一贯强调的"普世性原则",即便是他们自己也在做,甚至远远不如中国做得好。

也许对西方媒体来说,昔日好莱坞电影的影响实在是太深了,以至于稍微有个什么"新发现",便会本能地往"谍战片"的路子上想。

总之,无论是电视、报纸还是杂志、网络,如果你看惯了西方媒体,特别是那些主流媒体,必然会发生理解的偏差,且这种偏差有愈发严重、愈发离谱的趋势。所以,如果你现在置身于非洲的刚果这个国家,一定会惊愕地发现你亲眼所见的事实与西方媒体灌输给你的那些东西大相径庭。

无他,立场不同、视角不同罢了。

正如我一再强调的那样,切勿过分依赖单一信息源。所谓"读万卷书,行万里路"，如果你想知道这个世界的真相，最好背起行囊亲自到各地去看一看。反之，如果你的财力和时间暂时不允许你这样做，那至少也要扩展自己的阅读面，多方倾听不同的意见与建议。

没错，主流媒体的影响力是巨大的，覆盖面也极广。可即便如此，一个西方人也未必不能从西方媒体的桎梏中挣脱出来，得到事情的真相。前提是，你要掌握一个判断是非的技巧：不是谁的嗓门最大，谁说的话最多，谁就最正确。恰恰相反，那些看似被牢牢压制住的微弱声音，也许才最具参考意义。

这就是我本人的做法。别看我是一个地道的西方人，可是和大多数西方人相比，我是那些最接近了解事物真相的人之一。最起码，我的案头永远摆着来自五个不同国家的报纸，而不是只有《华尔街日报》和《金融时报》。

这是我的自负，希望每个西方人都能有这种自负。毕竟"公正与公平"以及"呈现事物的真相"也是西方自身的传统价值观，而践行这一价值观既是每个西方人的义务也是他们神圣不可侵犯的权利。

总之，西方媒体的见解有失偏颇，不能完美完整地表现这个世界，更遑论代表这个世界了。

就拿华为来说，尽管许多欧美政客不断浓墨重彩地渲染这家公司的所谓"安全风险"，可是如果你把这些观点说给非洲大陆的人听，未必会得到当地人的赞同。除了立场与视角的差异之外，这一指控从未与任何一个有力证据有所关联也是一个重要原因。

在这种情况下，西方的政客与媒体依然不停地渲染、不断地指控，反而会进一步凸显其脆弱性及虚伪性，反而更不利于维护他们的声誉与公信力。

那么迟早有一天，失去公信力的那些政客与媒体会自食其果，导致全世界再也没有人相信他们的话，包括他们自己的公民。

事实上，这件事现在正在发生。我们不妨拭目以待。

>从"差等生"的信息源能够学到什么>

在我看来，显然中国人知道自身的缺点和不足，并始终不遗余力地予以改善。而事实上，我认为世界上没有哪个国家在自我纠错能力上比中国更强。

当然，他们对西方媒体妖魔化自己的现实也心知肚明，并已经开始着手改变这一被动局面。

在中国看来，想必西方主流媒体都是一丘之貉，不止CNN和BBC，即便是日本的NHK也难说对华友好。所以正在世界范围内搭建自己的信息发送网，希望通过不懈的努力与积累，能够冲破西方媒体的包围圈，找到一个对其真正公平、公正的发声渠道。

我要说，他们的努力已经初显成效，至少对我个人而言是这样。

现如今，我已彻底戒掉了CNN的新闻节目（尽管CNN的特派记者遍布世界各地，却依旧不能客观、公正地反映当地的现实，真是令人不可思议），把更多的时间放在了CGTN（中国国际电视台）上面。这是一个中文广播信息网络的英语频道，能够站在中国的立场上，以中国人的视角一天24小时播报包括中国内地在内的全球新闻。

据说，这个频道曾经的名称是"ＣＣＴＶ（中国中央电视台）－NEWS"，不久前才改成了今天这个名字。

除了中国的媒体之外，俄罗斯的国际媒体也极具关注的价值。特别是一家俄文广播信息网络公司旗下的英文版频道"RT（RUSSIA TODAY，今日俄罗斯）"值得大力推荐。因为这是一个相当靠谱、相当高质量的国际信息源，在"客观公正""呈现真相"方面远超那些被意识形态严重洗脑从而极其不靠谱的西方主流媒体。（RT是一家俄罗斯政府所有的国营媒体公司，其分支机构遍布全球二十个主要国家和地区。除了英文版之外，该公司的新闻节目还以阿拉伯语、西班牙语、德语、法语等多语种编制播出，在世界各

地拥有广泛的影响力。——编者注）

被称为中东版CNN的卡塔尔半岛电视台（AL JAZEERA），也是一家非常有影响力的著名国际媒体公司。该媒体平台的新闻节目以阿拉伯语和英语两个语种，每天24小时不间断地面向全世界的受众群体播出，有兴趣的朋友不妨关注一下，一定会受益匪浅。（注："半岛"是一家上星电视台，总部位于卡塔尔首都多哈。其新闻节目的制作宗旨是"有一个意见，便必然会有另一个意见"，即"每一枚硬币都有正反两面，而新闻的职责是把这两面都客观、公正地呈现出来。不带任何私人意见，不戴任何有色眼镜"，也就是新闻人必须恪守的所谓"中立原则"。因此这家电视台常常会从阿拉伯人自己的视点，而不是欧美人的视点观察事物、编制新闻，并以此在国际媒体界站稳了脚跟，收获了广泛的关注）。

另外，NHK的国际新闻频道也有一定的可看性，德国唯一的英文版国际新闻频道"德国之声（Deutsche Welle，简称DW）"则更是西方主流媒体中难得一见的一股清流。

不过，对我个人来说，由于家里没有电视机，所以BBC等国际媒体的新闻，我是通过广播听取的。实在想看影像的时候，互联网也可以搞定，所以没必要专门买一台电视机。

没错，直到今天我依然保持着收听广播的习惯，在我的收音机里BBC的新闻是必备的节目。遗憾的是，我听了许多年的BBC，近些年来也开始变质，逐渐沦为美国国务院的一部宣传机器。他们对美国政府亦步亦趋，经常发表典型"美国风"的意识形态论调。特别是播报涉及中国和俄罗斯的新闻时，这种情况便会变本加厉。

如果你生活在中国和俄罗斯以外的国家和地区，想必会每天被西方主流媒体的新闻报道洗脑，进而令自己的世界观逐渐走偏，离真相越来越远，所以，适度地收看RT这样的新闻频道，对你拨乱反正，重拾平衡、公正的世界观大有裨益。

尽管这是一家俄罗斯的国营电视台，可至少它能给你提供一个与西方媒体截然不同的观察事物的视角。而这一点本身便极具意义。如果你想对世界有更多、更深、更广泛的了解，多样化的视角无比重要。

不错，每家媒体都对自己的客观公正性有坚定不移的信心，且永远都会高声主张这一点。包括西方主流媒体，也坚持认为只有自己的新闻代表了"绝对正确"。可也正因如此，为了更接近真相，你需要尽可能地接触所有这些媒体的所有主张，然后用自己的大脑做出分析与判断。

不过，在这个过程中有一点需要引起你的高度注意：鉴于西方媒体一向自诩"优等生"，而将他人贬低为"差等生"；甚至一向以"老师"自居，而将他人视为"学生"，进而习惯了对他人指指点点甚至发号施令，所以为公平起见，多听听后者的声音应该大有裨益。

>做人不能太CNN>

假设你是一个西方国家的公民，某一天清晨在旅途中的某家旅馆里醒来，你可能会在洗漱外出前习惯性地打开电视机，看看当天新鲜出炉的早间新闻。

这个时候，我建议你最好避开CNN，换成别的频道。因为这家媒体的主持人以及特约嘉宾一定会不厌其烦地对你重复相同的陈词滥调：中国人和俄国人没有真正的自由，生活非常压抑。大街上布满了摄像头，人们的行踪每时每刻都处于严密的监视之下。中国的AI技术尽管很发达，但对普通人来说却非常危险。比如人脸认证，会让你的面部特征和私人信息被警方掌握，导致分分钟有可能被捕入狱……

尽管所有这些说法要不就是有失偏颇，要不就是信口胡说，要不就是典型的双标，重点是，几乎每一个人的耳朵都已听出老茧，甚至到了能够背诵的程度，可那些CNN的雇员乃至嘉宾依然能说得兴高采烈、唾沫星子横飞，直至每个人都尽兴而归。

可见，任何能够衡量一个新闻工作者的指标，对这些人已然毫无意义。观看他们的新闻节目，简直就是浪费时间。

CNN还算好的，特朗普的忠实拥趸，美国著名的右翼媒体平台"福克斯新闻网"播报的新闻内容则更是离谱，偶尔甚至会骇人听闻。在这一点上，英国的BBC是一丘之貉，近些年甚至有些后来居上、"青出于蓝"的味道。

当然，包括最离谱的"福克斯新闻网"在内，所有这些西方主流媒体偶尔也能说一两句人话，做一两件人事。换言之，这些媒体也并非一无是处，哪天高兴了也许也会说一两句真话、公道话，可即便如此，它们能够提供的视角和观点也太过单一且过分偏激，以如此狭窄的视角观察世界，不可能得出正确的结论。

同样的道理，即便是中国和俄罗斯的媒体，也未必能提供完美无缺的视角，让你准确无误地掌握事物的全貌，但是，至少与已经沦为美国国务院附庸的BBC相比，中国和俄罗斯的媒体在平衡性、中立性方面要强得不是一星半点。

最低限度，你会从中国和俄罗斯媒体的新闻报道中感受到某种"大人""成年人"的气息，而西方媒体则像一个任性的、会时常撒泼耍赖的孩子。

说起来，在我的孩提时代，BBC在平衡与中立方面做得非常好，是一个合格的、值得尊敬的"成年人"。那时的BBC，敢于坚持自己的路线，能够脱离美国的视角，以自身的见解独立地报道世界，因而吸引了全世界范围内海量的受众群体，在媒体界享有极高的声誉。

正因如此，今天这家老牌媒体平台的堕落程度，让我这个曾经的忠实粉丝深感遗憾、倍觉痛心。

正如我在前面所说，如果你现在身处非洲大陆，然后对当地人宣称"华为是一家坏公司，会威胁你们的国家安全"，想必没有多少人会听信你的话。相反，非洲老百姓会认为华为是一家好公司，能提供在性价比方面远超"苹果"的高质量智能手机。可见，如今的世界已然与从前不同。西方主流媒体已经无法彻底垄断全球舆论界的话语权。除了西方媒体之外，我们这个星球上有越来越多的人，希望能从越来越多不同的媒体、不同的渠道得到越来越多不同的信息。

这种对信息本身以及信息来源多样化的饥渴感，已经不可逆地、永久性地改变了世界舆论的面貌。生活在西方的人，迟早会深刻地认识到这一点。

说来可笑。曾几何时，生活在西方世界以外的人被称为"井底之蛙"；而今天，恰恰是生活在西方世界的人，自己成了"井底之蛙"。但甭管谁是井底之蛙，跳出井底看世界势在必行、刻不容缓。

我想，也许我们的子女长大成人的时候，他们那一代人会彻底站在不同的立场上，以不同的视角观察世界、理解世界，与世界打交道。而那时的世界，将与我们这一代人所熟知的世界大为不同。"美国第一"的时代将逐渐逝去，以中国为首的新兴国家将变得愈发富强，从而逐渐取代美国，走上世界的前列。

事实上，今时今日这样的变化已然发生。所以也许十年后，当我的两个女儿长大成人时，欧美国家的年轻人将不再视华为为一个威胁，而是把这家公司及其高端产品看作一种时髦甚至是一种身份的象征，就好像今天的"苹果"一样。

总之，无论西方国家的人是否喜欢抑或是否心甘情愿，当我们这一代人的子女长大成人时，这个世界上最强大、最重要的国家有很大概率会是中国。

如果你看得懂世界地图，并且知道现在的世界到底发生着什么，特别是那些革命性、戏剧性的变化正在哪里发生，那么想必你一定会认同我的看法。

18世纪第一次产业革命（以蒸汽机和铁路为代表的产业革命）的成功造就了大英帝国的鼎盛，21世纪第四次产业革命（以AI人工智能和物联网技术为代表的产业革命）的成功也必将成就中国的伟大复兴。

顺便提一句。21世纪内，如果朝鲜半岛能够实现统一，亚洲的版图上将诞生一个几乎能与日本叫板的新兴强国。但即便如此，统一后的半岛要想再一次复制两百年前大英帝国的存在感，则已经没有任何可能。

>从中国得到的灵感>

迄今为止的人生中，我曾犯过许多错误。而其中最大的错误，就是把自己的家搬到亚洲来这件事做得太晚了。如果20世纪80年代做了这件事，今天我的人生将大为不同。

早在1984年，我便去过中国，亲眼见到了那里发生的事情。回到美国后，我几乎逢人便说："中国绝对有机会！"

关于中国以及这个生机勃勃的国家所蕴藏的巨大机会，我写过许多文章进行描述，并不止一次地在电视节目中以此为话题展开论述，可遗憾的是，我做了这么多，却唯独没做那件最应该做的事，那就是移居中国。

中国给了我无与伦比的灵感，给我留下无比新鲜浓烈的印象。

犹记得1984年初次造访中国的情景。当我步出飞机、走下舷梯时，尽管心里已经做好了承受冲击的准备，可还是有些惴惴不安。之所以会这样，是因为当时美国的宣传机构不遗余力地将中国人塑造成邪恶的嗜血怪物，仿佛西方人只要踏上这个国家的土地，便会立刻遭遇厄运一般。

但是，入境中国没多久，我便知道了事情的真相。明白了这是一个异常勤勉、充满野心、拥有几千年从未中断过的文化传统和悠久历史、醉心教育、拼命工作的伟大民族。

换言之，我所见到的中国人，绝非什么妖魔鬼怪抑或邪恶之辈，而是一群善良热情、不辞辛劳、充满智慧、拥有无限潜力的人。这个发现让我既惊又喜，于是决定骑上摩托车周游中国各地，去见更多的人，经历更多的事。而我那漫长、愉快的探险之旅又一再印证了我对中国这个国家以及它的人民的初印象。带着这个重要收获，我回到了美国，并且逢人便说："信不信由你，中国的时代即将到来。"

不出意料，每个听到我这种想法的美国人做出的反应都是不屑一顾甚至嗤之以鼻。他们觉得不可思议，不知道为何吉姆·罗杰斯会对那样一个"毫无前途的国家"充满热情。换句话说，在他们眼里，吉姆·罗杰斯简直是疯了。

可以理解。彼时，在大多数美国人看来，亚洲确实代表着未来。而这个"未来"显然属于当年气势如虹的日本，而不是鲜为人知的中国。

当每个人都认为"从今往后将是日本的时代"时，却有一个"不识时务"的美国人不断地予以否定，"不不不，中国才是世界的未来"，那么这个人将会受到多少冷眼、多少嘲笑，完全不难想象。

但是，时至今日，相信每一个人都已经知道了这个故事的结局。

我能比大多数人提前几十年知道这个结局，与我个人的经历与实践有关。别忘了，那个早在20世纪80年代便骑着摩托车，周游了大半个中国的人是我，而不是别人。我亲眼看到许多中国人每天凌晨5点钟便开始了一天的劳作，而且对待工作无怨无悔、尽心尽责。那是一种为了生存，为了过上更好的日子而不惜一切代价的姿态，而这样的姿态不可能造就不出一个伟大民族无比光明的未来。

没错，中国确实是一个社会主义国家，但也是奉行市场经济的国家（即著名的"社会主义市场经济"体制），因此，与西方国家相比，那里的人们具有更为优秀的资本家与企业家的素质。而这一特质，我是通过自己的双眼看见的，所以能够确信无误。

自从确信了这一点，我便开始一而再，再而三地把"中国"二字挂在嘴边。

不过，即便如此也依然不够。我应该从那时起就移居中国，令自己身处潜在剧变即将发生的地方。这本是我毕生的信仰，而我却在如此关键的时刻错过了践行它的机会，实在是追悔莫及。

我认为,除了中华人民共和国成立后短暂的一段时间之外,市场经济的原理从未与中国的传统文化发生过任何排异反应。恰恰相反,在几千年的历史中,中国人从来都是市场经济的高手,并由此创造了独步世界的、灿烂的物质文明和精神文明。

否则,难以想象一个物质上落后的国家,会有如此绵长的、从未间断过的历史以及如此灿烂辉煌的传统文化。

由于历史是我的专业和爱好,所以在这方面还是有一点发言权的。

许多人也许不知道,早在11世纪的中国,当时的宋王朝在钢铁产量方面便已经远超18世纪的大英帝国,而彼时的大英帝国正在享受第一次产业革命带来的无限荣华。

现代炼铁工艺中不可或缺的焦炭在11世纪的宋朝便被广泛利用,进而极大地提高了生产效率。据说,那时中国生铁的年产量就已经达到15万吨之多。这个数据几乎可以匹敌18世纪末整个欧洲的生铁年产总量。

可见中国资本家的厉害!

要知道,即便是今天,钢铁产量也是衡量一国经济工业化水平的重要指标,且其生产效率与一个国家的整体发达程度密切相关。

首先,这需要用到大量资本,需要高度发达的金融市场高效合理地匹配资源;其次,这需要用到大量具有高度专业知识的工程师和产业技能的熟练工人,需要高度发达的教育产业与人力资源市场予以密切配合;再次,这需要用到大量高水平的设备、工具与操作工艺,需要高度发达的制造业体系使其成为可能;最后,这需要用到大量尖端科技,需要高度发达的科研创新体系给予有力支援。

别误会,我说的不是现在的美国,而是11世纪,也就是一千多年前的中国。那时的中国,已经发展到了这种程度;而那时的美国,还是一片未被发现的蛮荒之地。在这一事实面前,还有谁敢说中国人玩不转市场经济,没有深厚的市场经济底蕴?

没错,一千年前的中国,已然是一个非常成功的市场经济国家,甚至比七八百年后的欧洲还要先进许多。中国的"四大发明"——指南针、造纸术、印刷术、火药,几乎从根本上决定了欧美国家其后的现代文明史。最起码,没有指南针和火药,便不会有后来的"大航海时代",也不会有源于"大航海时代"的产业革命。至少美洲大陆的发现以及美利坚合众国的诞生恐怕还要延后许多年,大英帝国的殖民版图也将是一个美丽的肥皂泡。同样的道理,没有印刷术和造纸术,西方的教育产业也会落后许多,从而无法用教育的手段有力地提升国民的综合素质以及国家的综合国力。

从这个意义上讲,早在一千多年前,中国已经是一个领先世界的科技创新大国。尽管其后确实有过一段被西方国家反超的历史,今天的中国也已然开始了伟大复兴的征程,正在重新找回昔日的荣光。

重点是,中国是我们这个星球上唯一的可以不断重复伟大时代的国家。其五千年的历史有力地证明了这一点。

正如我一再指出的那样,大英帝国已经不可能重现昔日的辉煌。古埃及和古罗马帝国也一样,一旦度过自己的黄金时代,便再也无法恢复往日的荣光。

日本在国力最鼎盛的20世纪80年代末90年代初,GDP曾一度是中国的近10倍之多。而这样的日子也一去不复返了。

总之,曾经盛极一时的国家,一旦从巅峰滑落,便再也无法重返巅峰。这是历史的常态。只有中国是例外。这个国家在其漫长的历史中,至少有三四次从巅峰滑至谷底,又从谷底神奇地重返巅峰的经历。

中国的历史可谓多灾多难,但无论经历多大的灾难,中国人也总能不惧牺牲、顽强拼搏,依仗坚韧不拔的毅力和坚持不懈的努力成功地力挽狂澜、扭转乾坤,不但能恢复元气,还能迈向更高的巅峰。

所以我才会说,跌至谷底后还能重返巅峰这件事,在人类历史上只有中国这一个国家做得到。

从今时今日中国的勃勃生机和如虹气势来看,这一次也不会是例外。

>"美式民主"和经济成功之间没什么关系>

尽管中国的经济发展正在经历百年不遇的黄金时代,可"中国崩溃论"却莫名其妙地在西方世界大行其道。

想必,西方世界的某些人实在是太渴望看到"中国崩溃"的一幕了,以至于走火入魔,发生了幻视幻听现象。

没错,中国的经济社会确实存在着许多内生性问题,许多问题还相当严重。但是,这恰恰是历史的常态,完全不必大惊小怪。纵观人类历史,未发生过任何问题便能成功登顶的经济强国从未出现过。即便是20世纪的美国,这个举世公认的"最成功"的国家,也经历过大量的衰退与危机,甚至连最起码的人权是否得到了法律的有力保障这一点,也充满疑问。至少,非洲裔美国人弗洛伊德被白人警察残酷跪杀以及由此引发的大规模抗议活动这一事实本身便对这样的疑问给出了否定的回答。

所以,如果一定要说"崩溃",反而是西方世界崩溃的风险要远大于中国。无视自己眼前的崩溃危机,却对别人是否崩溃操碎了心,实在谈不上是聪明的举动。

在美国,被称为"院外活动分子"的游说集团可以公然收买议员,为其所代表的利益团体服务。一百年前,院外游说的成本非常之低,导致许多议员能够被轻易买通。这本身就违反了公平、公正的市场原则,对一国经济的健康发展是一个严重的破坏性因素。可即使如此,美国依然在不断地搬弄中国的是非,其心智的偏执程度由此可见一斑。

包括政客与许多专家学者在内,美国的精英阶层最心心念念的理论是:只要没有照搬美国式的"民主制度",经济便不可能取得成功。

这就是西方世界不断主张的所谓"普世真理"。

那么,一个简单的问题是:事实又如何呢?是否实行了"美式民主"的国家,便一定会取得经济发展的成功呢?

还是那句话,历史说了算。而历史给出的答案是否定的。

正如我在前面所说,实行"美式民主"而取得成功的国家,在历史上凤毛麟角。即便是美国自己,其经济大获成功的基石上,也浸满了印第安人、黑人乃至华工的斑斑血迹。起码这一点,便是对"美式民主"所大力主张的"自由与人权"最严重的背叛。

事实上,正如我在前面所说,第二次世界大战后在经济上大获成功的国家,大多存在"一党独大"的现象。比如,战后七十多年来,日本政坛一直被自民党牢牢掌控,鲜少发生大权旁落的现象;欧洲的德国与亚洲的新加坡亦是如此,政治领域的权力集中现象非常明显。而恰恰是这些国家,创造了举世瞩目的经济奇迹。

相反,非洲、拉美、南亚和东南亚某些国家一直都是"美式民主"的忠实践行者,而他们的经济社会发展状况如何,想必不用我说大家也心知肚明。

特别是印度。这个世界上最大的"民主国家",时至今日也没有解决起码的温饱问题,且各领域的人道主义危机频发,不知美国对此有何感想?

《理想国》这本书,是著名的古希腊三贤之一柏拉图的不朽名作。这位哲人在书中写道:人类治理国家的模式,必将经历这样一个发展过程,也就是威权治理、寡头政治、民主政治、无政府状态(无秩序的混沌状态),最后再一次回归威权治理模式。

柏拉图对国家治理模式的思考可谓极富远见、入木三分。考虑到《理想国》这本书出版于两千多年前,这一点便更加令人印象深刻。而人类两千多年的实践,也有力地证明了这一国家治理模式演变规律的正确性。

话说20世纪80年代我初次造访中国的时候,这个国家的"单一性"或者说"一致性"令我颇为惊讶。我感觉那里的人只读一份报纸,只看一个电视频道,只穿同一颜色、同一款式的衣服,甚至连思维和行为方式也基本上别无二致。

当然，除了某种文化的影响外，这样的单一性在很大程度上源于经济社会发展的相对滞后。换言之，物质的匮乏导致大家"没的选"，从而不得不"整齐划一"。然而，时过境迁，今天的中国及其人民已经发生翻天覆地的变化。除了互联网和移动互联网无所不在之外，任何一个普通家庭里的电视机都能轻松地收看数百个电视频道。至于中国百姓的吃穿用度，已几乎与西方人没有什么两样，许多方面甚至有过之而无不及。

今天，中国人不仅打开了自己的国门，广迎四方来客，包括大量西方人；而且已经迈出国门，走遍、看遍、玩遍、吃遍、买遍了全世界。

这就是鲜明的社会进化写照。它由历史写就，并将继续书写历史。

可见，一个国家是否能够取得经济社会发展的成功，与是否实行了"美式民主"的治理模式没有一毛钱关系。事实上，如果一定要说"有关系"，恐怕在很大程度上也将是负相关，而不是正相关。换句话说，越是实行"美式民主"的国家，经济取得成功便越难，反之亦然。

别说亚非拉的发展中国家，即便是西方发达国家也逃不开这一逻辑。比如说，在那些举世公认的老牌资本主义发达国家中，德国和日本是典型的"优等生"，而西班牙、葡萄牙、希腊和意大利则是典型的"差等生"，这几个国家甚至被西方自己的媒体揶揄为"欧猪四国"，以讽刺他们糟糕的经济表现。

不知你是否发现了这两个组别之间的最大区别？

没错，"差等生班"是清一色的"美式民主"忠实践行者，而"优等生班"则恰恰相反。

这就是事情的真相。

既然如此，苛责中国就变得格外虚伪，格外上不了台面。

>能抓住老鼠的猫，就是好猫>

中国的"改革开放"之父邓小平曾经说过这样的话："不管黑猫白猫，抓住老鼠就是好猫。"

诚如此言。我认为这才是一种真正正确、真正务实的世界观。

坦白说，作为一个美国人，对"美式民主"我并没有任何意见。相反，我认为美国之所以能有今天这样的发展成就，它独有的民主模式确实立了很大的功劳。

问题在于，试图将这种模式强加给全世界所有国家，并摆出一副"顺我者昌，逆我者亡"的威胁架势，则是大大的不该。

换言之，"美式民主"既然能在美国抓到老鼠，那么它就是适合美国的好猫；反之，如果这只猫在别的地方抓不到老鼠，那么至少对那个地方来说，它就不是一只好猫。

如此简单的道理，不知为何西方国家有那么多人居然想破脑袋也想不明白。看来除了智力的问题，根深蒂固的傲慢与优越感作祟也是一个很大的原因。

除了前面提到的日本、德国与新加坡之外，另外几只"亚洲小龙"，特别是中国台湾和韩国，其经济发展的巨大成功也莫不与"威权治理"模式有关。讽刺的是，恰恰是20世纪90年代，这两个地方转而实行"美式民主"的治理模式之后，经济发展便开始走下坡路，再也没有了往日那样的精气神和高效率。尤其是中国台湾，现在的平均薪资甚至还不如三十年前，也就是20世纪80年代末90年代初的水平。而这种近三十年的经济停滞状况，显然与政治的不作为乃至乱作为有莫大的关联。按照柏拉图的说法，这种治理模式就是典型的"无秩序混沌"模式。实在是令人遗憾。

可见，扔掉自己的猫而抱回别人家的猫，在大多数情况下不是一个好主意。这样做的初衷也许在于对别人家的猫"会抓住更多老鼠"的结果抱有期待，可放弃一个自己熟悉的事物，贸然选择另一个完全未知的事物，至少在驾驭感和适应性方面会出严重的问题，稍有不慎便会走偏，让你得不偿失、悔不当初。

再者说，无论别人家的猫抓住了多少老鼠，那也是别人家的事，而与你们家无关。你又为何那么肯定，这只猫到你们家以后也能抓住同样多甚至更多的老鼠呢？这一思维方式本身就存在严重的逻辑问题。实在是不可思议。

犹记得新加坡国父李光耀曾经说过这样的话：每天清晨醒来时，我都会这么想——不要做人们希望你做的事，而要做对他们真正有益的事。

这句话的潜台词是，有的时候人们希望你做的事未必对他们真正有益；反过来说，有一些人们并不希望你做的事，恰恰对所有人最为有益。所以好的治理者真正应该关注的，不是人们的"希望"或者"喜好"，而是人们的切实"利益"。

这才是智者的眼光，这才是哲人的思想，这才是正确的治理模式。

一言以蔽之，好的治理与不好的治理最大的区别在于：视野是否长远。目光短浅的人，只会盯着眼前利益，而伤害长远利益；而目光长远的人，眼里只有长远利益。为达此目的，宁可在一定程度上牺牲眼前利益也在所不惜。

李光耀将其一生奉献给了新加坡。尽管他的强硬作风在国内外都遇到过不少非议与质疑的声音，可是新加坡的繁华荣景一次又一次强有力地反驳了这些质疑与非议，令这位国父受到了新加坡人民广泛的爱戴。

中国也一样。尽管这个国家在西方世界受到了不少非议，可它的人民却对国家的治理模式充满了自信和自豪。说来也是理所当然。任何一个国家的人民，其生活水平如果能在如此短的时间内得到如此惊人的改善，都会对自己的国家以及它所选择的道路充满自信与自豪。此乃人之常情。

即便美国人自己，又何尝不是如此？

再者说，自20世纪80年代以来，中国从未与任何一个国家进入过战争状态。而同一时期内,美国又做了什么?这个天天把"自由""人权"挂在嘴边的国家,又打过多少仗,杀过多少人呢?

有人曾做过统计,说在建国后三四百年的历史中,美国人没有动武的年份只有区区十六年。特别是过去五十年间,美国的对外战争几近于一种常态,似乎总是在和某个国家打仗。另一方面,拥有五千年历史的中国,发动跨境战争的历史则几乎是一张白纸,基本上可以忽略不计。

今天,美国在全球各地拥有无数军事基地,世界上的许多角落都驻扎着大批美国大兵。这些士兵枕戈待旦,随时准备动真格。人们对此已见多不怪,对"美国的战争"甚至有点麻木不仁。仿佛什么时候美国人不打仗了,反倒显得有些奇怪。

但是,中国人不同。今天的世界网络舆论中,有一句比较经典的话是这么说的:中国人到处建设,美国人到处轰炸;中国有子弹头列车,美国有子弹头。(顺便提一句,这一点连美国人民自己都深感厌恶。他们又何尝不希望在自己的国家里也能有子弹头列车,而不是把所有的钱都花在子弹头上面。)

最能印证这一点的,毫无疑问是非洲。大家不妨想想,近些年来中美两国分别在非洲大陆做了什么?是谁在修铁路,而又是谁在打仗呢?

中国给的是钱,是基础设施;美国给的是子弹和炸弹。孰优孰劣一目了然。

不只如此,即便美国人偶尔也给点钱,却会附加一大堆苛刻的条件;而中国人给钱则从来没有这些没用的零碎。

那么换了你是非洲本地人,你又会支持谁、喜欢谁、欢迎谁呢?

就是这个道理。

>亚洲的"女人荒"会带来什么>

开门见山，亚洲缺女人。

从经济学的角度来说，任何事物一旦发生严重的短缺现象，其价值一定会飙升。所以，亚洲女性的价值与地位，也必然会遵循这样一条发展轨迹。

这是非常清晰也非常简单的逻辑。

据说中国有句古话，叫作"物以稀为贵"，诚如此言。

在中世纪的欧洲，女性的社会地位非常之高。当时的欧洲社会，女性既可以当老板经营公司，也可以做市长运营城市，在广泛的社会生活领域里极其活跃。

之所以会这样，想必与那时的欧洲男女比例严重失调，存在着明显的"女人荒"现象有莫大的关系。当然，男女分工不同也是一个很大的原因。男人们大多去打仗或者出国搞贸易，所以给本国的女性留下了不少施展拳脚的机会。但归根结底，女性的相对稀缺性令男人更重视、更珍惜女性，是女性的社会地位如此之高的决定性因素。

遗憾的是，随着后来男女比例逐渐恢复正常，这一趋势发生了变化，并终被逆转。

今天，亚洲也发生了同样的事，存在着严重的"女人不足"问题。据说，整个亚洲"空余"出来的男性总和达到1亿人之多。特别是中印两国，由于传统的"重男轻女"思想到今天依然根深蒂固，导致许多家庭只愿生男孩、不愿生女孩，这个问题便显得格外突出。就拿印度来说，有统计资料显示，这个国家的男性人口比女性多出整整5000万人。而之所以人们如此忌惮生女孩，主要是一些传统生活习俗使然。比如，女性结婚后需要与男方的双亲一起生活，这就会带来许多不便甚至矛盾；再比如，印度的婚姻习俗是，女性出嫁妆，而男性则几乎不用花钱，这便造成了女方家庭沉重的经济负担。所以无论从哪个角度考虑，对许多印度家庭来说生男孩也比生女孩更为

"划算"。凡此种种,均极大地限缩了女孩出生的机会,严重恶化了"女人荒"的程度。而我认为,恰恰是"女人荒"这一事实本身,必将给亚洲的面貌带来革命性的变化。

理由很简单,无论你有什么传统、什么习俗,女性也绝对不可或缺。在这一点上,没有任何国家可以是例外。正因如此,亚洲女性的价值必然会一路高涨,直至"重男轻女"的陋习被彻底逆转。这是客观规律,不以人的意志为转移。

起码在中国的城市地区,这种趋势已经初露端倪。中国人常说"妇女能顶半边天",不过今日之中国,妇女能顶的也许不止是"半边天"。不仅在恋爱关系和家庭生活中,女性已经普遍处于相对强势的地位;即便在职场上和社会生活领域,女性活跃的身影也越来越常见。

不可否认,中国女性社会地位的巨大改善与经济的迅猛发展有关,可即便如此,相信也没有人会否认"男多女少"现象对女性社会地位变迁的潜在影响。

今日之亚洲,存在着比较明显的"男人不能结婚,女人不愿结婚"的现象。越来越多的男人找不到对象,为"娶媳妇"的事伤透脑筋。特别是印度,"娶妻生子"对许多男人来说几乎成了一种奢望。

韩国的情况也不容忽视。这也是一个"重男轻女"思想根深蒂固的国家。人们普遍倾向于生男孩,而不愿生女孩,致使"女人荒"问题在韩国也异常严重。由于在国内很难找到老婆,许多韩国男性只能将目光转向国外,特别是东南亚一带。近些年来,与越南、菲律宾和柬埔寨女子结合的韩国男子比比皆是。这些跨国婚姻中固然有很多幸福美满的案例,却也存在着不少相对牵强的伴侣,从而引发许多跨国婚姻独有的家庭问题以及由此导致的社会问题。

不夸张地说,类似的情况在亚洲全域均有发生,因此这片大陆上的女性,正在经历一个社会地位明显变化的过程。这种变化之所以会发生,与政府"善待女性"的大力倡导关系不大,而与女性的相对稀缺性密切相关。

就拿韩国来说，女性妊娠32周之内不允许进行胎儿性别鉴定。之所以这样做，是因为一旦提前获知胎儿的性别，许多夫妻也许就会采取极端手段终止妊娠，从而剥夺大量女婴来到这个世界的机会。

由于韩国有着男子继承家业以及家谱的传统，也就是所谓"传宗接代"，所以如果一个家庭只有女孩没有男孩，会被视为"断子绝孙"，是非常严重的后果。这便导致相当普遍的"选择性妊娠"现象，客观上制造并恶化了"女人荒"，所以逼得政府不得不出手干预，通过立法严厉禁止"选择性妊娠"。

遗憾的是，道高一尺，魔高一丈。已经富裕起来的韩国人有太多办法避开政府的规定，继续"选择性妊娠"，致使"女人荒"问题长期得不到根本性的解决。所以才会逼得韩国男人远走他乡，去东南亚寻找终身伴侣，尽管那些伴侣也许未必那么适合，那么称心如意。

总之，纵观整个亚洲大陆，无论是相对富裕的中韩两国，还是依然较为贫困的南亚国家，均存在着严重的女性不足问题。而这一问题的"题干"本身，也许就是问题的"答案"。

具体地说，只要人类社会"一夫一妻制"的基本架构不被更改，那么理论上多余出来的男性会被自然淘汰。而在这一过程中，女性的选择极多，男性的选择极少，这便会极大地提升女性的优越感和存在价值。随着女性越来越重要、越来越尊贵，"重男轻女"的思想基础就会逐渐瓦解，直至彻底消失。

这是一个大概率事件。

所以，当我们的孩子长大成人时，他们那一代人的生育观将被极大改变。那时出生的女孩，一定会以自己的性别为荣，会为自己作为一个女性来到这个世界深感幸运。

事实上，今天这样的趋势已经发生，中国就是一个很好的例子。韩国的情况也有了很大改观。相信不久的将来，整个亚洲大陆都会逐渐跟上，直至最终成为一片女性的乐土。

>区块链带来的破坏>

前面提到,区块链是一个具有划时代意义的,革命性的创新技术,将从方方面面深刻地影响乃至改变我们现在熟悉的一切。由于大量的工作岗位将从世界上消失,人们普遍担心一个源于区块链技术的"大规模失业时代"即将来临。

那么,事情的真相又如何呢?

我认为,区块链确实有可能消灭许多工作岗位,却未必会带来所谓"大规模失业时代"。

想当年,计算机的诞生也曾夺走许多人的工作,可另一方面,又创造了大量的新机会和新岗位。起码,"程序编码员"这个工种今时今日已经没有人会感到陌生。现如今,软件及其周边产业同时跨越线上和线下两个空间,形成了一个万亿美元级别的超大规模产业,几乎没有任何一个传统工业门类能够与之媲美,而由此催生的新兴工作岗位则更是一个天文数字。

计算机如此,区块链亦会如此。随着这项技术的普及,数以百万计的银行职员恐怕会失去自己的岗位。甚至于许多银行本身也有可能销声匿迹,不复存在。

当我们的子女长大成人时,也许不再有"去银行办事"的必要。一部手机便可搞定一切。事实上,邮局就是一个典型的例子。据说今天中国的年轻人已大多不知"邮局"为何物,抑或即便去过邮局,记忆也已极其模糊。

今日之邮局,也许就是明日之银行。

总之,许多人们曾经无比熟悉的事情,曾经养成根深蒂固习惯的事情,都将发生戏剧性、颠覆性的变化。

许多旧的产业形态及工作岗位将永远消失,而无数新产业及新岗位也将源源不断地被创造出来。

所以,区块链技术的普及及其周边产业的勃兴给我们带来的不可能只有输家，还会有大量赢家。重点是，许多暂时的输家一旦适应了这项技术，也依然有跻身赢家行列的机会。当然，前提是必须真正理解区块链的概念及性质，真正明白区块链到底是个什么东西。否则，无论身边出现多少赢家，这份幸运也落不到你的头上。

比方说，为了赶区块链的时髦，现在有许多人热衷于投资各种"虚拟加密数字货币"。讽刺的是，他们投入了如此多的真金白银，却连支撑这种数字货币的区块链技术到底是什么都一无所知抑或一知半解。这种盲目的投资获得成功的概率实在是太小了。其性质无异于赌博。

至于我个人，无论是比特币，还是什么这个"币"、那个"币"，我一律不感兴趣，一律不投资。

现如今，包括比特币在内，各种虚拟加密数字货币的市场价格普遍存在着波动幅度过于剧烈的问题。爆赚血赔都在瞬间，而具有这种特质的商品往往都极不靠谱，投资的价值极低。

事实上，这类商品中的许多成员已经被市场淘汰，而且我个人认为，即便是今天大名鼎鼎、备受追捧的比特币，最后恐怕也难逃厄运，将被市场无情驱逐。

在这个历史节点，不妨重新梳理一下货币的发展史。

人类的远古时代，贝壳曾经有过货币的功能。只要能够达成共识，形成所谓"信用"，哪怕是局部信用，理论上任何东西都可以成为货币，都能具备支付、存储和流通的功能。

许多人也许不知道，20世纪前，曾有很长一段时间纸币不是由各国的中央银行统一印刷和发行的，各商业银行可以独自印刷发行自家的纸币，也就是所谓"银行券"。

但是，纸币（银行券）的发行量一旦超过黄金储备，就有引发恶性通胀的危险。由此，英国政府做了一个决定：只允许当时英国最大、最重要的银行英格兰银行发行银行券。即英格兰银行垄断了纸币发行的权利，使这种纸币成为事实上的国家主权货币。而英格兰银行也成了事实上的"中央银行"。

　　自此，市场上的其他商业银行逐渐失去了发行纸币的权利。截止到1921年，英格兰和威尔士已经彻底统一了货币，不再有任何央行以外的金融机构发行的纸币流通。

　　我隐隐有种感觉，今天那些热衷于"虚拟数字货币"交易的人，好像觉得自己比政府还要聪明，还有能力，可以将一种未经国家机器授权的所谓"货币"玩弄于股掌之上而不用承担后果。何止不承担后果，甚至还能大赚其钱。但不要忘了，国家机器毕竟是国家机器，法律毕竟是法律，游戏规则毕竟是游戏规则。试图与国家叫板，无异于螳臂当车。

　　所以，不妨想想看，如果政府明令禁止交易及使用虚拟数字货币的话，会发生什么？而这种可能性绝对不可小觑。因为没有哪个国家会容忍主权货币的地位遭到挑战，那将引发一国金融秩序的巨大混乱。

　　虚拟数字货币的世界，无论是货币的保存、管理与使用，还是监督、协调和维护，所有的一切均在计算机和网络空间进行。特别是中国，甚至正在考虑由中央银行发行基于区块链技术的主权数字货币。

　　不可否认，现如今在全世界范围内，最有资格做这件事的也许就是中国。连美国都远远落在后面。

　　近些年来，中国社会的"无现金化"已经发展到了一个惊人地步。手机支付无所不在，就连搭乘出租汽车都很难再使用现金。所以至少在这个国家，不久的将来现金很可能将会消失抑或无限接近于消失。

　　这一背景为央行发行数字货币创造了绝佳条件。而数字货币的普及对政府来说可谓好处多多，能让国家治理变得更为高效、更加清洁、更趋全面。

　　比如说，由于区块链技术的可追溯性特征，任何人、任何交易的任何环节与细节，都将在央行眼中无所遁形。这就能极大地解决许多金融行业的"老、大、难"问题，比如洗钱、逃税或灰色收入等等。不仅如此，有了区块链和数字货币，央行的金融政策和政府的财政政策将更容易被制定出来，传导下去并在最短的时间内收到效果。理由很简单，因为央行和政府发了多少钱，这些钱都去了哪里，到了谁的手中并做了什么，所有这些信息几乎瞬间便能彻底落实，资金运用的效率和效果显然与现在不可同日而语。

有了主权数字货币，政府与老百姓之间的互动关系可能也会比现在纤细许多。比方说，如果你的孩子购买了太多游戏软件或者不适合他这个年纪的读物，可能你会接到一个短信提醒，让你能及时对自己的孩子进行管理和指导。

主权数字货币能做的事还很多。甚至于哪些人饮食太油腻、饮酒过度、吸烟过多等等生活细节，都会纳入政府精细化管理的范畴，从而极大地促进公民和整个社会的福祉。

当然，隐私问题也会凸显出来。而解决这个问题的过程会与社会的发展进程本身同步。在发展中产生问题，在发展中解决问题，然后不断地发展下去。

此乃历史规律。历来如此，未来亦如此。

重复一遍，所有这一切，只能在计算机和网络空间发生。这是数字货币的基本特征。可即便如此，普通数字货币与主权数字货币也是两码事，不可相提并论。换言之，主权数字货币是政府行为，是国家机器的产物，而比特币等一般数字货币则不具备这一性质。

所以把政府对区块链技术和主权数字货币的支持视为比特币或其他虚拟数字货币的投资机会，绝对是一种天大的误解。如果有人用这个说辞来忽悠你，你要多加小心，万万不可盲信、盲从。

>大宗商品市场要出大问题>

作为职业投资家，在各个领域寻找适合的投资机会是一种工作常态。而对于大宗商品（原油、钢铁、铜、大豆、玉米等能源类、金属类和粮食类商品。这些商品往往对一个国家的国计民生乃至国家安全具有重要的战略意义），我的看法总体负面，认为在可预见的未来这个市场一定会出大问题。

特别是农产品市场，现在的局面相当严峻。

砂糖的价格已经从史上最高价暴跌了80%，其他农产品的情况也不容乐观。特别考虑到中美贸易战和疫情影响的不确定性，现在投资农产品显然不是一个最佳时机。当然，不确定性越大，同时也意味着潜在机会越多。当一切风平浪静时，曾经最大的不确定性往往就是最大的赚钱机会。关键在于是否能看得准、出手快，抢得最佳时机和最佳位置入场。

还是那句话，谁能在剧变发生的早期，抢先出现在剧变发生的地方，并买到价格最低廉的标的，谁就能成为最后的赢家。这是投资亘古不变的基本规律。

所以，正因为农产品市场现在面临着巨大的不确定性，这个市场也许恰恰酝酿着一个绝佳的投资机会，务必对此密切关注、不可懈怠。

当我们把目光从农产品市场移向整个农业领域时，会发现视野一下子宽敞了许多。

没错，与许多人的想法相反，我一向认为从整体来看，农业是一个典型的朝阳产业，其未来充满了无限的想象力与可能性，是一个令人颇为兴奋的机遇处女地。所以不久的将来，也许投资农产品本身会变得不那么有吸引力，而无数新兴的农业科技企业，将提供大量优质的投资机会。时刻关注这些企业在股市中的表现，应该颇有斩获。

特别是日本。由于拥有全球顶尖的自动化与机器人技术，所以如果运筹得当、精准施策，其农业的前景将一片光明。重点在于，不能光有想法，不见行动；抑或即便能拿出行动，摔个跟头便打退堂鼓。

恰恰在这一点上，日本人有很大的毛病。他们往往过于保守、过分谨慎，总想着万无一失，在重大决策面前常常表现得犹豫不决、踟蹰不前。可天下哪有这等好事，可以在毫无风险的情况下轻而易举地取得成功。

所以今天的日本人，不妨好好向半个世纪前的老一辈日本人学习学习。因为那时的日本人在冒险精神方面绝不输于美国牛仔。只要穿上西装、打好领带、提起公事包走出家门或迈出国门，他们便会一往无前，哪怕上刀山下火海也在所不惜。

重拾老一辈的拼搏精神，对今天的日本来说刻不容缓。

总之，至少在目前，大宗商品市场机会缺缺，不妨将视线转向别处。

就我个人来说，最近一个比较感兴趣的投资标的是俄罗斯的股票。现在已经入手了不少。之所以这样做，是因为油价大跌导致俄罗斯的经济和股市深陷困境，所以迎来了难得的入市机遇。由于同样的原因，委内瑞拉也是绝佳的机遇之地，只可惜我是美国人，目前无法投资这个国家。

日本股票也是我的关注目标，现在已进入我的候补投资标的清单。剩下的事，便是寻找一个合适的入场机会。而我认为，现时日本经济的处境，并不比俄罗斯强多少。巨额的债务和低迷的景气已经不足以支撑国家预算的可持续性以及日元现有的价值，致使日本经济面临着财政、货币双崩溃的风险（重点是，作为传统的避险工具之一，日元现在已经过度坚挺，进而导致已经遭到疫情重击的出口产业前景愈发悲观。而出口贸易是日本经济的唯一指望）。不仅如此，日本股市现在明显处于泡沫状态，与实体经济的真实状况乖离太远。凡此种种都预示着，假以时日，投资日本的机会一定会到来。

>记住：被称为"常识"的事，千万别信>

最后，再强调一遍：无论你多么坚信不疑，迄今为止你所认为的所有常识，至少是大多数常识一定会发生变化，而且是戏剧性的变化。重点是，在许多情况下，这种变化发生的速度还会非常快，会在你远未适应甚至远未意识到之前发生，从而打你个措手不及。

历史一再地证明了这一点。

第二次世界大战、柏林墙的倒塌、中国经济的迅速崛起……人类社会经历过的每一次戏剧性变化，能够事前准确预知的人可谓凤毛麟角。何止如此，当变化已经发生甚至已经激化的时候，大多数人依然是蒙圈状态，对于自己身边到底发生了什么一头雾水，茫然不知所措。之所以会这样，一个重大的原因在于：人们对所谓"常识"太过痴迷，以致到了执迷不悟的程度。所以任何与"常识"不符的事情，他们的潜意识中都会产生强烈的排异反应。或者拒绝承认，或者即便嘴上承认，心里却依然顽固地拒绝。

这就是事物的真相。而改变这种被动的局面，唯一的办法就是，无论你如何痴迷，也要多少留一个心眼，对所谓"常识"永葆警惕之心，以备不时之需。

正如一句古老的中国谚语所说的那样，"不怕一万，就怕万一"，这句话应该成为所有人的座右铭。

就拿这次的疫情危机来说，没有人能提前预知危机的发生，甚至在危机已经发生很久之后，还有太多的人对已经高度恶化的疫情完全无感，仿佛这仅仅是一场梦，梦醒来后一切都会复原一样。可见，越是严重的危机，越是能够震撼世界的危机，往往来得越突然，越让人没有心理准备甚至难以置信。可就是这样的危机，会随着经济社会发展的全球化趋势，瞬间传遍世界的每一个角落，进而从根本上改变我们生活的这个世界。而这种性质的剧变，每隔十到十五年便会发生一次。

所以我才一再强调，世事无常，万万不可抱残守缺，用一种僵化的眼光观察世界，以一种线性的思维思考世界。必须保持灵活，必须保持弹性，必须多角度、多样化，唯有如此你才有可能做到处变不惊、应付裕如。

一句话，不要执迷于所谓"常识"，常识往往意味着"不变"，而这种认知方式恰恰是反常识的。因为"变化"才是这个世界的真正常态。

正因如此，千万不要人云亦云，轻易地被他人的话所迷惑，从而盲目地相信、追随乃至依赖他人。以我的人生经验来看，真理往往掌握在少数人手中，这就意味着多数人的话往往不正确、不可信。

所以，从现在开始，你要养成一个善于质疑"常识"的习惯，要学会自己搜集信息，用自己的头脑思考，独立自主地做判断、做决断。只要能在实践中不断地打磨这样一种素质，你就能找到通往成功的捷径。

还是那句话，危机即机会。危机越大，机会往往也越大。在危机中，所有东西都会变得很便宜。只要能找到合适的标的投入你的真金白银，那么等危机过去、一切复原的时候，你便能获得最大化的利益。

为了更好地做到这一点，你需要从现在开始寻找自己真正感兴趣的事物，并在这些领域每天磨炼自己的敏感度与技能，如饥似渴地学习相关的专业知识。除此之外，你还要学习历史与哲学，因为这些学问能帮助你塑造强大的洞察力，进而使你能够相对容易地发现多数人无法意识到的世事变化的端倪。而这项本事的获得，对你的投资将大有裨益。

当然，即便你具备了这样的洞察力，也并不意味着必然能够包打世界、搞定一切。比如说，源于流行病的健康危机，也许你依然无法提前预知。但我可以肯定，至少经济领域的危机，你成功预知的可能性非常大。因为在危机发生前有太多的预兆会不断地显现出来，只要一个人具备最起码的专业知识、逻辑能力以及洞察力，就会有极大可能捕捉到这些蛛丝马迹，进而做出正确的判断与决策。

我本人之所以能够成功地预测到"雷曼危机"的发生，就是遵循了这样一个逻辑。

总之，正因为危机会不断发生、循环出现，所以一定要以此为前提，未雨绸缪、常备不懈。换言之，哪怕一切完好无缺、处于绝佳状态，也要时刻把危机放在心上，分分钟做好应对危机的准备。

教给你一个应对危机的心理学窍门。

不妨时常回望历史，看看每当危机发生时，包括自己在内，你所熟悉的那个圈子里的每个人都是怎么想、怎么做的。不出意料的话，你会诧异地发现，几乎每一个人在每一次的危机中都会有相同或相似的想法，并做出相同或相似的事。

　　这个发现会给你带来巨大的启发。你会猛然意识到绝大多数人的学习能力有多么差劲,学习意识有多么薄弱。哪怕倒了天大的霉,也从不复盘;抑或即便复了盘,只要多过上几天好日子,便会把复盘结果抛到九霄云外。随之而来的结果就是一次又一次地被同一块石头绊倒,周而复始,没有穷尽。

　　这种现象已经不能单纯地用"不长记性"来形容。归根结底,是没有把事情真正想明白,没有找到一个真正有效的改进方法。所以我的上述建议,不妨拿来一试,或许能有所斩获也未可知。

　　今后数年,也许我们会碰到人生中最恶劣的行情抑或最惨烈的失败。不过没关系。不必沮丧,更无须绝望。因为无论行情多恶劣、失败多惨烈,也无法逆转自然规律。这个规律便是:变化一定会发生。只要你不悲观绝望、轻举妄动,而是耐下性子安心等待,放出眼光深刻洞察,那么当变化发生时,大概率事件你可以抓住机会,一举翻盘。当然,前提是这一过程绝对不可被他人左右、被"常识"牵绊。只有成功地屏蔽掉这些干扰要素,你才能逃出生天、重获自由。而做到这一点的唯一方法就是通过不断地学习让自己强大起来。只有强大才能带来自信,只有自信才能摆脱对他人和"常识"的盲从与依赖,让你成为笑到最后的那个人。

　　就是这样。

译后记

对相当多的中国人来说，"吉姆·罗杰斯"不是一个陌生的名字。

除了"华尔街顶级投资家"的赫赫名头之外，与中国的深厚渊源以及对中国的特殊情感，也让罗杰斯备受中国人的欣赏与喜爱。

这位友好的美国人给国人留下的印象主要有两个：一个是老顽童般的个性，这一点非常"美国化"；另一个是这位投资界的老顽童有两个中文水平惊人的千金，这一点非常"中国化"。特别是后者，更是令人叫绝。因为两位千金的中文普通话已不仅仅是"流利自如""说得好"的状态，而是完全达到"母语"的境界，甚至有着典型的央视播音腔。以至当你闭上眼睛时，绝对无法想象这样的中文居然出自两个金发碧眼的小姑娘之口。

不过，归根结底，这个友善的美国老头最显赫的身份，还是其传奇般的华尔街生涯所赋予的"全球顶级投资家"这一举世公认的称号。

没错，罗杰斯这个级别的投资家屈指可数。今天依然健在且广为人知的人物，无非还有巴菲特、索罗斯等寥寥数人。

有意思的是，为国人所熟知的巴菲特与索罗斯这两位华尔街大亨，都与罗杰斯有着深远的缘分或事业的交集。特别是后者，更是罗杰斯曾经一起创业、共同叱咤风云的伙伴、"铁磁"。大名鼎鼎的"量子基金"，便是两人通力合作的产物。

那么在这里，不妨简单比较一下三位投资界的大佬在投资观以及世界观方面的异同，也许会有不错的启发。

首先，很显然，三位都是逆向思维的高手。他们本能地反感对他人的依赖，极端厌恶人云亦云、随大溜，所以从不按常理出牌，总是喜欢标新立异惊世骇俗的思维和行为方式，总是说一些让大家吃惊的话，做一些让大家惊异的事。

比如巴菲特的"在别人恐惧时贪婪，在别人贪婪时恐惧"，以及罗杰斯的"所有的常识每隔十五年必会推倒重来"，都是这种逆向思维的经典写照。

然而，事实又总能证明他们是对的。有些初听时感觉像"疯言疯语"的东西，事后证明恰恰是"远见卓识"。

所以研究他们的投资观，绝对是一件既有意思又有意义的事。

我认为，在投资观这一点上，巴菲特是一个阵营，而"双斯（罗杰斯和索罗斯）"则大体上可以划到另一个阵营。

具体地说，这两个阵营存在着"战略相似，战术不同"的特点。

之所以说"战略相似"，除了前面提到的逆向思维之外，是因为他们都主张"价值投资"的观点，重视投资中的"势"而不是"术"。比方说，你几乎从不会从他们的口中抑或著述中看到那些对"K线图"之类投资技法不厌其烦的描述。他们基本上不屑于这些小打小闹，只对"看势"甚或"造势"感兴趣。因为只要把握住市场中的"势"，就足以令投资取得巨大的成功。相反，拘泥于那些有的没的投资技术，反而会让你失去一览全貌的机会，进而被一些投资过程中的小节所迷惑与牵绊，导致投资的整体失败。

换言之，这是一种"丢西瓜捡芝麻"与"丢芝麻捡西瓜"孰优孰劣的逻辑。

我将这种投资观概括为"森林道"，即"只看森林，不看树木"。

之所以说"战术"不同，是因为两个阵营在处理"投资"与"投机"的关系方面有一些微妙的区别。

显然，巴菲特阵营只倾心于"投资"，对"投机"不屑一顾；而"双斯"阵营则不同。他们对投资的看法是：只要能赚钱，便没必要拘泥于形式和标的。

比方说，你很难听到巴菲特大肆购买金银与货币的新闻，而罗杰斯却对这两样投资标的情有独钟。因为前者的理念在于"长期持有"，不会轻易买卖，所以其投资标的大体上都是一些具体实业的股票或债券；而后者则允许

"买卖"的存在，只不过要"买低卖高"。因此后者对入场和离场时机的把握更有其独到之处，也更为熟练一些。

当然，除此之外，两个阵营之间还有许多相似之处。比如"不熟不做"，再比如对"专一"和"熟练分析资产负债表"的强调，几位高手的看法均惊人地一致。可见，这些东西是投资界放之四海而皆准的铁律，值得每一个有志投资或有心理财的人借鉴。

说完了投资观，再来聊聊世界观。

我认为在这一点上，罗杰斯和巴菲特属于一个阵营，而索罗斯则是另一个阵营。前者的世界观较为积极正面，而后者的世界观则较为复杂，可谓"亦正亦邪"。

巴菲特老爷子自不必说。作为一个曾大声抱怨"富人缴税太少"，因而大力呼吁西方政府"增加富人税"，并已经决定身后将所有财产"裸捐"的世界顶级富豪，其在普通人中的口碑向来是不错的；罗杰斯尽管不赞同巴菲特的这一理念，坚持认为"每一个人都有自由处理自己合法收入的权利"，可基本上他的世界观依然是极其善良、极其正面的。他真的发自内心地希望人们能够永享和平与美好，对战争和人类的相互憎恨深恶痛绝。因此，他不断地强调"危即是机"的理念，希望所有的人都能化危为机，渡过险关，迎来好日子。为达此目的，他不惜倾囊相授，甚至是大声疾呼，不厌其烦地告诉人们什么才是这个世界正确的打开方式，以及如何才能准确地预测危机，度过危机。而本书，就是这一理念的产物。尽管在字里行间可以看出罗杰斯对于人们也许会不相信他的话有所担忧乃至焦虑，可即便如此他还是要说，不厌其烦地说，颇有一种"我不下地狱谁下地狱""哪怕能拯救一个人也是好事"的感觉。

这种"好为人师"的急迫性，这种哪怕别人捂着耳朵拒绝听取，也要追着赶着把自己知道的事情告诉别人的迫切心理，显然不是为了炫耀与虚荣（因为以他今天的地位与身价，这一点已然不重要），而是发自心底的善良。

相信通读本书之后，许多人会产生和我同样的感觉。

不过，罗杰斯曾经的"铁磁"索罗斯在这一点上的表现则有所不同。

最重要的不同，在于对"造势"这件事的看法。很明显，罗杰斯并不赞同"造势"，而是主张"顺势"与"驭势"。

具体地说，尽管两人都同意"危即是机"的看法，都将危机的发生视为绝佳的投资机会，而在如何对待"危机"以及如何利用危机赚钱这件事上，两人的意见则有巨大的分歧。

罗杰斯的立场很明确，那就是"顺势而为""化危为机"。既然危机的发生是自然规律，本身不可避免，那么我们就需要顺其自然，学会与危机打交道的方式，从而能够成功地预测危机，并提前为应对危机做好准备。只要做到这一点，当危机到来时，我们就能将损失控制在最低限度，并有机会绝处逢生、反败为胜，赢得更大、更好的生机。

可见，无论从哪个角度看，罗杰斯的立场都是充满善意的，他积极、乐观的立场符合大多数人的世界观、价值观和人生观。

索罗斯则有所不同。他不喜欢被动等待，而倾向于主动"造势"。重点是，因为与罗杰斯一样，他也认为危机是巨大的机会，所以他"造势"的手法就是"制造危机"。这种做法极具争议性，令索罗斯饱受世人的非议。

制造危机，让无数人陷入痛苦，至少谈不上善良，更遑论正义。而索罗斯本人对此则有不同的看法。

从结论上说，他的理论是"苍蝇不叮无缝的蛋"：既然你让我有机可乘，说明你本身存在问题。那么，与其让这个问题被温存、姑息更久的时间，致使问题的恶化有朝一日引发更大的危机，制造更大、更多的痛苦，那还不如干脆挨我一刀，让我替你剜掉身上的病灶与腐肉，从而彻底解决这个问题，使你得到真正重生的机会。

换言之，他的潜台词是：你不能"狗咬吕洞宾，不识好人心"；你非但不该埋怨我，还应该好好谢谢我。

显然，这一逻辑看似有正确的地方，其本质却极其牵强。就好像"战争能够帮助人类控制人口的增加"一样，控制人口的手段只有战争吗？

索罗斯的本意也许是给人们种牛痘，从而防止人们感染瘟疫。可问题在于他忽略了两个极其重要的前提：行事方式及分寸感。

种牛痘，当然没问题；可直接给人体注射病毒，则有很大的问题。尽管两者有相似之处，都基于"以毒攻毒"的理念，可"种牛痘"与"直接注射病毒"这两种行事方式截然不同，分寸感也大相径庭，所以结果也必然会有天壤之别。一个是救人，一个是害人。就这么简单。

显然，在世界观这件事上，索罗斯与罗杰斯的差距可不是一星半点。前者大有向后者学习的必要。至少，索罗斯必须学会一个道理，那就是人活一世，赚钱并不是唯一重要的事。我们这个世界上，还有太多比金钱重要的东西。比如说普通人生活中浓浓的烟火气。这些东西不应该被轻易摧毁，而应该倍加珍惜。因为这才是构成人类得以生存的最基本要素，而正是这些要素支撑了投资家的财富来源。所以不妨以善意的眼光看待这个世界，驱走内心的憎恨、偏执与阴暗，尝试一下走出户外尽情享受灿烂阳光和自由呼吸新鲜空气的感觉，一定会发现"止于至善"才是人世间最美好的价值观，"流芳百世"才是这辈子最值得做的事。

所谓"朝闻道，夕死可矣"。现在做出改变，对这位高龄的投资大家来说，完全来得及。

罗杰斯的投资之道，还有一点值得大书特书。那就是他对"学习"这件事的执着。

不可思议的是，现今有许多想投资理财抑或已经开始投资理财的人，对经济学的基础知识知之甚少甚或一无所知。这就好像不会开枪便匆匆走上战场，结果一定是凶多吉少。

还是那句话，只知道"K线图"是不足以也不应该做投资的，要想玩转投资，必须掌握更多门类的知识。

比如宏观经济学、发展经济学、地缘政治学，都是必学的科目。不掌握这些知识，你就无法看懂世界的变化，无法掌握先机及时入场，也无法在堕入危机的深渊后逃出生天。

再比如历史和哲学。这些东西对培养人的洞察力至关重要，而洞察力对投资这件事意味着什么，相信即便没有任何投资经验的人也能想象得出来。

从结论上讲，投资需要用到"线性回归"的理念，而历史事件就是线性回归现成的模板。什么样的人，在不同的事件中想了什么，做了什么，以及最后得到了什么结果。纵观历史，这些数据往往大体相同。所以当你面对相同的事件时，你便能大体知道什么样的想法和做法是正确的。反之亦然。

这就是"以史为镜，可以知兴替"的道理。

哲学也一样。无论一个人的知识多么渊博、技能多么高超，如果出发点不正，抑或太过贪婪，往往不会有好下场。而哲学恰恰能帮你解决这个问题。

换言之，哲学为你提供了一把保护伞，或者说思考与行事的框架，让你能找到明确且正确的方向与路径，从而确保你的成功，至少是安全。就好像孙悟空用金箍棒画的那个圈，只要你能身在其中而不越界，就不会出事。哪怕在圈子里大跳《无价之姐》抑或拿大顶也没关系。

股神巴菲特就是一个典型的例子。

姑且不论他的"裸捐"善举能有几人做到，单说他的"忘年交"铁哥们儿比尔·盖茨的微软股票，从20世纪90年代开始已然狂涨了数百倍之多，而巴菲特却无动于衷，始终没有染指这一点，恐怕世上大多数人都将自愧弗如。

对此，巴菲特老爷子给出的理由只有四个字："不熟不做。我不熟悉盖茨的事业，因此这个东西不适合我。就这么简单。"

投资中石油的案例也颇为经典。想当年，在中石油的股票价格如日中天时，巴菲特却选择全部出清。尽管也大赚特赚，许多人却感到不可思议，认为那只股票还有不小的上升空间，巴菲特此举至少让自己少赚了几百个亿。可老爷子的回答依然简单如初："我已经赚够了，剩下的那些钱不属于我。"

在那之后发生了什么，想必每一个人都很清楚。

这是何等的魄力。而这种魄力显然与哲学有关，绝非偶然的神来之笔。

可见历史与哲学的厉害。

当然，按照罗杰斯的理解，投资家没必要做"专家"，只需做"杂家"即可。即可以不"精"，但必须要"博"。所谓"无不知百行通"，大概就是这个道理。看来至少在这一点上，投资和相声颇有异曲同工之妙。所以任何想在投资理财方面有所作为的人，都应想方设法让自己的"肚"成为"杂货铺"。

毕竟相声拼到最后拼的是文化。投资亦如此。

最后，再重新说回"危机"的话题。

危机危机，危中有机。"危"越大，"机"也便越大。纵观历史，往往所谓"大时代"，源于所谓"大危机"。中国的电子商务产业之所以能够称雄世界，便与2003年那场疫情危机有莫大的关系。正是因为成功地化危为机，以阿里巴巴生态圈为首的中国电商巨头才有了迅速崛起与迅猛普及的机会，所以说那场危机奠定了今天中国移动互联网乃至物联网产业大发展的时代基础也不为过。

人生能够遇到的大时代并不多。谁能更好地顺应并驾驭这个剧变的时代，谁就能成为人生的赢家。所以，在今天这场疫情危机中蒙受损失、承受痛苦的人们没必要悲观绝望。因为这场危机也必将为我们创造一个崭新的时代，而且是充满机遇的大时代。对真正的智者与勇者来说，能与这样的大时代相遇，也许恰恰是莫大的幸运。无论你是艰难地挺过这场危机，还是成功地驾驭这场危机，当危机过后，你的未来都将一片光明。

正如这个国家一样。

南勇

2020年8月8日于河北石家庄